JN109530

在宅報酬のきほんとしくみ

イノウ 編著

ソシム

在宅医療関連では、
何が変わりましたか？①

往診料や在宅訪問診療料（I）が
見直されました　在宅医療編 → 質問8、9

●往診料　720点

1　在宅患者訪問診療料1
　　イ 同一建物居住者以外の場合　　888点
　　ロ 同一建物居住者の場合　　　　213点

2　在宅患者訪問診療料2
　　イ 同一建物居住者以外の場合　　884点
　　ロ 同一建物居住者の場合　　　　187点

在宅療養支援病院の施設基準が
見直されました　在宅医療編 → 質問2

【在宅療養支援病院】

［施設基準］（抜粋・例）

（1）病院であって、当該病院単独で以下の要件のいずれにも該当し、緊急時
　　の連絡体制及び24時間往診できる体制等を確保していること

ア〜サ（略）

シ　以下のいずれかの要件を満たすこと。

　　・過去1年間の緊急の往診の実績を10件以上有すること
　　・在支診等からの要請により患者の受入れを行う病床をつねに確保し、
　　　在宅療養支援診療所等からの要請により患者の緊急の受入れを行った
　　　実績が過去1年間で31件以上あること
　　・地域包括ケア病棟入院料・管理料1又は3を届け出ていること。

ス（略）

往診料や訪問診療料が見直されました。また、在宅療養支援病院だけで
なく、機能強化型在宅療養支援病院の施設基準も見直されています。

青字が2022年度改正・改定箇所

機能強化型在支病の施設基準も 見直されました 在宅医療編 → 質問2

	機能強化型在宅療養支援診療所・病院 在宅療養支援診療所・病院				在宅療養後方支援病院
	単独型		連携型		
	診療所	病院	診療所	病院	
すべての在宅療養支援診療所・病院の基準	①24時間連絡を受ける体制の確保　②24時間の往診体制 ③24時間の訪問看護体制　④緊急時の入院体制 ⑤連携する医療機関等への情報提供　⑥年に1回、看取り数などを報告している ⑦適切な意思決定支援に係る指針を作成していること				
すべての在宅療養支援病院の基準	「在宅療養支援病院」の施設基準は、上記に加え以下の要件を満たすこと (1) 許可病床200床未満(医療資源の少ない地域に所在する保険医療機関にあっては280床未満)であることまたは当該病院を中心とした半径4km以内に診療所が存在しないこと (2) 往診を担当する医師は、当該病院の当直体制を担う医師と別であること				
機能強化型在宅療養支援診療所・病院の基準	在宅医療を担当する常勤の医師3人以上		在宅医療を担当する常勤の医師連携内で3人以上		
	過去1年間の緊急往診の実績10件以上	次のうちいずれか1つ ・過去1年間の緊急往診の実績10件以上 ・在宅療養支援診療所などからの要請により患者の受入を行う病床をつねに確保していること及び在宅支援診療所等からの要請により患者の緊急受入を行った実績が直近1年間で31件以上 ・地域包括ケア病棟入院料・入院医療管理料1又は3を届け出ている	過去1年間の緊急往診の実績連携内で10件以上各医療機関で4件以上	次のうちいずれか1つ ・過去1年間の緊急往診の実績10件以上各医療機関で4件以上 ・在宅療養支援診療所などからの要請により患者の受入を行う病床をつねに確保していること及び在宅支援診療所などからの要請により患者の緊急受入を行った実績が直近1年間で31件以上 ・地域包括ケア病棟入院料・入院医療管理料1又は3を届け出ている	
	過去1年間の看取りの実績又は超・準超重症児の医学管理の実績いずれか4件以上		過去1年間の看取りの実績連携内で4件以上かつ、各医療機関において、看取りの実績又は超・準超重症児の医学管理の実績　いずれか2件以上		
	市町村が実施する在宅医療・介護連携推進事業等において在宅療養支援診療所以外の診療所等と連携することや、地域において24時間体制での在宅医療の提供に係る積極的役割を担うことが望ましい				

在宅医療関連では、
何が変わりましたか？②

在宅がん医療総合診療料に小児加算
が新設されました 在宅医療編 ➡ 質問16

在宅がん医療総合診療料

（新）小児加算　1,000点（週に1回に限る）

[算定要件]
15歳未満の小児（小児慢性特定疾病医療支援の対象である場合は、20歳未満の者）に
対して総合的な医療を提供した場合に算定する

継続移行加算が在宅療養移行加算
に変わりました 在宅医療編 ➡ 質問12

（新）【在宅療養移行加算】
　　　在宅療養移行加算1　　　216点
　　　在宅療養移行加算2　　　116点

[施設基準]
在宅療養移行加算1
ア　24時間の往診体制及び24時間の連絡体制
イ　訪問看護が必要な患者に対し、訪問看護ステーションが訪問看護を提供する体制を
　　確保している
ウ　当該医療機関又は連携する医療機関の連絡担当者の氏名、診療時間内及び診療時間
　　外の連絡先電話番号等、緊急時の注意事項等並びに往診担当医の氏名等について、
　　患者又は患者の家族に文書により提供し、説明

在宅療養移行加算2
ア　当該医療機関又は連携する他の医療機関が往診を提供する体制を有していること。
イ　24時間の連絡体制を有していること
イ　訪問看護が必要な患者に対し、訪問看護ステーションが訪問看護を提供する体制を
　　確保している
ウ　当該医療機関又は連携する医療機関の連絡担当者の氏名、診療時間内及び診療時間
　　外の連絡先電話番号等、緊急時の注意事項等並びに往診担当医の氏名等について、
　　患者又は患者の家族に文書により提供し、説明

在宅がん医療総合診療料の小児加算が新設され、継続移行加算が在宅療養移行加算に変わって要件も追加され、外来在宅共同指導料も新設されています。

青字が2022年度改正・改定箇所

在宅療養移行加算については、要件も追加されています 在宅医療編 ➡ 質問12

○：どちらでもよい ◎：必ず満たす必要がある ×：要件を満たさない ―：施設基準上の要件ではない			24時間要件					
			往診を行う体制		訪問看護を行う体制		連絡を受ける体制	
			単独	連携	単独	連携	単独	連携
在宅療養支援診療所	機能強化型	単独型	◎	×	○		◎	×
		連携型	○（＜10）		○（＜10）		○（＜10）	
	その他		○		○		◎	×
在宅療養支援病院	機能強化型	単独型	◎	×	○		◎	×
		連携型	○（＜10）		○（＜10）		○（＜10）	
	その他		◎	×	○		◎	×
（新）在宅療養移行加算1			○※1		―		○※1	
（新）在宅療養移行加算2			○※2		―		○※1	

※1：地域医師会等の協力を得て規定する体制を確保することでも差し支えない（協力してもよい旨を明記しているのみであり、24時間の体制は在支診等と同様に満たす必要がある）

※2：「24時間体制の往診を行う体制」は求めないが、市町村や地域医師会との協力により、往診が必要な患者に対し、当該医療機関又は連携する他の医療機関が往診を提供する体制を有していることを要件とする

＜10：連携医療機関数が10未満であること

在宅医療関連では、何が変わりましたか？③

往診料では、緊急往診可算の要件が見直されました 在宅医療編 ➡ 質問8

改定後

【往診料】

［施設基準］緊急に行う往診とは、患者又は現にその看護に当たっている者からの訴えにより、速やかに往診しなければならないと判断した場合をいい、具体的には、往診の結果、急性心筋梗塞、脳血管障害、急性腹症等が予想される場合（15歳未満の小児（小児慢性特定疾病医療支援の対象である場合は、20歳未満の者）については、これに加えて、低体温、けいれん、意識障害、急性呼吸不全等が予想される場合）をいう

外来在宅共同指導料が新設されました 在宅医療編 ➡ 質問34

（新）外来在宅共同指導料

外来在宅共同指導料1　　400点
（在宅療養を担う保険医療機関において算定）

外来在宅共同指導料2　　600点
（外来において診療を行う保険医療機関において算定）

往診料の緊急往診加算の要件見直されました。外来や在宅のデータ提出加算が新設されて、データ提出を始める医療機関のスケジュールが示されました。

青字が2022年度改正・改定箇所

在宅データ提出加算などが
新設されました 在宅医療編 ➡ 質問13,16

**在宅時医学総合管理料、
施設入居時等医学総合管理料及び在宅がん医療総合診療料**

（新）在宅データ提出加算　　50点（月1回）

●外来医療等のデータ提出を始める医療機関のスケジュール（イメージ）

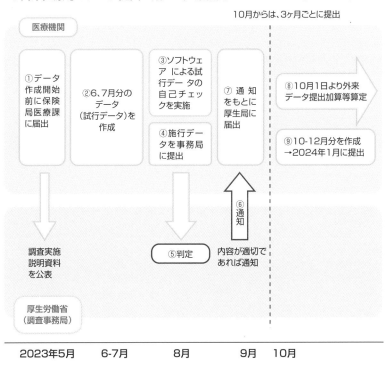

10月からは、3ヶ月ごとに提出

医療機関

①データ作成開始前に保険局医療課に届出

②6、7月分のデータ（試行データ）を作成

③ソフトウェア による試行デー タの自己チェックを実施

④施行データを事務局に提出

⑦通知をもとに厚生局に届出

⑧10月1日より外来データ提出加算等算定

⑨10-12月分を作成→2024年1月に提出

⑥通知
内容が適切であれば通知

⑤判定

調査実施説明資料を公表

厚生労働省（調査事務局）

2023年5月　　6-7月　　8月　　9月　10月

訪問看護関連では、何が変わりましたか？①

業務継続に向けた取組強化が推進されました

【指定訪問看護の事業の人員及び運営に関する基準】
（業務継続計画の策定等）
第二十二条の二指定訪問看護事業者は、感染症及び非常災害の発生時において、利用者に対する指定訪問看護の提供を継続的に実施するための、及び非常時の体制で早期の業務再開を図るための計画（以下この条において「業務継続計画」という）を策定し、当該業務継続計画に従い必要な 措置を講じなければならない

2　指定訪問看護事業者は、看護師等に対し、業務継続計画について周知するとともに、必要な研修及び訓練を定期的に実施しなければならない

3　指定訪問看護事業者は、定期的に業務継続計画の見直しを行い、必要に応じて業務継続計画の変更を行うものとする

24時間対応体制加算の要件が見直されました

訪問看護・リハビリ編➡ 質問17

改定後

【24 時間対応体制加算（訪問看護管理療養費）】
[算定要件]
2 つの訪問看護ステーションが連携することによって 24 時間対応体制加算を算定できる場合
・特別地域に所在する訪問看護ステーション
・医療を提供しているが医療資源の少ない地域に所在する訪問看護ステーション
・業務継続計画を策定した上で自然災害等の発生に備えた地域の相互支援ネットワークに参画している訪問看護ステーション
　自然災害等の発生に備えた地域の相互支援ネットワークは次のいずれにも該当するもの
ア　都道府県、市町村又は医療関係団体等（ウにおいて「都道府県等」という）が主催する事業
イ　自然災害や感染症等の発生により業務継続が困難な事態を想定して整備された事業
ウ　都道府県等が当該事業の調整等を行う事務局を設置し、当該事業に参画する訪問看護ステーション等の連絡先を管理している…

業務継続に向けた取組強化、24時間対応体制加算の要件見直し、機能強化型訪問看護管理料1・2の改定が図られ、在宅療養支援病院の施設基準が見直されました。

青字が2022年度改正・改定箇所

機能強化型訪問看護管理療養費が改定されました 訪問看護・リハビリ編 ➡ 質問16

改定後

【機能強化型訪問看護管理療養費1及び2】
（改）機能強化型訪問看護管理療養費1　　12,830円
（改）機能強化型訪問看護管理療養費2　　9,800円

【施設基準】
ア〜キ　略
ク　直近1年間に、人材育成のための研修等を実施していること
ケ　直近1年間に、地域の保険医療機関、訪問看護ステーション又は住民等に対して、訪問看護に関する情報提供又は相談に応じている実績があること
コ　専門の研修を受けた看護師が配置されていることが望ましい

【経過措置】
2022年3月31日において現に機能強化型訪問看護管理療養費1又は2を届け出ているものについては、2024年9月30日までの間に限り、当該基準を満たすものとみなす

退院支援指導加算の算定要件が見直されました 在宅医療編 ➡ 質問17

改定後

【退院支援指導加算（訪問看護管理療養費）】
【算定要件】
指定訪問看護を受けようとする者が、退院支援指導を要する者として別に厚生労働大臣が定める者に該当する場合に、保険医療機関から退院するにあたって、訪問看護ステーションの看護師等（准看護師を除く）が、退院日に当該保険医療機関以外において療養上必要な指導を行ったときには、退院支援指導加算として、退院日の翌日以降初日の指定訪問看護が行われた際に6,000円
（厚生労働大臣が定める長時間の訪問を要する者に対し、長時間にわたる療養上必要な指導を行ったときにあっては、8,400円）を加算

訪問看護関連では、何が変わりましたか？②

機能強化型訪問看護ステーションの要件も見直されています 在宅医療編 ➡ 質問3

	機能強化型1	機能強化型2	機能強化型3
	ターミナルケアの実施や、重症児の受入れ等を積極的に行う手厚い体制を評価		地域の訪問看護の人材育成等の役割を評価
月の初日の額	12,830円	9,800円	8,470円
看護職員の数・割合	常勤7人以上（1人は常勤換算可）、6割以上	5人以上（1人は常勤換算可）、6割以上	4人以上、6割以上
24時間対応	24時間対応体制加算の届出 + 休日、祝日等も含めた計画的な訪問看護の実施		
重症度の高い利用者の受入れ	別表7の利用者 月10人以上	別表7の利用者 月7人以上	別表7・8の利用者、精神科重症患者又は複数の訪看STが共同して訪問する利用者月10人以上
ターミナルケアの実施、重症児の受入れ	以下のいずれか ・ターミナル 前年度20件以上 ・ターミナル 前年度15件以上 　＋重症児常時4人以上 ・重症児常時6人以上	以下のいずれか ・ターミナル 前年度15件以上 ・ターミナル 前年度10件以上 　＋重症児常時3人以上 ・重症児 常時5人以上	
介護・障害サービスの計画作成	以下のいずれか ・居宅介護支援事業所を同一敷地内に設置 　＋特に医療的な管理が必要な利用者の1割程度について、介護サービス等計画又は介護予防サービス計画を作成 ・特定相談支援事業所又は障害児相談支援事業所を同一敷地内に設置 　＋サービス等利用計画又は障害児支援利用計画の作成が必要な利用者の1割程度について、計画を作成		
地域における人材育成等	以下のいずれも満たす ・人材育成のための研修等の実施 ・地域の医療機関、訪看ST、住民等に対する情報提供又は相談の実績		以下のいずれも満たす ・地域の医療機関や訪看STを対象とした研修 年2回 ・地域の訪問ステーションや住民等への情報提供・相談の実績 ・地域の医療機関の看護職員の一定期間の勤務実績
医療機関との共同			以下のいずれも満たす ・退院時共同指導の実績 ・併設医療機関以外の医師を主治医とする利用者が1割以上
専門の研修を受けた看護師の配置	専門の研修を受けた看護師が配置されていること（望ましい）		

機能強化型訪問看護ステーションの要件、専門性の高い看護師の研修要件の見直しと加算が行われ、医師による手順書交付が評価されるようになりました。

青字が2022年度改正・改定箇所

専門性の高い看護師の研修要件が見直されました 在宅医療編 ➡ 質問11

【訪問看護基本療養費（I）・（II）】
[施設基準]
褥瘡ケアに係る専門の研修
・国又は医療関係団体等が主催する研修であって、必要な褥瘡等の創傷ケア知識・技術が習得できる600時間以上の研修期間
・特定行為研修（創傷管理関連）

専門性の高い看護師による新たな加算が設定されました 在宅医療編 ➡ 質問12

（新）専門管理加算　　2,500円（1月に1回）

医師による訪問看護の手順書の交付も評価されます 在宅医療編 ➡ 質問37

（新）手順書加算　　150点（6月に1回）

質問6 訪問看護関連では、何が変わりましたか？③

看護助手同行の複数名訪問看護加算が見直されました 訪問看護・リハビリ編 ➡ 質問13

改定後

【複数名訪問看護加算】

【算定要件】

訪問看護ステーションの看護職員が、当該訪問看護ステーションの他の看護師等又は看護補助者と同時に指定訪問看護を行った場合に算定

- イ 看護師等
- ロ 准看護師
- ハ その他職員（別表7・8、特別指示以外）
- ニ その他職員（別表7・8、特別指示）
     ※その他職員：看護師等又は看護補助者

【算定対象】

- イ 特掲診療料の施設基準等別表第7に掲げる疾病等の者
- ロ 特掲診療料の施設基準等別表第8に掲げる者
- ハ 特別訪問看護指示書に係る指定訪問看護を受けている者
- ニ 暴力行為、著しい迷惑行為、器物破損行為等が認められる者
- ホ 利用者の身体的理由により一人の看護師等による訪問看護が困難と認められる者（その他職員（別表7・8、特別指示以外）に限る）
- ヘ その他利用者の状況等から判断して、イからホまでのいずれかに準ずると認められる者（その他職員（別表7・8、特別指示以外）に限る）

ICTを活用した遠隔死亡診断の補助も評価されます 訪問看護・リハビリ編 ➡ 質問19

（新）遠隔死亡診断補助加算　　1,500円

看護助手同行の複数名訪問看護加算、訪問看護ターミナルケア療養費が見直され、遠隔死亡診断の補助が評価され、訪問看護情報提供療養費の対象が増えています。

青字が2022年度改正・改定箇所

訪問看護ターミナルケア療養費が見直されました 訪問看護・リハビリ編➡ 質問19

改定後

【訪問看護ターミナルケア療養費】
［算定要件］
訪問看護基本療養費及び精神科訪問看護基本療養費を算定すべき指定訪問看護を行っている訪問看護ステーションの看護師等が、在宅で死亡した利用者又は特別養護老人ホーム等で死亡した利用者に対して、その主治医の指示により、その死亡日及び死亡日前14日以内に、2回以上指定訪問看護（退院支援指導加算の算定に係る療養上必要な指導を含む）を実施し、かつ訪問看護におけるターミナルケアに係る支援体制について利用者及びその家族等に対して説明した上でターミナルケアを行った場合に算定

※1回を退院支援指導加算とする場合は、退院日にターミナルケアに係る療養上必要な指導を実施

訪問看護情報提供療養費1・2の対象が増えました 訪問看護・リハビリ編➡ 質問4

改定後

【訪問看護情報提供療養費1】
［算定要件］
・市町村　・都道府県
・指定特定相談支援事業者
・指定障害児相談支援事業者に対して、当該市町村等からの求めに応じて、当該利用者に係る保健福祉サ-ビスに必要な情報を提供
［算定対象］
(1) 特掲診療料の施設基準等別表第7に掲げる疾病等の者
(2) 特掲診療料の施設基準等別表第8に掲げる者
(3) 精神障害を有する者又はその家族等
(4) 18歳未満の児童

改定後

【訪問看護情報提供療養費2】
［算定要件］
・保育所等　・幼稚園　・小学校　・中学校　・高等学校　・義務教育校　・中等教育学校　・特別支援学校　・高等専門学校・専修学校へ通園又は通学する利用者について、当該学校等からの求めに応じて必要な情報を提供
［算定対象］
(1) 18歳未満の超重症児又は準超重症児
(2) 18歳未満の特掲診療料の施設基準等別表第7に掲げる疾病等の者
(3) 18歳未満の特掲診療料の施設基準等別表第8に掲げる者

歯科訪問診療関連では、
何が変わりましたか？①

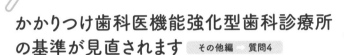

かかりつけ歯科医機能強化型歯科診療所
の基準が見直されます その他編 質問4

改定後

【かかりつけ歯科医機能強化型歯科診療所】
[施設基準]

（2）次のいずれにも該当すること
　　ア　過去1年間に歯周病安定期治療又は歯周病重症化予防治療をあわせて30回
　　　　以上算定していること
　　イ～エ（略）
（8）（5）に掲げる歯科医師が、以下の項目のうち3つ以上に該当すること
　　ア～ク（略）
　　ケ　過去1年間に福祉型障害児入所施設、医療型障害児入所施設、介護老人福祉
　　　　施設又は介護老人保健施設等における定期的な歯科健診に協力していること
　　コ　自治体が実施する事業（ケに該当するものを除く）に協力していること
　　サ・シ（略）

在宅療養支援歯科診療所の要件が
見直されました その他編 質問4

改定後

【在宅療養支援歯科診療所】
[施設基準]

（1）在宅療養支援歯科診療所1の施設基準
　　ア　過去1年間に歯科訪問診療料1及び歯科訪問診療2を合計18回以上を算定
　　　　していること
　　カ　当該診療所において、過去1年間の在宅医療を担う他の保険医療機関、保険薬局、
　　　　訪問看護ステーション、地域包括支援センター、居宅介護支援事業所又は介護
　　　　保険施設、保険薬局等からの依頼による歯科訪問診療料の算定回数の実績が5
　　　　回以上
（2）在宅療養支援歯科診療所2の施設基準
　　ア　過去1年間に歯科訪問診療1及び歯科訪問診療2を合計4回以上算定

かかりつけ歯科医機能強化型歯科診療所の基準、在宅療養支援歯科診療所の要件、20分未満の歯科訪問診療の評価、在宅療養支援歯科診療所の報酬が見直されました。

青字が2022年度改正・改定箇所

20分未満の歯科訪問診療の評価が見直されました　その他編 → 質問8

改定後

【歯科訪問診療料（1日につき）】
[算定要件]
注4　1から3までを算定する患者（歯科訪問診療料の注13に該当する場合を除く）について、当該患者に対する診療時間が20分未満の場合における歯科訪問診療1、歯科訪問診療2、歯科訪問診療3についてはそれぞれ880点、253点、111点を算定する

2022年改定後　同一の建物に居住する患者数

		1人 歯科訪問診療1	2人以上9人以下 歯科訪問診療2	10人以上 歯科訪問診療3
患者1人につき診療に要した時間	20分以上	【1,100点】	【361点】	【185点】
	20分未満	【880点】 100分の80相当	【253点】 100分の70相当	【111点】 100分の60相当

歯科疾患在宅療養管理料の報酬も見直されました　その他編 → 質問11

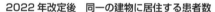
改定後

【歯科疾患在宅療養管理料】
1　在宅療養支援歯科診療所1の場合　　340点
2　在宅療養支援歯科診療所2の場合　　230点

歯科訪問診療関連では、何が変わりましたか？②

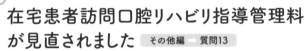

在宅患者訪問口腔リハビリ指導管理料 が見直されました　その他編 → 質問13

改定後

【在宅患者訪問口腔リハビリテーション指導管理料】
1　10 歯未満　　　　　　　　　　400 点
2　10 歯以上 20 歯未満　　　　　500 点
3　20 歯以上　　　　　　　　　　600 点

[算定要件]

注 1　当該保険医療機関の歯科医師が、区分番号 C000 に掲げる歯科訪問診療料を算定した患者であって、摂食機 能障害又は口腔機能低下症を有し、継続的な歯科疾患の管理が必要なものに対して、当該患者又はその家族等の同意を得て、当該患者の口腔機能評価に基づく管理計画を作成し、20 分以上必要な指導管理を行った場合に、月 4 回に限り算定

　5　在宅療養支援歯科診療所 1 又は在宅療養支援歯科診療所 2 の歯科医師が、当該指導管理を実施した場合は、在宅療養支援歯科診療所加算 1 又は在宅療養支援歯科診療所加算 2 として、それぞれ 145 点又は 80 点を加算。ただし、注 4 に規定する加算を算定している場合は算定できない

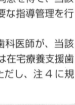

歯科医療機関連携加算1の要件 が見直されました　在宅医療編 → 質問38

改定後

【歯科医療機関連携加算 1（医科点数表 診療情報提供料（I））】
[算定要件]

(27)　「注 14」に規定する歯科医療機関連携加算 1 は、保険医療機関（歯科診療を行う保険医療機関を除く）が、歯科を標榜する保険医療機関に対して、当該歯科を標榜する保険医療機関において口腔内の管理が必要であると判断した患者に関する情報提供を、以下のア又はイにより行った場合に算定する（略）

　ア　（略）
　イ　医科の保険医療機関又は医科歯科併設の保険医療機関の医師が、歯科訪問診療の必要性を認めた患者について在宅歯科医療を行う、歯科を標榜する保険医療機関に対して情報提供を行った場合

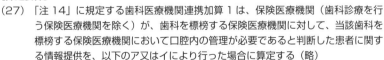

（小児）在宅患者訪問口腔リハビリ指導管理料や歯科医療機関連携加算
1の要件が見直され、歯科訪問料に通信画像情報活用加算が設定されま
した。

小児在宅患者訪問口腔リハビリ指導
管理料が見直されました その他編 ➡ 質問13

改定後

【小児在宅患者訪問口腔リハビリテーション 指導管理料】 600点
[算定要件]

注1 当該保険医療機関の歯科医師が、区分番号C000に掲げる歯科訪問診療料を算
定した18歳未満の患者であって、継続的な歯科疾患の管理が必要なもの又は
18歳に達した日前に当該管理料を算定した患者であって、同日以後も継続的
な歯科疾患の管理が必要なものに対して、当該患者又はその家族の同意を得て、
当該患者の口腔機能評価に基づく管理計画を作成し、20分以上必要な指導管
理を行った場合に、月4回に限り算定

　5 在宅療養支援歯科診療所1又は在宅療養支援歯科診療所2の歯科医師が、当該
指導管理を実施した場合は、在宅療養支援歯科診療所加算1又は在宅療養支援
歯科診療所加算2として、それぞれ145点又は80点を加算する。ただし、
注4に規定する加算を算定している場合は、算定できない

歯科訪問料に通信画像情報活用加算
が設定されました その他編 ➡ 質問9

（新）歯科訪問診療料（1日につき）
通信画像情報活用加算　　　30点

介護保険のサービスでは、何が変わりましたか？①

外部の管理栄養士の居宅療養管理指導が新設されました その他編 質問19

現行 → **改定後**

二　管理栄養士が行う場合
(2) 居宅療養管理指導費（Ⅱ）
　　　当該指定居宅療養管理指導事業所以外の管理栄養士が行った場合
（一）単一建物居住者 1 人に対して行う場合　　524 単位／回
（二）単一建物居住者 2 人から 9 人以下に
　　　対して行う場合　　　　　　　　　　　　466 単位／回
（三）（一）及び（二）以外の場合　　　　　　423 単位／回

リハビリマネジメント加算が見直されました 訪問看護・リハビリ編➡ 質問30

現行	→	改定後
リハビリテーションマネジメント加算（Ⅰ）230 単位 / 月	⇒	廃止 リハビリテーションマネジメント加算（A） イ　180 単位／月
リハビリテーションマネジメント加算（Ⅱ）280 単位 / 月	⇒	リハビリテーションマネジメント加算（A） ロ　213 単位／月（新設）
リハビリテーションマネジメント加算（Ⅲ）320 単位 / 月	⇒	リハビリテーションマネジメント加算（B） イ　450 単位／月 リハビリテーションマネジメント加算（B） ロ　483 単位／月
リハビリテーションマネジメント加算（Ⅳ）420 単位 / 月 （介護予防）	⇒	廃止（加算（B）ロに組み替え）
リハビリテーションマネジメント加算　230 単位 / 月	⇒	廃止

2021年の介護報酬改定では、外部管理栄養士の居宅療養管理指導が新設され、看護体制強化加算とリハビリマネジメント加算が見直され、高額介護サービス費が引き上げられました。

訪問看護の看護体制強化加算の報酬が見直されました 訪問看護・リハビリ編➡質問28

現行 ⟶ **改定後**

（訪問看護の場合）

看護体制強化加算（I）	600 単位 / 月	看護体制強化加算（I） 550 単位 / 月
看護体制強化加算（II）	300 単位 / 月	看護体制強化加算（II） 200 単位 / 月

（介護予防訪問看護の場合）

看護体制強化加算	300 単位 / 月	看護体制強化加算 100 単位 / 月

高額介護サービス費が引き上げられました

基礎編 ➡ 質問16

現状

収入要件	世帯の上限額
現役並み所得相当（年収約383万円以上）	44,400円 第2号被保険者を含む同一世帯の者のサービス自己負担額の合計
一般（1割負担者のみ世帯は年間上限あり）	44,400円
市町村民税世帯 非課税等	24,600円
年金80万円以下等	15,000円

改正後

収入要件	世帯の上限額
①年収約1,160万円	140,100円
②年収約770万～約1,160万円	93,000円
③年収約383万～約770万円	44,400円
一般	44,400円
市町村民税世帯非課税等	24,600円
年金80万円以下等	15,000円

質問 10 介護保険のサービスでは、何が変わりましたか？②

薬剤師のICTを用いた居宅療養管理指導が可能になりました　その他編 ➡ 質問19

●居宅療養管理指導（薬局の薬剤師が行う場合）

現行	⟶	改定後

なし　⇒　情報通信機器を用いた場合
45単位／回（新設）（月1回まで）

介護予防訪問リハビリ費の減算が設定されました　訪問看護・リハビリ編 ➡ 質問30

●介護予防訪問リハビリテーションの基本報酬

現行	⟶	改定後

なし　⇒　利用開始日の属する月か
12月超5単位／回減算（新設）

訪問看護の介護報酬が見直されました　訪問看護・リハビリ編 ➡ 質問26

●理学療法士、作業療法士又は言語聴覚士による訪問の場合（1回につき）

現行	⟶	改定後
297単位（介護予防）	⇒	293単位
287単位	⇒	283単位

●1日に2回を超えて指定介護予防訪問看護を行った場合の評価

現行	⟶	改定後

1回につき100分の90
に相当する単位数を算定

⇒　1回につき100分の50に相当する単位数を算定
利用開始日の属する月から12月超の利用者に介護予防訪問
看護を行った場合は、1回につき5単位を減算する（新設）

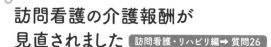

2021年の介護報酬改定では、薬剤師のICTを用いた居宅療養管理指導が可能になり、介護予防訪問リハビリ費や訪問看護費が見直され、科学的介護の取組が推進されました。

科学的介護の取組が推進されました

介護保険総合データベース（介護DB）

・市町村から要介護認定情報（2009年度〜）、介護保険レセプト情報（2012年度〜）を収集
・2018年度より介護保険法に基づきデータ提供義務化

介護DB

通所・訪問リハビリテーションの質の評価データ収集等事業のデータ

・通称"VISIT"（monitoring & eValuation for rehabilita Services for long-Term care）
・通所リハビリテーション事業所や訪問リハビリテーション事業所から、リハ ビリテーション計画書等の情報を収集（2017年度〜）
・2018年度介護報酬改定で、データ提出を評価するリハビリマネジメント加算（IV）を新設

VISIT
リハビリ
データ

CHASE
状態・ケアの
内容等データ

上記を補完する介入、状態等のデータ

・通称"CHASE"（Care, HeAlth Status & Events）
・「科学的裏付けに基づく介護に係る検討会」において具体的な内容を検討し、データベースに用いる初期項目（265項目（※））を選定
・収集経路は、今後、収集内容を踏まえて検討
・2020年度からの本格運用を目指す（※）

訪問看護・リハビリの サービス

事業所単位

（※）利用者全員のデータ用いたPDCAサイクル推進を評価
CHASEの収集項目の各領域に係る最低限のデータを用いたPDCAサイクルの推進を評価

サービス単位

●個別機能訓練加算 ●ADL維持等加算	●リハビリテーションマネジメント加算	●栄養管理	●口腔管理

（※）利用者単位の個別領域のデータを用いた PDCA サイクル推進を評価
（※）加算等による評価の有無に関わらず、すべてのサービスにおいて CHASE によるデータの利活用を進める

在宅サービス現場で働くスタッフ

医療系スタッフ

医師

看護職員

機能訓練指導員

歯科医師

介護系スタッフ

ヘルパー

介護福祉士

ケアマネジャー

ソーシャルワーカー

その他スタッフ

薬剤師

栄養士

行政担当者

住宅改修事業者

"介護現場で働く様々な職種のアイコンが、
本文中に登場します"

在宅サービスの利用者

寝たきり患者

要介護者

要支援者

一般高齢者

"介護度に応じて介護サービスを
受ける利用 のアイコンです"

本書に登場する
事業所アイコン

在宅サービスを提供する事業所

在宅サービス事業所

診療所　　　有床診療所　　　病院　　　訪問看護ステーション

介護保険施設・居住系施設

介護 人福祉施設　介護老人保健施設・　特定施設　　グループホーム
　　　　　　　　介護医療院

その他事業所

居宅介護支援事業所　　地域包括　　住宅改修事業所　　市区町村
　　　　　　　　　　支援センター

"介護サービスを提供する様々な事業所や施設などの
アイコンも、本文中に登場します"

その他関連施設

健康型施設　　　　国　　　　都道府県　　　国保連合会

"介護保険制度で重要な役割を果たす
施設・団体のアイコンです"

Contents

制度改正・報酬改定編

基礎編

1章 在宅サービスのきほん ……… 29

5章 在宅医療（往診・訪問診療・在医管など）の 報酬と算定要件 ……………… 109

6章 在宅医療（在宅療養指導管理料）の 報酬と算定要件 …………………… 131

7章 在宅医療（連携・指導・看取り関連）の 報酬と算定要件 …………………… 159

訪問看護・リハビリ編

8章　訪問看護・リハビリのしくみ …………………… 187

9章　訪問看護・リハビリ（医療保険で訪問看護ステーションの場合）の報酬と算定要件 …………… 209

10章　訪問看護・リハビリ（医療保険で病院・診療所の場合と介護保険の場合）の報酬と算定要件 …… 229

その他編

11章 歯科訪問診療、口腔リハビリ・ケア、薬剤管理・栄養食事指導、療養管理指導のしくみ ……… 255

12章 歯科訪問診療、口腔ケア・リハビリ、薬剤管理・栄養食事指導、療養管理指導の報酬と算定要件 ……… 271

1章

在宅サービスのきほん

なぜ、在宅医療や訪問看護などの提供が求められているのですか？

住み慣れた地域で、暮らし続けるためです。

3 世代以上一緒に住む世帯が、減っているためです。

　平均寿命の上昇と少子化などにより、2021年の日本の高齢者人口（おおよそ65歳以上の老年人口）は3640万人と過去最多を更新し続けています。総人口に占める高齢者の割合は約29.1%であり、すでに3割弱を占めています。高齢者人口の増加傾向は今後も続き、2040年には35%を超えると見込まれているのです。

　一方で、都市部を中心に単身または夫婦2人の世帯が増えており、2020年に世帯主65歳以上の単独・夫婦のみ世帯数が世帯全数に占める割合は全体の約4分の1で、2035年には3割弱まで増加するでしょう。老人が老人を介護する老老介護や一人暮らし高齢者が増えたため、医療機関や介護事業者なども、彼らのニーズに応えることが求められているのです。

終 末期の場所として自宅を希望する人が多いからです。

　また、高齢者の多くが自宅での療養を希望しています。自宅で療養して、必要になれば医療機関などを利用したいと回答した者の割合を合わせると、60%以上が「自宅で療養したい」と回答しているのです。

　ただ65歳以上高齢者の多くは、認知症を始めとする疾病を抱えて暮らしています。疾病を抱えても、自宅等の住み慣れた生活の場で療養し、自分らしい生活を続けるためには、地域における医療機関や介護事業者が連携して、包括的かつ継続的な在宅医療・介護を一体的に提供する必要があるのです。この地域包括ケアシステムを構築するという目標に向けて、国や厚生労働省は在宅医療や訪問看護の推進を積極的に進めているのです。

世帯主65歳以上の単独・夫婦のみ世帯数

（世帯）　　　　　　　　　　　　　　　　　　　　　　　　　　　　（%）

- 世帯主が65歳以上の単独世帯数
- 世帯主が65歳以上の夫婦のみの世帯数
- 世帯主が65歳以上の単独世帯と夫婦のみ世帯の世帯全数に占める割合

出典:「日本の世帯数の将来推計（全体推計）」（社会保障・人口問題研究所）

高齢者の療養に関する希望

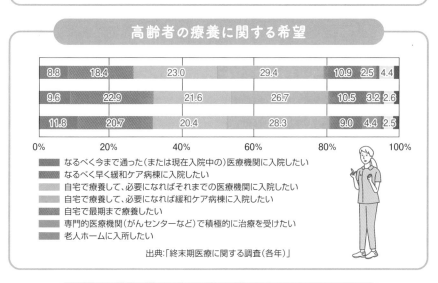

- なるべく今まで通った（または現在入院中の）医療機関に入院したい
- なるべく早く緩和ケア病棟に入院したい
- 自宅で療養して、必要になればそれまでの医療機関に入院したい
- 自宅で療養して、必要になれば緩和ケア病棟に入院したい
- 自宅で最期まで療養したい
- 専門的医療機関（がんセンターなど）で積極的に治療を受けたい
- 老人ホームに入所したい

出典:「終末期医療に関する調査（各年）」

終末期の療養場所に関する希望

- 自宅で介護してほしい
- 子供の家で介護してほしい
- 親族の家で介護してほしい
- 介護老人福祉施設に入所したい
- 介護老人保険施設を利用したい
- 病院などの医療機関に入院したい
- 民間有料老人ホームなどを利用したい
- その他
- わからない

出典:「高齢者の健康に関する意識調査（2007年）」（内閣府）

基礎編

1章　在宅サービスのきほん ❶

031

質問 2 在宅医療や訪問看護などを 利用する人は、増えていますか?

基本的に、増え続けてます。

利 用者数は、基本的に右肩上がりに増えています。

1980年に在宅医療における指導管理料が導入された後、1984年の緊急往診加算の創設、1986年の訪問診療の概念導入、そして1992年の第2次医療法改正で居宅が医療提供の場としての位置づけられるなど、日本ではこれまで、在宅医療の充実と評価が積極的に進められてきました。

それに伴って、在宅医療の利用者数は基本的に右肩上がりに増えています。特に、在宅で療養する患者の**かかりつけ医**機能が確立され、在宅医療を推進する**在宅療養支援診療所**(⇒**在宅医療編　質問2**)が創設されて以降、2017年には約18万1千人と、1996年調査と比べると2.5倍近くに増えており、利用者数の伸びが顕著になっています。今後も在宅医療を利用する患者数が増えることは間違いないでしょう。

看 護やリハビリも、直近5年間で約1.4倍です。

利用が増えているのは、在宅医療だけではありません。訪問看護や訪問リハビリテーションについても、利用者数が直近5年間で約1.4倍、一貫して増加しています。訪問看護や訪問リハビリテーションは、利用者や提供事業者などによって、医療保険と介護保険の両方でサービス提供が可能ですが(⇒**基礎編　質問8**)、利用者が多いのは介護保険におけるサービスです。ただし、診療所や病院が提供する訪問看護は、医療保険におけるサービス提供が多くなっています。

利用者1人あたりの訪問回数は医療保険が最も多く、介護保険では要介護度が高いほど訪問回数が多く、「家族等の介護指導・支援」「身体の清潔保持の管理・援助」「排泄の援助」「栄養・食事の援助」などの実施割合が高くなっているようです。

在宅医療の利用者数の推移

(人)

- 2002年: 71,700
- 2005年: 64,800
- 2008年: 98,700
- 2011年: 110,700
- 2014年: 156,400
- 2017年: 180,100

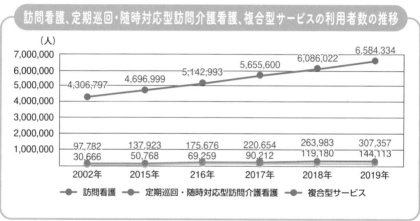

訪問看護、定期巡回・随時対応型訪問介護看護、複合型サービスの利用者数の推移

(人)

訪問看護
- 2002年: 4,306,797
- 2015年: 4,696,999
- 216年: 5,142,993
- 2017年: 5,655,600
- 2018年: 6,086,022
- 2019年: 6,584,334

複合型サービス
- 97,782 / 137,923 / 175,676 / 220,654 / 263,983 / 307,357

定期巡回・随時対応型訪問介護看護
- 30,666 / 50,768 / 69,259 / 90,212 / 119,180 / 144,113

●—● 訪問看護　●—● 定期巡回・随時対応型訪問介護看護　●—● 複合型サービス

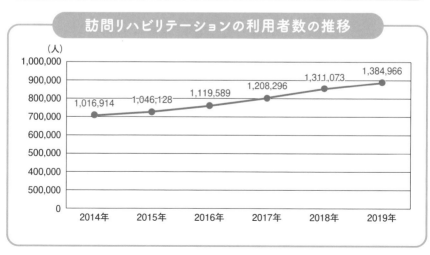

訪問リハビリテーションの利用者数の推移

(人)

- 2014年: 1,016,914
- 2015年: 1,046,128
- 2016年: 1,119,589
- 2017年: 1,208,296
- 2018年: 1,311,073
- 2019年: 1,384,966

質問 **3**

在宅医療や訪問看護などを支える制度には、何がありますか？

社会保険と、福祉です。

医 療保険、医療保険、福祉制度によって支えられています。

　在宅医療や訪問看護などを支える制度には、**医療保険**、**介護保険**、**福祉制度**があります。

　このうち、医療保険と介護保険は、万が一の事態に備える**社会保険**と呼ばれる仕組みであり、福祉制度とは児童や母子、心身障害者や高齢者など、社会生活を送る上でハンディキャップを負った人々に対して、公的な支援を行う制度です。

　医療保険制度や介護保険制度では、疾病や要介護状態などといった生活する上でのリスクに備えるため、国民に強制的に保険に加入させ、リスク発生時、保険加入者にサービスを提供したり、利用料を補助・給付したりします。本書では主に、医療保険や介護保険の仕組みと、それらに基づくサービスを解説します。

利 用者が自ら、どこでサービスを受けるのかを選択します。

　2000年に介護保険制度が導入される以前は、高齢者への介護サービスは措置制度と呼ばれる仕組みで提供されていました。措置制度では、サービス利用を申し込んだ希望者に、市町村などの措置賢者がその必要性を判断し、社会福祉制度に入所させたり、サービスを提供したりします。そのため、利用者はどこでサービスを受けるのかを判断できませんでした。

　一方、医療保険や介護保険では、サービス利用に当たり、利用者がどこでサービスを受けるのかを選び、選ばれた医療機関や介護事業者がサービスを提供します。これは、在宅医療においても同様です。つまり、医療機関や介護事業者は被保険者に選ばれなくてはならないのです。

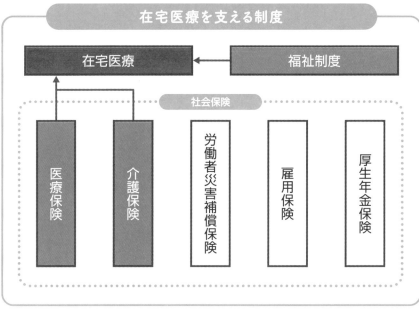

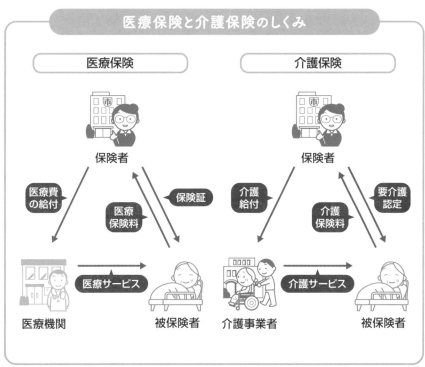

医療保険の保険者と被保険者とは誰ですか？

基本的に、健康保険組合と全国民です。

保 険者は、国民健康保険組合や市町村などです。

　医療保険制度における保険者とは、国民健康保険組合や市町村、協会けんぽや各種共済組合、後期高齢者医療広域連合などです。保険者は一般に、市町村や国民健康保険組合などが運営する地域保険と、雇用主が保険料の一部を負担する被用者保険に分けられます。保険者は、均等割額（被保険者に均等に賦課される保険料）や所得割額（被保険者の収入に応じた保険料）を設定し、被保険者から保険料を徴収しています。徴収した保険料は、国や都道府県、市町村の公費（税金）などとともに、医療機関への診療報酬に当てられます。

　保険者はまた、被保険者とその被扶養者に被保険者証を交付します。これにより、被保険者や被扶養者が医療保険による医療を受けられるのです。

一 般被保険者、前期・後期高齢者などに分けられます。

　日本では国民皆保険制度が採用されているため、医療保険制度における被保険者とは、年収 130 万円以上の 65 歳未満の就労者と 65 歳以上の高齢者です。65 未満の就労者は一般被保険者、65-74 歳の国民は前期高齢者、75 歳以上の国民は後期高齢者と呼ばれ、このほか被保険者の配偶者や直系親族や同居する 3 親等内の親族で年収が 130 万円未満に該当する被扶養者も医療保険による給付を受けられます。

　一般被保険者、被扶養者、前期高齢者は医療保険者ごとの保険料を徴収され、後期高齢者は所得に応じた保険料を徴収されます。

　なお、生活保護を受給する場合は、公的医療保険を脱退して医療扶助を受けることになります。

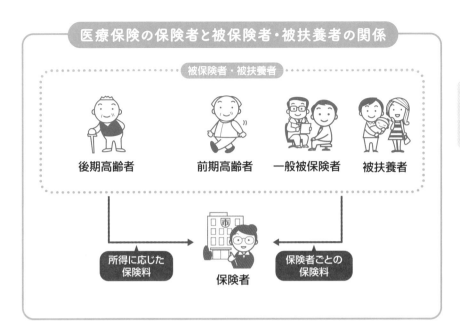

医療保険の保険者と被保険者・被扶養者の関係

被保険者・被扶養者

後期高齢者　　前期高齢者　　一般被保険者　　被扶養者

所得に応じた
保険料

保険者

保険者ごとの
保険料

医療保険の保険者と被保険者

区分		制度	保険者	被保険者
健康保険制度	地域保険	国民健康保険	市区町村	自営業者、農林漁業の従事者、非正規雇用者など
		国民健康保険組合	国民健康保険組合	医師、歯科医師、薬剤師、建設土木業の従事者など
	被用者保険	組合管掌健康保険	各企業の健康保険組合	大企業のサラリーマン
		全国健康保険協会管掌健康保険	全国健康保険協会（協会けんぽ）	中小企業のサラリーマン
		船員保険		船員
		共済組合	各種の共済組合	国家公務員、地方公務員、私立学校教職員、その他
高齢者医療制度	地域保険、被用者保険	前期高齢者医療制度	65歳未満時に加入していた保険者	65-74歳の国民
	地域保険	後期高齢者医療制度	後期高齢者医療広域連合	75歳以上の国民、65-75歳の障害者

介護保険の保険者と
被保険者とは誰ですか？

> 市町村と、65歳以上の
> 高齢者です。

被 保険者が居住する区域の市町村および特別区です。

　介護保険制度における保険者とは、通常、被保険者である住民が居住する区域の市町村および特別区です。ただし、市町村が集まった広域連合が保険者になることもあります。介護保険事業の運営主体である保険者は、被保険者台帳の作成・運用などによって被保険者を管理し、策定した介護保険事業計画に基づいて設定した保険料を徴収しています。

　保険者は、65歳以上になった被保険者に被保険者証を交付します。また被保険者からの申請を受けて、要介護認定で被保険者が受けられる介護サービスを決定し、要介護認定の有効期限を管理します。これにより、被保険者が介護保険サービスを受けられるのです。

市 町村の区域内に住所がある40歳以上の住民です。

　日本では国民に介護保険の加入が義務付けられているため、介護保険制度における被保険者とは、保険者である市町村の区域内に住所がある40歳以上の住民です。被保険者は、65歳以上の全住民である第1号被保険者と、40歳以上65歳未満の医療保険加入者である第2号被保険者に分けられます。

　第1号被保険者は要介護認定を受けることで、第2号被保険者は老化に起因する特定疾病による要介護認定を受けることで、介護サービスを利用できるようになります。また、第1号被保険者は本人または世帯員の所得に応じて市町村ごとに設定された介護保険料を徴収され、第2号被保険者は第2号被保険者の総収入に応じて決まる保険料を徴収されます。

介護保険の保険者と被保険者の関係

被保険者

要介護認定  老化に起因する特定疾患による要介護認定

第1号被保険者（65歳以上）　　第2号被保険者（40歳以上65歳未満）

所得に応じた保険料　　　　保険者ごとの保険料

保険者＝市区町村

老化に起因する特定疾病

特定疾病	概要
末期がん	医師が医学的知見をもとに進行性で治癒が困難だと判断した状態にあるがん
関節リウマチ	身体中のあらゆる関節に炎症が起こり、痛みやこわばりが現れる状態
筋萎縮性側索硬化症	運動神経細胞が障害された結果、筋肉が萎縮し筋力が低下する病気
後縦靭帯骨化症	後縦靭帯が骨化して肥大し硬くなり、脊髄の通り道である脊柱管を圧迫することによって起こる知覚障害や運動障害
骨折を伴う骨粗鬆症	日常生活程度の負荷でも骨折を引き起こしてしまう骨粗しょう症
初老期における認知症	アルツハイマー型認知症、脳血管性認知症、レビー小体認知症など
パーキンソン病関連疾患	パーキンソン病、進行性核上性麻痺、大脳皮質基底核変性症など
脊髄小脳変性症	神経細胞の変性により小脳の一部が損傷すること
脊柱管狭窄症	脊柱管狭窄による神経圧迫による、腰痛や下肢のしびれ・筋力低下など
早老症	遺伝子の異常による若年性白内障、白髪、毛髪の脱落、骨の萎縮など
多系統萎縮症	原因不明の自律神経症状、パーキンソン症状、小脳症状など
糖尿病性神経障害、糖尿病性腎症及び糖尿病性網膜症	糖尿病を原因とする手足のしびれ・痛み、腎機能障害、視力低下など
脳血管疾患	高血圧や生活習慣病を原因とする手合・顔の麻痺やしびれ、高次機能障害
閉塞性動脈硬化症	動脈硬化による歩行時の冷感やしびれ感、痛みなど
慢性閉塞性肺疾患	長期間の喫煙を原因とする息切れや慢性的な咳・たん、呼吸機能低下
両側の膝関節又は股関節に著しい変形を伴う変形性関節症	股関節の形成不全や膝関節の軟骨のすり減りによる、痛み、腫れ、関節の変形で膝が伸ばし難い、などの症状

医療保険で在宅サービスを受けるには、何が必要ですか?

要介護・支援の対象者以外、などです。

通 院するのが困難であることが、求められます。

　在宅医療の対象となる患者には、「通院するのが困難」であることが求められます。この「通院するのが困難」という判断には、本人の状態や家族の状況、周囲の環境など様々な要素が影響するため、厳密な規定があるわけではありません。そのため主治医が判断する必要があります。その上で、「患者の同意があること」「計画的な医学管理」「定期的な診療」「訪問して行う医療」を行った場合に、在宅医療の診療報酬の算定が可能になるのです。

　現在、在宅医療の主な対象疾患や患者は、「末期がん患者」のほか、脳卒中後遺症・運動器疾患・認知症などを患う「虚弱な高齢者」、ALS やパーキンソン病などの「神経・筋難病患者」、先天性疾患を抱える「重症小児」などです。

介 護保険の対象外の患者などです。

　医療保険による訪問看護や訪問リハビリはいずれも、介護保険の対象外となる「40歳未満である」「40歳以上65歳未満であり、介護保険第2号被保険者（16 特定疾病の対象者）でない」「65歳以上であり、要介護・要支援に該当しない」のいずれかに該当すれば、医療保険による訪問看護や訪問リハビリの対象です。

　また要介護・要支援の認定を受けていて介護保険の対象となる者でも、訪問看護では「厚生労働大臣が定める疾病等であること」「認知症以外で精神科訪問看護が必要なこと」「急性増悪等により特別訪問看護指示期間にあること」、訪問リハビリでは「厚生労働大臣が定める疾病等であること」「急性増悪等により特別訪問看護指示期間にあること」に該当すれば、医療保険によるサービスを受けられます。

在宅医療の対象

対象

① 通院困難な患者
② 患者の同意
③ 計画的な医学管理
④ 定期的な診療
⑤ 訪問して行う医療

主な対象疾患・患者

① 末期がん患者
② 虚弱な高齢者
③ 神経・筋難病患者
④ 脊椎損傷・頭部外傷・脳性麻痺の障害者
⑤ 重症小児

医療保険による訪問看護の対象

● 主治医により訪問看護・在宅介護が必要であると判断された患者で、以下のいずれかに該当

① 40歳未満である
② 40歳以上65歳未満であり、介護保険第2号被保険者（16特定疾病の対象者）でない
③ 65歳以上であり、要介護・要支援に該当しない
④ 要介護・要支援の認定を受けていて、「厚生労働大臣が定める疾病等であること」「認知症以外で精神科訪問看護が必要なこと」「急性増悪等により特別訪問看護指示期間にあること」のいずれかに該当

医療保険による訪問リハビリテーションの対象

● 主治医により訪問リハビリテーションが必要であると判断された患者で、以下のいずれかに該当

① 40歳未満である
② 40歳以上65歳未満であり、介護保険第2号被保険者（16特定疾病の対象者）でない
③ 65歳以上であり、要介護・要支援に該当しない
④ 要介護・要支援の認定を受けていて、「厚生労働大臣が定める疾病等であること（訪問看護ステーションのみ）」「急性増悪等により特別訪問看護指示期間にあること」のいずれかに該当

質問7 介護保険で在宅サービスを受けるには、何が必要ですか？

要介護認定が必要です。

要 介護認定を受けなくてはなりません。

要介護認定は、「被保険者に介護が必要か」「どの程度の介護が必要か」を保険者が把握するために行われます。被保険者は、介護保険のサービスを利用するにあたり、必ず要介護認定を受けなくてはなりません。

要介護認定を行うのは、介護が必要な程度に応じてサービスを提供することで、限りある介護保険料や公費を最大限有効活用するためです。

介護保険（1割から3割の利用者負担）で利用できるサービスの種類や回数、時間などは、要介護度に応じて決められています。なお、要介護度はあくまでも利用者の一時的な状態であるとみなせるため、要介護認定には有効期限が設けられています（2021年度に一部改正）。

要 介護認定は、2段階の判定により行われます。

要介護認定では通常、まずは本人や家族などが申請書類に記入して被保険者証とともに市町村に提出します（①申請）。

申請を受けた役所の担当者は利用者宅を訪問し、聞き取り調査を実施し（②認定調査）、その結果を調査票と特記事項にまとめます。調査票を全国共有の判定ソフトで処理することにより得られるのが③一次判定です。介護認定審査会は、一次判定の結果、特記事項、主治医からの意見書に基づいて④審査を行い、「被保険者に介護が必要か」「どの程度の介護が必要か」を判定します（⑤二次判定）。

こうした判定に基づいて、最終的に保険者である市町村が被保険者の要介護・支援度を認定し（⑥要介護認定）、介護給付の支給限度額が決まるのです。

要介護認定の流れ

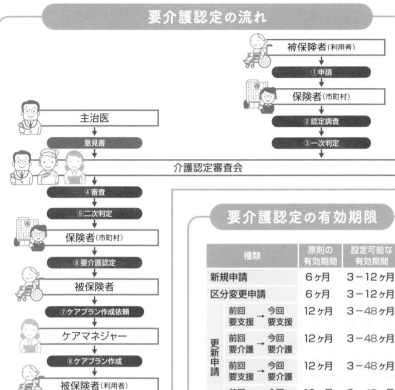

被保険者(利用者)

↓

①申請

↓

保険者(市町村)

↓

②認定調査

↓

③一次判定

主治医

↓

意見書

介護認定審査会

↓

④審査

↓

⑤二次判定

↓

保険者(市町村)

↓

⑥要介護認定

↓

被保険者

↓

⑦ケアプラン作成依頼

↓

ケアマネジャー

↓

⑧ケアプラン作成

↓

被保険者(利用者)

要介護認定の有効期限

	種類	原則の有効期間	設定可能な有効期間
	新規申請	6ヶ月	3－12ヶ月
	区分変更申請	6ヶ月	3－12ヶ月
更新申請	前回要支援 → 今回要支援	12ヶ月	3－48ヶ月
	前回要介護 → 今回要介護	12ヶ月	3－48ヶ月
	前回要支援 → 今回要介護	12ヶ月	3－48ヶ月
	前回要介護 → 今回要支援	12ヶ月	3－48ヶ月

介護給付の支給限度額

要介護度	区分支給限度基準額	住宅改修費支給限度基準額	福祉用具購入費支給限度基準額
要支援1	5,032 単位/月	20万円（1回限り）	10万円/1年
要支援2	10,531 単位/月	20万円（1回限り）	10万円/1年
要介護1	16,765 単位/月	20万円（1回限り）	10万円/1年
要介護2	19,705 単位/月	20万円（1回限り）	10万円/1年
要介護3	27,048 単位/月	20万円（1回限り）	10万円/1年
要介護4	30,938 単位/月	20万円（1回限り）	10万円/1年
要介護5	36,217 単位/月	20万円（1回限り）	10万円/1年

質問8 在宅医療や訪問看護などの保険適用はどうなっていますか?

サービスによって異なります。

医療保険、介護保険のいずれかが適用されます。

在宅での医療や看護などは、医療保険や介護保険の算定対象です。

基本的に、在宅医療や歯科訪問診療、口腔リハビリテーションは医療保険により、医師による療養管理指導、看護と介護が組み合わされた定期巡回・随時訪問型訪問看護・介護、複合型サービスは介護保険により提供されます。

一方、訪問看護や訪問リハビリのほか、介護保険の居宅療養管理指導としても提供される口腔ケア、薬剤管理指導、栄養管理指導は、対象者の身体状態や提供するスタッフ、医師の判断などにより、医療保険、介護保険のいずれかで提供されることになります。なお、要介護・要支援の認定を受けた者については、原則、介護保険による介護報酬の算定が優先されますが、特例も設けられています。

介護保険適用の例外があります。

小児等40歳未満の者、要介護・要支援以外の者が、介護保険ではなく、医療保険によるサービスを受けられる特例は、訪問看護と訪問リハビリテーションについて設定されています。訪問看護の場合、特掲診療料の施設基準等別表第7の「厚生労働大臣が定める疾病等」、急性増悪時等による「特別訪問看護指示書の交付を受けた者」、そして「認知症以外の精神疾患」のいずれかに該当する場合、訪問リハビリの場合、「厚生労働大臣が定める疾病等」や「特別訪問看護指示書の交付を受けた者」のいずれかに該当する場合、要介護・要支援者でも医療保険によるサービスを受けられます。なお、「厚生労働大臣が定める疾病等」の該当者については、訪問看護ステーションのみがサービス提供可能です。

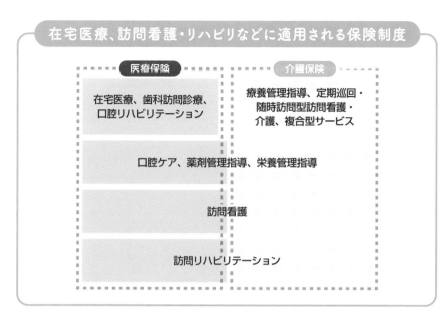

在宅医療、訪問看護・リハビリなどに適用される保険制度

医療保険

在宅医療、歯科訪問診療、口腔リハビリテーション

口腔ケア、薬剤管理指導、栄養管理指導

訪問看護

訪問リハビリテーション

介護保険

療養管理指導、定期巡回・随時訪問型訪問看護・介護、複合型サービス

訪問看護・リハビリに適用される保険制度

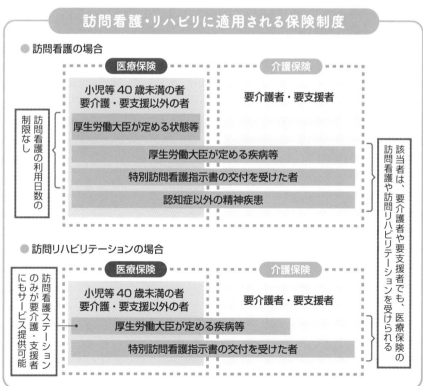

● 訪問看護の場合

医療保険

小児等40歳未満の者　要介護・要支援以外の者

厚生労働大臣が定める状態等

厚生労働大臣が定める疾病等

特別訪問看護指示書の交付を受けた者

認知症以外の精神疾患

訪問看護の利用日数の制限なし

介護保険

要介護者・要支援者

該当者は、要介護者や要支援者でも、医療保険の訪問看護や訪問リハビリテーションを受けられる

● 訪問リハビリテーションの場合

医療保険

小児等40歳未満の者　要介護・要支援以外の者

厚生労働大臣が定める疾病等

特別訪問看護指示書の交付を受けた者

訪問看護ステーションのみが要介護・支援者にもサービス提供可能

介護保険

要介護者・要支援者

質問9 特掲診療料の別表第7、第8とは、何ですか？

> 特例が受けられる状態や疾病です。

厚 生労働大臣が定める状態等・疾病等です。

　診療報酬の「特掲診療料の施設基準」の別表には、診療報酬などで特例が受けられる疾病や状態、投薬や注射、検査や処置などが記載されています。このうち押さえておきたいのは、別表第7の「厚生労働大臣が定める状態等」、別表第8の「厚生労働大臣が定める疾病等」、そして「特別訪問看護指示書の交付を受けた者」です。

　質問8で確認したように、要介護・支援者でも医療保険の訪問看護や訪問リハビリテーションのサービスを受けられるだけでなく、週3日までという訪問診療や訪問看護の利用日数制限がなくなり毎日訪問できたり、1日複数回の訪問、2ヶ所以上の訪問看護ステーションからの訪問も可能になったり、長時間や複数名、退院日や入院先からの外泊日の訪問看護を提供できたりするようになるのです。

特 別訪問看護指示書にも、様々な特例があります。

　特別訪問看護指示書は、主治医が診療により、利用者が急性感染症等の急性増悪期、末期がんなど以外の終末期や退院直後で、主治医が診療により「週4日以上の頻回の訪問看護の必要がある」と認めた場合に交付できるもので、疾患や症状の制限はありません。末期がんなど以外とは一般に、「厚生労働大臣が定める状態等」や「厚生労働大臣が定める疾病等」に該当する患者を指します。

　特別訪問看護指示書は「訪問看護指示書」と同一医師から交付され原則として、1人につき1ヶ月に1回交付できます。ただし、患者が「①気管カニューレを使用している状態」や「②真皮を超える褥瘡の状態」にある場合には、1ヶ月に2回まで交付できます。

特掲診察料　別表第7　厚生労働大臣が定める状態等

1　・在宅悪性腫瘍等患者指導管理もしくは在宅気管切開患者指導管理を受けている状態にある者

　　・気管カニューレもしくは留置カテーテルを使用している状態にある者

2　以下の指導管理を受けている状態にある者 *1

　　・在宅自己腹膜灌流指導管理

　　・在宅血液透析指導管理

　　・在宅酸素療法指導管理

　　・在宅中心静脈栄養法指導管理

　　・在宅成分栄養経管栄養法指導管理

　　・在宅自己導尿指導管理

　　・在宅人工呼吸指導管理

　　・在宅持続陽圧呼吸療法指導管理

　　・在宅自己疼痛管理指導管理

　　・在宅肺高血圧症患者指導管理

3　人工肛門または人工膀胱を設置している状態にある者

4　真皮を越える褥瘡の状態にある者（NPUAP 分類Ⅲ度、Ⅳ度、または DESIGN-R 分類 D3、D4、D5）

5　在宅患者訪問点滴注射管理指導料を算定している者 *2

*1　介護保険の特別管理加算などの要件となる「厚生労働大臣が定める状態等」には、「在宅人工呼吸指導管理」は含まれない

*2　「点滴注射を週3日以上行う必要があると認められる状態」である

特掲診察料　別表第8　厚生労働大臣が定める疾病等

①末期の悪性腫瘍

②多発性硬化症

③重症筋無力症

④スモン

⑤筋萎縮性側索硬化症

⑥脊椎小脳変性症

⑦ハンチントン病

⑧進行性筋ジストロフィー症

⑨パーキンソン病関連疾患

　（a）進行性格核上性疾患

　（b）大脳皮質基底核変性症

　（c）パーキンソン病

⑩多系統萎縮症

　（a）線条体黒質変性症

　（b）オリーブ橋小脳萎縮症

　（c）シャイ・ドレーガー症候群

⑪プリオン病

⑫亜急性硬化性全脳炎

⑬ライソゾーム病

⑭副腎白質ジストロフィー

⑮脊髄性筋萎縮症

⑯球脊髄性筋萎縮症

⑰慢性炎症性脱髄性多発神経炎

⑱後天性免疫不全症候群

⑲頚椎損傷

⑳人工呼吸器を使用している状態（ASV は含まれない）

質問 10 医療保険でどのような 在宅サービスを提供できますか?

> メインは、在宅医療、訪問看護、 訪問リハビリです。

患 者の訪問や管理などが評価されます。

　医療保険で提供可能な主たる在宅のサービスには、在宅医療、訪問看護、訪問リハビリテーションがあります。

　在宅医療や訪問看護では、患者の訪問や管理のほか、連携・指示・看取り関連のサービスなどが評価されます。また在宅医療には在宅医学総合管理料や在宅がん医療総合診療料のように、様々な医療行為や薬剤投与などを包括して評価する診療報酬も用意されています。医療保険における訪問リハビリテーションも、基本的にすべてのサービスが包括的に評価されます。

　なお、訪問看護ステーションによる訪問リハビリテーションは、訪問看護のサービスと見なされます。

歯 科訪問診療、口腔リハビリ・ケアなどもあります。

　その他、医療保険で提供可能な在宅のサービスには、歯科訪問診療、口腔リハビリ、口腔ケア、薬剤管理指導、栄養食事指導があります。

　歯科訪問診療、口腔リハビリテーション、口腔ケアは歯科診療所・病院が、薬剤管理指導は診療所・病院や薬局が、栄養食事指導は診療所・病院や栄養ケアステーションが提供可能です。ただし、歯科訪問診療や口腔リハビリテーション以外のサービスについては、主治医の指示の下、患者やその家族の同意を得た上で実施することが求められます。

　なお近年は、医科歯科連携の一貫として、医科歯科間で検査結果や投薬内容などを文書で共有することも評価されるようになっています。

医療保険で算定可能な在宅医療の主な報酬

算定対象	提供事業所	主な算定報酬
患者の訪問	診療所・病院	往診料、在宅患者訪問診療料、オンライン診療料
患者の管理		在宅療養指導管理料、在宅医学総合管理料、施設入居時等医学総合管理料、在宅がん医療総合診療料
連携・指示・看取り関連		診断情報提供料、訪問看護指示料、退院時共同指示料、在宅患者等緊急時カンファレンス料

医療保険で算定可能な訪問看護の主な報酬

算定対象	提供事業所	主な算定報酬
患者の訪問	訪問看護ステーション	訪問看護基本療養費、精神科訪問看護基本療養費
	見なし訪問看護事業所(診療所・病院)	在宅患者訪問看護・指導料、同一建物居住者訪問看護・指導料、精神訪問看護・指導料
患者の管理	訪問看護ステーション	訪問看護管理療養費
連携・指示・看取り関連	訪問看護ステーション	訪問看護情報提供療養費、訪問看護ターミナルケア療養費

医療保険で算定可能な訪問リハビリテーションの主な報酬

算定対象	提供事業所	主な算定報酬
訪問リハビリテーション	訪問看護ステーション	訪問看護基本療養費、精神科訪問看護基本療養費
	見なし訪問リハビリ事業所(診療所・病院)	在宅患者訪問リハビリテーション指導料

医療保険で算定可能なその他在宅サービスの主な報酬

算定対象	提供事業所	主な算定報酬
歯科訪問診療	歯科診療所・病院	歯科訪問診療料、歯科疾患在宅療養管理料、退院前在宅療養指導管理料、在宅患者連携指導料在宅患者緊急時等カンファレンス料
口腔リハビリ		在宅患者訪問口腔リハビリテーション指導管理料、歯科口腔リハビリテーション料、摂食機能療法
口腔ケア		訪問歯科衛生指導料
薬剤管理指導	薬局、病院	在宅患者訪問薬剤管理指導料、在宅患者オンライン服薬指導料、在宅患者緊急訪問薬剤管理指導料、在宅患者重複投薬・相互作用等防止管理料
栄養管理指導	病院、栄養ケアステーション	在宅患者訪問栄養食事指導料

介護保険でどのような
在宅サービスを提供できますか？

メインは、訪問看護と
訪問リハビリです

訪 問看護ステーションやみなし事業所が提供します。

　訪問看護と訪問リハビリテーションは、介護保険でも提供可能です。

　訪問看護は、訪問看護ステーションだけでなく、診療所や病院（見なし訪問看護事業所と呼ばれる）でも提供されており、地域密着型サービスである定期巡回・随時対応訪問介護看護や複合型サービスにおいては、介護と組み合わせて提供されます。一方、訪問リハビリテーションについては、訪問看護ステーションだけでなく、診療所・病院や介護医療院や介護老人保健施設（見なし訪問リハビリ事業所と呼ばれる）が提供しています。

　なお、訪問看護ステーションによる訪問リハビリテーションは医療保険と同様に、訪問看護のサービスと見なされており、（介護予防）訪問看護費が算定されます。

医 療機関、薬局、栄養ケアステーションが提供します。

　介護保険ではその他、口腔ケア、薬剤管理指導、栄養食事指導、そして医師や歯科医師による療養管理指導が提供されています。

　口腔ケアは歯科診療所・病院の歯科衛生士が、薬剤管理指導は診療所・病院や薬局の薬剤師が、栄養食事指導は診療所・病院や栄養ケアステーションの管理栄養士が実施します。ただし療養管理指導以外は、主治医の指示の下、患者やその家族の同意を得た上で実施しなくてはなりません。

　なお口腔ケア、薬剤管理指導、栄養食事指導、療養管理指導にはいずれも、介護保険の療養管理指導費が算定されますが、算定可能な介護報酬や提供可能な回数は指導内容に応じて変わってきます。

介護保険で算定可能な訪問看護の主な報酬

算定対象	提供事業所	主な算定報酬
訪問看護	訪問看護ステーション、見なし訪問看護事業所	訪問看護費、介護予防訪問看護費
定期巡回・随時対応訪問介護看護	定期巡回・随時対応訪問介護看護事業所	定期巡回・随時対応訪問介護看護費
複合型サービス	複合型サービス事業所	看護小規模多機能型居宅介護費、短期利用居宅介護費

介護保険で算定可能な訪問リハビリテーションの主な報酬

算定対象	提供事業所	主な算定報酬
訪問リハビリテーション	訪問看護ステーション	訪問看護費、介護予防訪問看護費
	見なし訪問リハビリ事業所（診療所・病院、介護医療院、介護老人保健施設）	訪問リハビリテーション費、介護予防訪問リハビリテーション費

介護保険で算定可能なその他在宅サービスの主な報酬

算定対象	提供事業所	主な算定報酬
口腔ケア	歯科診療所・病院	居宅療養管理指導費、介護予防居宅療養管理指導費
薬剤管理指導	薬局、診療所・病院	
栄養管理指導	診療所・病院、栄養ケアステーション	
療養管理指導	診療所・病院	

付録 1 医療保険と介護保険での提供の考え方

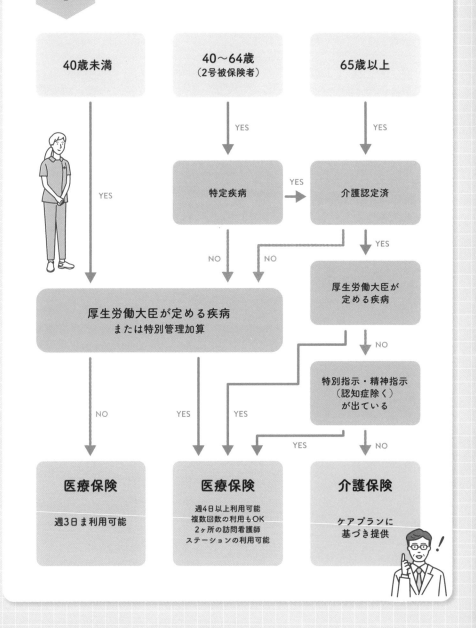

| 40歳未満 | 40～64歳（2号被保険者） | 65歳以上 |

YES → 特定疾病 → YES → 介護認定済 ← YES

特定疾病 → NO / NO

介護認定済 → YES → 厚生労働大臣が定める疾病

厚生労働大臣が定める疾病 → NO → 特別指示・精神指示（認知症除く）が出ている

厚生労働大臣が定める疾病 または特別管理加算

医療保険
週3日ま利用可能

医療保険
週4日以上利用可能
複数回数の利用もOK
2ヶ所の訪問看護師
ステーションの利用可能

介護保険
ケアプランに
基づき提供

基礎編

2章

在宅サービスの
報酬・負担・助成

診療報酬や介護報酬は、どのように支払われますか？

国保連合会などを、通じてです。

医療機関は診療実績に基づき、診療報酬を請求しています。

医療保険の保険者は、医療の利用状況や利用予測などに基いて、医療計画を策定し、保険料を設定しています。医療計画とは、都道府県が地域における適切な医療資源の確保と地域格差の是正、患者の望む医療の実現、医療費の適正利用などを目的として策定するものです。

医療保険は、被保険者からの**医療保険料**のほか、雇用主の資金、国や都道府県、市町村の公費（税金）などによって運営されており、それらの会計業務も保険者が担っています。ただし、医療機関からの診療報酬などの審査・支払業務は**国民健康保険団体連合会（国保連合会）**や社会保険診療報酬支払基金などに委託されており、医療機関は診療実績に基づき、これらの機関に診療報酬を請求しています。

サービス実績に基づき、介護報酬を請求しています。

介護保険の保険者は、介護サービスの利用状況や利用予測などに基いて、**介護保険事業計画**を策定し、市区町村ごとの保険料を設定しています。また市町村独自のサービスを整備し、その利用料を設定することもあります。

介護保険事業は、介護保険料のほか、国や都道府県、市町村の公費（税金）などによって運営されており、それらの会計業務も保険者の役割です。ただし、介護事業者からの介護給付費などの請求に対する給付業務は、医療保険同様に、国保連合会に委託されており、介護事業者はサービス実績に基づき、これらの機関に介護報酬を請求しています。なお、住宅改修・福祉用具サービス利用にあたっての償還払い手続きの処理、地域支援事業などの計画・実施なども保険者が担っています。

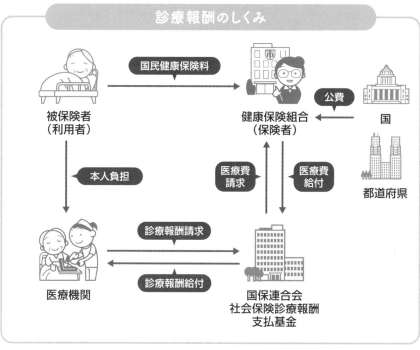

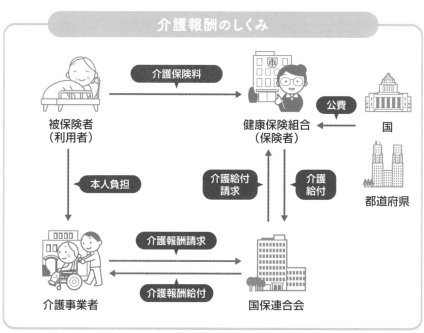

診療報酬や介護報酬は、どのように計算されますか？

1単位＝10円くらいです。

診療報酬は原則、医療行為ごとに単位が設定されています。

診療報酬とは、医療保険が適用される医療行為やサービスごとに決められた医療機関や訪問看護ステーションなどが受け取る報酬です。

医療機関などが受け取る診療報酬は、提供した医療行為ごとに単位が設定されており、「1単位＝10円」で算定します。一方、訪問看護ステーションが受け取る報酬は、提供したサービスに対して、金額が設定されています。

診療報酬には、出来高で請求する方式と疾病などに応じて設定された金額を包括的に請求する方式の2つがあります。たとえば、在宅医療の**在宅がん医療総合診療料**は、定期的な訪問診療、訪問看護、処置、注射、検査などの料金が包括され、1週間ごとに決められた報酬を請求します。

介護報酬も、介護サービスごとに単位が設定されています。

介護報酬とは、介護保険が適用される介護サービスごとに決められた介護事業者が受け取る報酬です。

介護事業者などが受け取る、住宅改修と福祉用具購入以外の介護報酬もまた、金額ではなく単位で設定されています。介護報酬の単位は、1単位＝10円を基本とした地域・人件費割合別単価です。地域は1級地〜7級地とその他の8つに区分され、地価や賃金の高い都心などでは高く、地価や賃金の低い区域などでは低く設定されています（たとえば、1級地（東京23区）で人件費割合70％のサービスは1単位＝11.40円）。ただし、離島や豪雪地帯など、介護サービスの確保が著しく困難であると認められる**特別地域**や**中山間地域**などには、特別な加算が設けられています。

在宅医療関連の報酬の計算式

$$診療報酬 = \left(\begin{matrix} 診療報酬 \\ の点数 \end{matrix} + 加算 \right) \times 回数 \times 10円$$

医療保険における訪問看護ステーションによる
$$訪問看護の報酬 = 訪問看護のサービスごとの金額$$

$$介護報酬 = \left(\begin{matrix} 介護報酬 \\ の点数 \end{matrix} + 加算 \right) \times 回数 \times \begin{matrix} 地域・人件費 \\ 割合別単価 \end{matrix}$$

診療報酬と介護報酬の点数（例）

● 診療報酬（例）

在宅患者訪問看護・指導料（1日につき）	保健師、助産師、看護師による場合	週3日目まで	580円
		週4日目以降	680円
	准看護師による場合	週3日目まで	530円
		週4日目以降	630円

● 医療保険における訪問看護ステーションによる訪問看護の報酬（例）

訪問看護基本療養費（Ⅰ）	保健師、助産師、看護師による場合	週3日目まで	5550円
		週4日目以降	6550円
	准看護師による場合	週3日目まで	5050円
		週4日目以降	6050円

● 介護報酬（例）

訪問看護費（1回につき）	訪問看護ステーションの場合	20分未満	313円
		30分未満	470円
		30分以上1時間未満	821円
		1時間以上1時間30分未満	1125円

地域・人件費割合別単価

		1等地	2等地	3等地	4等地	5等地	6等地	7等地	その他
上乗せ割合		20%	16%	15%	12%	10%	6%	3%	0%
人件費割合	70%	11.40円	11.12円	11.05円	10.84円	10.70円	10.42円	10.21円	10円
	55%	11.10円	10.88円	10.83円	10.66円	10.55円	10.33円	10.17円	10円
	45%	10.90円	10.72円	10.68円	10.54円	10.45円	10.27円	10.14円	10円

医療保険や介護保険の利用者負担は、どうなっていますか？

両方とも、報酬の1〜3割です。

利 用者負担は原則、診療報酬の1〜3割です。

　医療保険の利用者負担は原則、診療報酬の1〜3割です。ただし、入院時の食事や滞在費などは利用者が全額負担することになります。自己負担割合を左右するのは年齢と収入です。6歳以下の被扶養者は2割、6-69歳の被保険者や被扶養者は3割となっています。70-74歳の被保険者や被扶養者、75歳以上の後期高齢者は収入によって変わってきます。70-74歳では「課税所得額145万円未満または標準報酬月額28万円未満」は2割、「課税所得額145万円以上または標準報酬月額28万円以上」の現役並み所得者は3割、75歳以上では「年金収入＋その他の合計所得金額200万円未満」は1割、「年金収入＋その他の合計所得金額200万円以上」は2割、「課税所得額145万円以上または標準報酬月額28万円以上」は3割です。

介 護保険も利用者負担は原則、介護報酬の1〜3割です。

　介護保険の利用者負担は原則、介護報酬の1〜3割です。ただし、居宅介護支援、介護予防支援は費用負担なし、介護保険施設の食費や滞在費などは利用者が全額負担することになります。自己負担割合を左右するのは年齢と収入です。40-64歳の2号被保険者は一律1割ですが、65歳以上の1号被保険者は収入によって変わってきます。「世帯の合計所得金額と年金収入の合計が280万円未満（1人の場合）か346万円未満（2人以上の場合）」は1割、「世帯の合計所得金額と年金収入の合計が280万円以上340万円未満（1人の場合）か346万円以上463万円未満（2人以上の場合）」は2割、「世帯の合計所得金額と年金収入の合計が340万円（1人の場合）か463万円以上（2人以上の場合）」は3割となります。

医療保険の利用者負担

医療サービスと関連サービス	利用者の負担額
基本診療、特掲診療	費用の 1 割～ 3 割 （ただし、高額療養費制度あり）
食費、滞在費、特別室の費用、サービス利用時の交通費など	費用の全額 （ただし、利用者負担額軽減制度あり）

年齢	区分	収入区分	利用者負担
～ 6 歳	被扶養者	――	2 割
6 ～ 69 歳	被保険者、被扶養者	――	3 割
70 ～ 74 歳	前期高齢者、被扶養者	課税所得額 145 万円未満または標準報酬月額 28 万円未満	2 割
		課税所得額 145 万円以上または標準報酬月額 28 万円以上	3 割
75 歳～	後期高齢者	年金収入＋その他の合計所得金額 200 万円未満	1 割
		年金収入＋その他の合計所得金額 200 万円以上	2 割
		課税所得額 145 万円以上または標準報酬月額 28 万円以上	3 割

介護保険の利用者負担

介護サービスと関連サービス	利用者の負担額
居宅介護支援、介護予防支援	費用負担なし（保険者が全額負担）
居宅サービス、介護予防サービス、介護予防支援、地域密着型サービス、施設サービス（ただし、自治体によっては利用者負担額軽減制度あり）	費用の 1 ～ 3 割
食費、滞在費、特別室の費用、サービス利用時の交通費など	費用の全額（ただし、利用者負担額軽減制度あり）

年齢	区分	収入区分	利用者負担
40 ～ 64 歳	2 号被保険者	――	1 割
65 歳～	1 号被保険者	合計所得金額と年金収入の合計が 280 万円未満（1 人の場合）か 346 万円未満（2 人以上の場合）	1 割
		合計所得金額と年金収入の合計が 280 万円以上 340 万円未満（1 人の場合）か 346 万円以上 463 万円未満（2 人以上の場合）	2 割
		合計所得金額と年金収入の合計が 340 万円（1 人の場合）か 463 万円以上（2 人以上の場合）	3 割

介護給付の支給限度基準額とは、何ですか?

超えた分は、全額負担です。

公費による給付が受けられる介護サービスの限度額です。

介護保険制度では、サービスの過度な利用を抑えるため、公費による給付で利用できるサービスの限度額として**支給限度基準額**を定めています。

訪問看護、訪問リハビリテーション、居宅療養管理指導など、在宅医療関連サービスの支給限度基準額は、**区分支給限度基準額**と呼ばれ、要介護度ごとの点数で設定されています。住宅改修については1回に限り20万円、福祉用具購入については1年に10万円が上限額です。支給限度額を超えてサービスを利用した場合、超えた分は全額、利用者の負担となります。

ただし、利用者の費用負担が一定額を超えた場合、高額介護サービス費支給制度により、超えた分は申請すれば支給されます。

ケアマネジャーは、支給限度額内でケアプランを立てます。

ケアマネジャーは、原則として、要介護度ごとに設定された支給限度基準額の範囲内で**ケアプラン**を作成します。作成したケアプランは、主治医などと連携されることになります。

ただし、施設サービスや特定施設やグループホームなどの老人施設におけるサービスについてはサービス利用料が一日定額で設定されているので、通常、支給限度基準額を考慮する必要はありません。また、居宅療養管理指導も支給限度基準額の対象外となっています。

なお、保険者（市町村）の判断でサービスごとに利用限度額を設定する**種類支給限度基準額**という制度もあります。

介護給付の支給限度基準額

要介護度	区分支給限度基準額	住宅改修費 支給限度基準額	福祉用具購入費 支給限度基準額
要支援 1	5,032 単位／月	20 万円（1 回限り）	10 万円／1 年
要支援 2	10,531 単位／月	20 万円（1 回限り）	10 万円／1 年
要介護 1	16,765 単位／月	20 万円（1 回限り）	10 万円／1 年
要介護 2	19,705 単位／月	20 万円（1 回限り）	10 万円／1 年
要介護 3	27,048 単位／月	20 万円（1 回限り）	10 万円／1 年
要介護 4	30,938 単位／月	20 万円（1 回限り）	10 万円／1 年
要介護 5	36,217 単位／月	20 万円（1 回限り）	10 万円／1 年

要介護3を認定された人の支給限度額内での利用

曜日	月	火	水	木	金	土	日
午前 午後	デイサービス	ヘルパー ヘルパー	デイケア	訪問看護	デイサービス	ヘルパー ヘルパー	家族介護
サービス内容	介護・入浴・送迎	身体介護（30分から1時間未満）を昼・夕方2回利用	機能訓練・入浴・送迎	看護(30分から1時間未満)を昼1回利用	介護・入浴・送迎	身体介護（30分から1時間未満）を昼・夕方2回利用	
	896点	792点	1,039点	821点	896点	792点	**計5,236点**

5,236 単位／週 × 4.2 週 ＝ 21,991 単位／月 ＜ 27,048 点

質問 16 高額療養費、高額介護サービス費、高額介護合算療養費とは何ですか？

自己負担上限額超過分を
還付します。

医 療費の自己負担上限額超過分を還付します。

　高額療養費制度とは、医療費が高額になったときの負担軽減策として、1 ヶ月に支払った医療費の利用者負担が自己負担上限額を超えた場合にその超過分を保険者が還付するしくみです。

　自己負担上限額は収入に応じて設定されており、70 歳未満と 70 歳以上でも異なります。高額療養費制度による医療費の還付には保険者への申請が必要になりますが、70 歳未満の被保険者や被扶養者は限度額適用認定証を、70 歳以上の被保険者は被保険者証を提示すれば、医療費の請求は自己負担限度額までとなります。ただし、高額療養費制度の対象は保険診療における医療費のみであり、入院時の食事療養の標準負担額、入院時の生活療養費、評価療養費、選定療養費などは対象外です。

介 護費用の自己負担上限額超過分を還付します。

　高額介護サービス費制度とは、1 ヶ月に支払った介護費用の利用者負担が自己負担上限額を超えた場合にその超過分を保険者が還付するしくみであり、高額介護合算療養費制度とは、1 年間に支払った医療費と介護費用の合計が自己負担上限額を超えた場合にその超過分を保険者が還付するしくみです。

　いずれも還付には通常、保険者への申請が必要になります。また、70 歳未満の被保険者や被扶養者は限度額適用認定証を、70 歳以上の被保険者は被保険者証を提示すれば、介護費用の請求は自己負担限度額までとなります。

　なお 2021 年には、高額介護サービス費の負担限度額が見直され、「年収約1,160 万円〜」「年収約 770 〜 1,160 万」が追加されました。

高額療養費制度

適用区分	70歳未満の 自己負担限度額（世帯）	70歳以上の 自己負担限度額（世帯）	多数該当
年収約1,160万円〜	252,6000円＋（医療費－842,000円）×1%	252,6000円＋（医療費－842,000円）×1%	140,100円
年収約770〜1,160万円	167,400円＋（医療費－558,000円）×1%	167,400円＋（医療費－558,000円）×1%	93,000円
年収約370〜770万円	80,100円＋（医療費－267,000円）×1%	80,100円＋（医療費－267,000円）×1%	44,000円
年収約156〜約370万円	57,600円	57,600円（外来は個人ごとに18,000円）	44,000円
住民税非課税世帯	35,400円	24600円（外来は個人ごとに8,000円）	24,600円
住民税非課税世帯（年金収入80万円以下など）		15,000円（外来は個人ごとに8,000円）	15,000円

高額介護サービス費制度

適用区分	自己負担限度額（世帯）
年収約1,160万円〜	140,100円
年収約770〜1,160万円	93,000円
年収約156〜770万円	44,400円
住民税非課税世帯	24600円
住民税非課税世帯（年金収入80万円以下など）	24,600円（個人は15,000円）
生活保護受給者	15,000円（個人）

高額介護合算療養費制度

適用区分	70歳未満の 自己負担限度額（世帯）	70歳以上の 自己負担限度額（世帯）
年収約1,160万円〜	212万円	212万円
年収約770〜1,160万円	141万円	141万円
年収約370〜770万円	67万円	67万円
年収約156〜約370万円	60万円	56万円
住民税非課税世帯	34万円	31万円
住民税非課税世帯（年金収入80万円以下など）	34万円	19万円

医療・介護保険料の軽減措置や加重措置とは、何ですか？

総所得で、保険料が左右されます。

国民健康保険料の均等割額が減額されます。

前年の総所得金額が一定基準以下の世帯については、国民健康保険料の均等割額が減額されます。これは、住民税を申告してあれば特に手続きの必要はなく、7割、5割、2割の減額措置が取られます。

右の表にあげた給与所得者等とは、一定の給与所得者（給与収入55万超）もしくは公的年金等に係る所得を有する者（公的年金等の収入金額が、65歳未満で60万円超または65歳以上で110万円超）です。ただし、いずれも給与所得を有する者は除かれ、被保険者数には同じ世帯において国民健康保険などから後期高齢者医療制度に移行された人も含まれます。なお、遺族年金・障害年金・老齢福祉年金の非課税所得は減額判定基準には含まれません。

1号被保険者の介護保険料は、前年の総所得で変わります。

第1号被保険者（65歳以上）の介護保険料は、前年の世帯の総所得金額（課税年金収入額＋合計所得金額）に応じて軽減あるいは加重されます。

2021年度から始まった第8期の介護事業計画における第1号被保険者の介護保険料の基準額の平均は6,014円ですが、実際の保険料の基準額は保険者（市町村）によって異なります。そのため、最も安い月額3,300円（群馬県草津町など）から、最も高い月額9,800円（東京都青ヶ島村）まで、実際の介護保険料は、市町村によってかなり変わってきます。

なお2015年以降、介護保険の1号保険料については公費が投入され、低所得の高齢者の保険料の軽減を強化されています。

国民健康保険料の軽減措置

対象者	保険料率
市町村民税課税所得が「43万円＋（10万円×（給与所得者等の数-1))」以下	基準額×0.3
市町村民税課税所得が「43万円＋（28.5万円×被保険者数＋10万円×（給与所得者等の数-1))」以下	基準額×0.5
市町村民税課税所得が「43万円＋（52万円×被保険者数＋10万円×（給与所得者等の数-1))」以下	基準額×0.8

介護保険料の軽減・加重措置

課税状況	所得段階	対象者	保険料率
世帯全員非課税	第1段階	生活保護を受給していて、老齢福祉年金の受給者で、世帯全体が非課税	基準額×0.28
		「課税年金収入額＋合計所得金額」が80万円以下	
	第2段階	「課税年金収入額＋合計所得金額」が80万円超120万円以下	基準額×0.50
	第3段階	「課税年金収入額＋合計所得金額」が120万円超	基準額×0.65
本人が非課税で、世帯員が課税	第4段階	「課税年金収入額＋合計所得金額」が80万円以下	基準額×0.85
	第5段階	「課税年金収入額＋合計所得金額」が80万円超	基準額
本人が課税	第6段階	「課税年金収入額＋合計所得金額」が120万円未満	基準額×1.11
	第7段階	「課税年金収入額＋合計所得金額」が120万円超210万円未満	基準額×1.32
	第8段階	「課税年金収入額＋合計所得金額」が210万円超320万円未満	基準額×1.63
	第9段階	「課税年金収入額＋合計所得金額」が320万円超400万円未満	基準額×1.66
	第10段階	「課税年金収入額＋合計所得金額」が400万円超600万円未満	基準額×1.90
	第11段階	「課税年金収入額＋合計所得金額」が600万円超800万円未満	基準額×2.08
	第12段階	「課税年金収入額＋合計所得金額」が800万円超1,000万円未満	基準額×2.20
	第13段階	「課税年金収入額＋合計所得金額」が1,000万円以上	基準額×2.35

公費負担医療制度とは何ですか?

対象ごとに、様々な助成があります。

医 療費のすべてまたは一部を、国などが負担します。

公費負担医療制度とは、医療費のすべてまたは一部を国や地方自治体が負担する制度です。主たる公費負担医療制度である**自立支援医療制度**は対象によって、**精神通院医療**、**更生医療**、**育成医療**に分けられます。

それぞれ、精神通信医療の対象者は統合失調症などの精神疾患を有する者で通院による精神医療を継続的に要する者、更生医療の対象者は身体障害者手帳の交付を受けた者でその障害を除去・軽減する手術等の治療により確実に効果が期待できる者、育成医療の対象者は身体に障害を有する児童で、その障害を除去・軽減する手術等の治療により確実に効果が期待できる者です。自立支援医療制度の対象者は、自己負担は原則1割で、負担上限額を超えた分は公費負担となります。

医 療費助成、医療扶助、介護扶助もあります。

そのほか、**指定難病の医療費助成**や**小児慢性特定疾病の医療費助成**、医療付与や介護などの扶助制度も設けられています。

指定難病の医療費助成の対象者は338種類の指定難病の患者、小児慢性特定疾病の医療費助成の対象者は18歳未満の小児慢性特定疾病の患者であり、いずれも自己負担は原則2割ですが、さらなる助成制度もあります。

また医療扶助や介護扶助は、生活保護対象者に対する助成です。医療扶助は診察、薬剤・治療剤、医学的処置や手術の治療・施術などのほか、それに伴う看護や移送などであり、介護扶助は居宅介護、福祉用具貸与・購入、住宅改修、施設介護が対象となります。

主な公費負担医療制度と患者自己負担

制度		対象者	対象となる主な障害・疾病	患者の自己負担
自立支援医療制度	精神通院医療	精神保健福祉法第5条に規定する統合失調症などの精神疾患を有する者で、通院による精神医療を継続的に要する者	精神疾患→向精神薬、精神科デイケア	自己負担は原則1割負担。ただし負担上限額に達した場合はその額まで負担。また食費については自己負担とする（対象疾病は、現在の対象疾病の範囲を変更するものではない）
	更生医療	身体障害者福祉法に基づき身体障害者手帳の交付を受けた者で、その障害を除去・軽減する手術等の治療により確実に効果が期待できる者（18歳以上）	視覚障害：白内障→水晶体摘出術 聴覚障害：鼓膜穿孔→穿孔閉鎖術、外耳性難聴→形成術 肢体不自由：関節拘縮→人工関節置換術	
	育成医療	身体に障害を有する児童で、その障害を除去・軽減する手術等の治療により確実に効果が期待できる者（18歳未満）	内部障害：心臓機能障害→弁置換術、ペースメーカー埋込術、腎臓機能障害→腎移植、人工透析	
指定難病の医療費助成		338種類の指定難病の患者	筋萎縮性側索硬化症、パーキンソン病、ハンチントン病など	自己負担は原則2割負担（医療費の自己負担割合が1割の場合は1割。特定医療費（指定難病）受給者証に記載されている病名、それに付随する傷病について、介護保険の医療系サービスを助成
小児慢性特定疾病の医療費助成		18歳未満の小児慢性特定疾病の患者	悪性新生物、慢性腎疾患、慢性呼吸器疾患、慢性心疾患、内分泌疾患、膠原病、糖尿病、先天性代謝異常、血液疾患、免疫疾患、神経・筋疾患、慢性消化器疾患、染色体又は遺伝子に変化を伴う症候群、皮膚疾患、骨系統疾患、脈管系疾患	自己負担は原則2割負担。小児慢性特定疾病に付随する傷病について助成

生活保護法による医療と介護の扶助範囲

医療扶助	診察、薬剤・治療剤、医学的処置や手術などの治療・施術、居宅での治療上の管理と療養に伴う世話などの看護、病院・診療所への入院と療養に伴う世話などの看護、移送
介護扶助	居宅介護（ケアプランに基づいて提供される介護サービス）、福祉用具貸与・購入、住宅改修、施設介護

医療費助成制度の自己負担はどうなっていますか？

指定難病患者、小児慢性特定疾病患者が対象です。

指 定難病患者には、自己負担上限額が設定されています。

　指定難病患者については、自己負担割合が2割に軽減されており（70歳以上で1割負担の場合は1割が適用）、さらに年収に応じて自己負担上限額が月額ベースで設定されています。難病法による医療費助成の対象となるのは原則、指定医療機関において指定難病と診断され、個々の疾病ごとに設定された重症度分類等に照らして病状が一定程度以上の場合です。

　難病患者の自己負担上限額の適用を受けるには、**難病指定医**からの診断書、都道府県・指定都市の審査、医療受給者証の交付が必要となります。病状の程度・治療の状況から医療を受ける必要があると考えられる認定の有効期間は原則1年以内で、特別な事情があるときは1年3ヶ月を超えない範囲で変更できます。

9章

小 児慢性特定疾病患者にも、自己負担上限額があります。

　児慢性特定疾病患者についても、世帯の年収に応じて自己負担上限額が月額ベースで設定されています。小児慢性特定疾病法による医療費助成の対象となるのは原則、**小児慢性特定疾病指定医**によって小児慢性特定疾病と診断され、個々の疾病ごとに設定された重症度分類等に照らして病状が一定程度以上の場合です。小児慢性特定疾病患者の自己負担上限額の適用や認定の有効期限の考え方は難病患者と同じです。なお、指定難病患者や小児慢性特定疾病患者に付随して発現する傷病の医療費の自己負担分であり、それ以外の傷病名については助成されません。また、介護サービス、症状が軽くても高額な薬剤を服用し続ける必要がある場合、複数の指定難病患者がいる場合は助成の対象ですが、はり、灸、マッサージなどは対象外です。

難病患者の自己負担上限額（月額）

階層区分	階層区分の基準 （（ ）内の数字は、夫婦 2 人世帯の 場合の年収目安）		自己負担上限額 （外来＋入院）（患者負担割合 2 割）		
			一般	高額 かつ長期	人工呼吸器 等装着者
生活保護	──		0 円	0 円	0 円
低所得 I	市町村民 税非課税 （世帯）	本人年収～ 80 万円	2,500 円	2,500 円	1,000 円
低所得 II		本人年収 80 万円～	5,000 円	5,000 円	
一般所得 I	市町村民税 7.1 万円未満 （約 160 - 370 万円）		10,000 円	10,000 円	
一般所得 II	市町村民税 7.1 万円以上 25.1 万円未満 （約 370-810 万円）		20,000 円	20,000 円	
上位所得	市町村民税 25.1 万円以上 （約 810 万円 -）		30,000 円	30,000 円	
入院時の食費			全額自己負担		

小児慢性特定疾病患者の自己負担上限額（月額）

階層 区分	階層区分の基準		自己負担上限額 （患者負担割合：2 割、外来・入院・薬代）		
			一般	重症 *	人工呼吸器等 装着者
A	生活保護				0 円
B1	市町村民税 非課税	低所得 I （～約 80 万円）		1,250 円	500 円
B2		低所得 II （約 80 万円～）		2,500 円	
C1	一般所得 I （市町村民税 7.0 万円未満）		5,000 円	2,500 円	
C2	一般所得 II （市町村民税 25.1 万円未満）		10,000 円	5,000 円	
D	一般所得 III （市町村民税 25.1 万円以上）		15,000 円	10,000 円	
入院時の食事療養費			1/2 自己負担 （ただし、生活保護受給中や血友病など の者は自己負担なし）		

* 重症とは、「高額治療継続者：医療費の総額が 1 ヶ月に 5 万円（例えば、医療保険の 2 割負担の場合、医療費の自己負担が 1 ヶ月に 1 万円）を超える月が年間 6 回以上ある」「重度患者認定者」のいずれかに該当する者

要介護認定等基準時間と要介護度の基準

要介護度	要介護認定等基準時間
要支援 1	要介護等基準認定時間が 1 日 25 分以上 32 分未満
要支援 2	要介護等基準認定時間が 1 日 32 分以上 50 分未満
要介護 1	要介護等基準認定時間が 1 日 32 分以上 50 分未満
要介護 2	要介護等基準認定時間が 1 日 50 分以上 70 分未満
要介護 3	要介護等基準認定時間が 1 日 70 分以上 90 分未満
要介護 4	要介護等基準認定時間が 1 日 90 分以上 110 分未満
要介護 5	要介護等基準認定時間が 1 日 110 分以上

⇩

要介護度	基準
2 次予防事業対象者	放っておくと要介護・支援状態になる可能性の高い状態
要支援 1	日常生活に支障はないが要介護状態とならないように一部支援が必要な状態
要支援 2	歩行などに不安が見られ、排泄・入浴などに一部介助が必要で身体機能に改善の可能性がある状態
要介護 1	立ち上がりが不安定でつえ歩行の場合があり排泄・入浴などに一部介助を要する状態
要介護 2	立ち上がりなどが自力では困難で排泄・入浴などに部分的介助ないし全介助が必要な状態
要介護 3	立ち上がり・起き上がりなどが自力でできずに排泄・入浴・衣服の脱着など日常生活全般に部分的介助ないし全介助が必要な状態
要介護 4	寝たきりに近く排泄・入浴・衣服脱着など日常生活全般に全介助が必要な状態
要介護 5	日常生活全般に全介助が必要で意思伝達も困難な状態

3章

在宅サービスの
利用者・スタッフ・事業所

質問 20 在宅サービスを受けるのは、どのような人ですか?

基本的には、通院が
困難な人です。

サービスや適用される保険で、対象者が変わります。

在宅医療、歯科訪問診療、口腔リハビリは医療保険のみで、残りの在宅サービスは医療保険と介護保険で提供されます。医療保険が適用されるのは単独での通院が困難で医師がその必要性を認めた要支援・介護認定を受けていない人であり、介護保険が適用されるのは要介護・支援認定を受けている人です。ただし、要介護・支援認定を受けている人でも、医療保険による訪問看護、訪問リハビリが受けられるケースもあります。

また、サービスが受けられる場所は、自宅のほか、老人施設や特定施設、グループホームや介護老人福祉施設、宿泊時の短期入所施設や小規模多機能型居宅介護事業所となります。

サービスを受ける場所でも、適用可能な保険が変わります。

在宅サービスは受ける場所によって、適用可能な保険が変わります。

医療保険のみで提供される在宅医療、歯科訪問診療、口腔リハビリについては、介護老人福祉施設以外には提供可能であり、介護老人福祉施設には条件付きで訪問診療の提供が可能です。訪問看護は、医療保険では条件付きで全施設に、介護保険では自宅、老人施設、外部サービス利用型の特定施設のみに提供できます。訪問リハビリは、医療保険では条件付きで自宅、老人施設、特定施設、グループホームに、介護保険では自宅、老人施設、外部サービス利用型の特定施設のみに提供できます。そして、介護保険のみで提供される口腔ケアなどは自宅、老人施設、外部サービス利用型の特定施設のみに提供できます。

在宅サービスを受ける人

	在宅医療、歯科訪問診療、口腔リハビリ	訪問看護	訪問リハビリテーション	口腔ケア、薬剤管理指導、栄養食事指導
医療保険によるサービス	単独での通院が困難で、医師が必要性を認めた人	医師が訪問看護の必要性を認めた、要支援・介護認定を受けていない人	医師が訪問リハビリの必要性を認めた、要支援・介護認定を受けていない人	医師が必要性を認めた、要支援・介護認定を受けていない人
介護保険によるサービス　65歳以上		要介護認定を受けた高齢者	要介護認定を受けた高齢者	要介護認定を受けた高齢者
介護保険によるサービス　40-65歳	×	16特定疾患で要支援・介護認定を受けた人	16特定疾患で要支援・介護認定を受けた人	16特定疾患で要支援・介護認定を受けた人

在宅サービスが受けられる場所

| 自宅 | 介護保険施設 | 短期入所施設（宿泊時） | 小規模多機能型居宅介護事業所（宿泊時） | 特定施設 | 特定施設以外の高齢者施設 | グループホーム |

場所ごとに利用可能な在宅サービス

		自宅	介護老人福祉施設	短期入所施設（宿泊時）	小規模多機能型居宅介護事業所（宿泊時）	特定施設以外の老人施設	外部サービス利用型の特定施設	特定施設	グループホーム
在宅医療、歯科訪問診療、口腔リハビリ		○	△	○	○	○	○	○	○
訪問看護	医療保険	△	△	△	△	△	△	△	△
	介護保険	○	×	×	×	○	○	×	×
訪問リハビリ	医療保険	△	×	×	×	△	△	△	△
	介護保険	○	×	×	×	○	○	×	×
口腔ケア、薬剤管理指導、栄養食事指導		○	×	×	×	○	○	×	×

介護保険施設や宿泊可能な介護サービスには何がありますか？

介護保険による宿泊も、色々です。

特 養、老健、介護療養型医療施設、介護医療院があります。

　介護保険の施設サービスとして提供される**介護保険施設**には、**介護老人福祉施設**（特別養護老人ホーム、特養）、**介護老人保健施設**（老人保健施設、老健）、**介護療養型医療施設**、**介護医療院**があります。このうち、介護老人福祉施設は重度の要介護者を、介護老人保険施設や介護療養外医療施設や介護医療院は医学管理が必要な重度な要介護者を受け入れます。いずれも、対象となるのは要介護3以上の要介護者です。

　介護保険施設への入所は、要介護度や年齢、介護者の有無や資産などから施設スタッフ、医師、行政担当者などで構成される委員会が判断します。ただし、介護老人保険施設への入所は介護老人福祉施設のような終身制ではなく、入所期間である3ヶ月ごとに退所、入所継続の判定が行われます。

短 期入所介護、小規模多機能型居宅介護があります。

　宿泊可能な介護サービスには、介護保険の居宅サービスとして提供される**短期入所生活介護**や**短期入所療養介護**、地域密着型サービスとして提供される**（介護予防）小規模多機能型居宅介護**や**看護小規模多機能型居宅介護**があります。このうち、看護小規模多機能型居宅介護については要介護者のみ、それ以外については要介護・支援者が対象となります。

　短期入所生活介護と短期入所療養介護は、連続利用日数の上限が30日に設定されているのに対して、（介護予防）小規模多機能型居宅介護や看護小規模多機能型居宅介護には特に制限はありません。ただし、利用前30日以内に訪問診療を受けていることが求められます。

介護保険施設の種類と特徴

施設名	特徴	運営主体	介護レベル	入所期間
介護老人福祉施設（特別養護老人ホーム、特養）	入所した要介護者に対して、入浴・食事・排泄の介護と各種レクリエーションなどを提供する施設	社会福祉法人など	原則要介護3以上	制限なし
介護老人保健施設（老人保健施設、老健）	入院の必要がなく病状の安定した要介護者に対して、医療や看護やリハビリ、入浴・食事・排泄の介護を提供する施設	医療法人、社会福祉法人など	原則要介護3以上	3ヶ月ごとに退所・入所継続の判定
介護療養型医療施設	比較的病状の安定した要介護者に対して、医療や看護やリハビリ、入浴・食事・排泄の介護を提供する施設	医療法人、自治体など	急性疾患からの回復期にある寝たきり患者など	状態が改善するまで
介護医療院	慢性期の医療機能や看取り・ターミナルケア機能と、入浴・食事・排泄の介護を提供する施設	医療法人など	原則要介護3以上	状態が改善するまで

宿泊可能な介護サービスの種類と特徴

施設名	特徴	運営主体	介護レベル	利用対象
（介護予防）小規模多機能型居宅介護	通所を中心に訪問介護と短期入所介護とを、要介護者の利便性に応じて組み合わせて提供するサービス	小規模多機能のホームなど	要支援・要介護	月に数回程度（利用前30日以内に訪問診療を受けていること）
看護小規模多機能型居宅介護	小規模多機能型居宅介護と訪問看護を組み合わせて主に医療ニーズの高い要介護者に提供するサービス	小規模多機能のホームなど	要介護	月に数回程度（利用前30日以内に訪問診療を受けていること）
短期入所生活介護	要介護者に対して、介護と各種レクリエーションなどを提供することで、要介護者の心身機能の維持・回復と家族の負担軽減を図るサービス	社会福祉施設、医療法人など	要支援・要介護	連続利用日数の上限が30日
短期入所療養介護	要介護者に対して、医学管理下におけるリハビリ、介護、各種レクリエーションなどを提供することで、要介護者の心身機能の維持・回復と家族の負担軽減を図るサービス	社会福祉施設、医療法人など	要支援・要介護	連続利用日数の上限が30日

介護保険施設以外の高齢者施設には、何がありますか?

かなり種類が多いから、混乱します。

有 料老人ホームにも色々な種類があります。

　介護保険施設以外の高齢者施設は、特定施設と特定施設以外とに分類され、それぞれ受け入れる高齢者と提供するサービスが施設によって異なります。

　特定施設入居者生活介護が適用される介護付有料老人ホームには、要介護者を受け入れて施設内のスタッフが介護する介護専用型、要介護者と健常者を受け入れて主に施設内のスタッフが対応する混合型、外部事業者による介護サービスを利用する外部サービス利用型があります。

　有料老人ホームの入居者は、毎月の家賃を負担する賃貸方式、所有権を買い取る所有権分譲方式、入居一時金を払った上で毎月の費用を負担する終身利用権方式のいずれかで費用を負担します。

サ 高住は、その多くが特定施設の指定を受けていません。

　特定施設入居者生活介護の指定を受けられる、有料老人ホーム以外の施設には、養護老人ホーム、軽費老人ホーム、サービス付き高齢者住宅（サ高住）があります。

　収入・資産が一定額以下の 60 歳以上の高齢者やどちらか一方が 60 歳以上の高齢者夫婦に住居を提供する軽費老人ホームには、A 型、B 型、ケアハウス（一般型と介護型）があり、このうちすべての施設が特定施設の指定を受けているのは介護型ケアハウスだけです。

　また、2011 年 11 月から制度が開始されたサービス付き高齢者住宅は 2022 年 1 月時点で登録数 27 万戸強と増えています。ただし、その多くは特定施設の指定を受けていません。

介護保険施設以外の高齢者施設・住宅

施設名			特徴	運営主体	特定施設	介護レベル	認知症対応
有料老人ホーム	介護付き有料老人ホーム	介護専用型	介護などのサービスが付いた高齢者向け居住系施設。要介護者を受け入れて施設内のスタッフが介護する	民間事業者	○	自立～重度	○
		混合型	介護などのサービスが付いた高齢者向け居住系施設。要介護者と健常者を受け入れて主に施設内のスタッフが対応する		○	自立～中度	△
		外部サービス利用型	生活支援などのサービスが付いた高齢者向け居住系施設。介護が必要になった場合は外部事業者によるサービスを利用する		○	自立～中度	△
	住宅型有料老人ホーム		生活支援などのサービスが付いた高齢者向け居住系施設。介護が必要になった場合は外部事業者によるサービスを利用して住み続けることが可能		×	自立～中度	△
	健康型有料老人ホーム		食事などのサービスが付いた高齢者向け居住系施設。介護が必要になった場合は退去しなければならない		×	自立～軽度	×
養護老人ホーム			経済的・環境的な理由から自宅で生活を続けることが困難な人を養護することを目的とした措置施設。	社会福祉法人、地方自治体など	△	自立～中度	△
軽費老人ホーム	A型（給食付き）		食事などのサービスが付いた高齢者向け居住系施設。介護が必要になった場合は退去しなければならない	社会福祉法人、地方自治体など	×	自立～軽度	▲
	B型（自炊型）		食事のサービスが付かない高齢者向け居住系施設。介護が必要になった場合は退去しなければならない		×	自立～軽度	▲
	ケアハウス	一般（自立)型	生活支援などのサービスが付いた高齢者向け居住系施設。介護が必要になった場合は退去しなければならない	社会福祉法人、地方自治体、民間事業者など	×	自立～軽度	×
		介護型	介護などのサービスが付いた高齢者向け居住系施設。要介護者を受け入れて施設内のスタッフが介護する		○	自立～重度	○
サービス付き高齢者住宅			生活支援などのサービスが付いた高齢者向け居住系施設。特定施設の指定を受けている場合、介護付き有料老人ホームと同様のサービスを提供する	民間事業者など	▲	自立～中度	▲

○：対応、△：一部対応、▲：数が少ない、×：対応せず

質問 23 介護老人施設や特定施設などで、算定可能な管理料は何ですか?

在総管、施設総管、
算定不可のいずれかです。

高齢者施設の種類に応じて、変わってきます。

　高齢者施設に入所している居住者への在宅医療については、高齢者施設の種類に応じて、適用可能な患者の管理に関する診療報酬（⇒**在宅医療編　質問5**）が変わってきます。介護保険施設のうち、医師と看護師の配置義務がある介護老人保険施設、介護療養型医療施設、介護医療院では管理料を算定できないのに対し、介護老人福祉施設は同一建物として、死亡日から30日以内の患者や末期がん患者のみに**施設入居時等医学総合管理料**（施設総管）、訪問診療の算定が可能です（⇒**在宅医療編　質問9、10**）。一方、医師の配属義務がない有料老人ホームや養護老人ホームも同一建物として、施設総管が算定可能ですが、養護老人ホームについては定員100名以下という人数制限が設けられています。

あらかじめ訪問診療を実施しなくてはなりません。

　軽費老人ホームA型やケアハウス（一般型、介護型を含む）、宿泊時の小規模多機能型居宅介護については、同一患家として、**在宅医学総合管理料**（在医総管）が算定されます。ただし、軽費老人ホームB型については自炊可能な高齢者が入居するため、一般に患者の管理に関する診療報酬の対象とはなりません。

　一方、サービス付き高齢者住宅、グループホーム、宿泊時の（看護）小規模多機能型居宅介護や短期入所生活介護は同一建物として施設総管が算定されます（ショートステイの宿泊サービスの場合、あらかじめ訪問診療を実施している必要あり）。ただし、介護老人保健施設や診療所、病院などに短期間入所する短期入所療養介護は、患者の管理に関する診療報酬の対象となりません。

			医師の配置義務	看護職員の配置義務	算定可能な管理料
介護老人福祉施設			○（非常勤可）	○	施設総管（死亡日から30日以内の患者、末期がん患者のみ）
介護老人保険施設			○	○	算定不可
介護療養型医療施設			○	○	算定不可
介護医療院			○	○	算定不可
(看護)小規模多機能型居宅介護(宿泊時)			×	○（非常勤可）	在総管
短期入所生活介護			○（併設型では、本体施設との兼務可）	○	施設総管
短期入所療養介護（宿泊時）			○	○	算定不可
有料老人ホーム	介護付き有料老人ホーム	介護型	×	○	施設総管
		混合型	×	○	施設総管
		外部サービス利用型	×	×	施設総管
	住宅型有料老人ホーム		×	×	施設総管
	健康型有料老人ホーム		×	×	施設総管
養護老人ホーム			○	○	施設総管（定員100人以下のみ算定可）
軽費老人ホーム	A型（給食付き）		○（特養併設型は、配置義務なし）	○（外部サービス利用型は、配置義務なし）	在総管
	B型（自炊型）		×	×	一般に算定不可
	ケアハウス	一般(自立)型	×	×	在総管
		介護型	×	○	在総管
サービス付き高齢者住宅	特定施設		×	○（外部サービス利用型は、配置義務なし）	施設総管
	特定施設以外		×	×	施設総管
グループホーム			×	×	施設総管

基礎編

3章　在宅サービスの利用者・スタッフ・事業者 ❹

介護保険施設や特定施設などで、在宅医療の報酬は算定可能ですか？

医師が配置されているか否かで、変わります。

介 護保険施設には、在宅医療の報酬は算定できません。

　医師が配置されている介護保険施設には原則、在宅医療の診療報酬は算定できません。ただし、介護老人福祉施設や併設医療機関以外の介護老人保健施設においては、「患者の傷病が配置医師の専門外の場合」「緊急の場合」には、配置医師以外による初・再診料、往診料の算定が可能であり、介護老人福祉施設においては、死亡日から30日以内の患者や末期がん患者については訪問診療料、末期がん患者については在宅患者訪問看護・指導料や訪問看護療養費の算定が可能です。

　また（看護）小規模多機能型居宅介護には初・再診料や往診料の算定が可能であり、サービス利用前30日以内に訪問診療料を算定した場合、訪問診療料、在総管、在宅がん医療総合診療料の算定が可能となります。

配 置医師以外による初・再診料などは算定可能です。

　短期入所生活・療養介護にも医師が配置されていますが、配置医師以外による初・再診料、往診料の算定が可能です。サービス利用前30日以内に訪問診療料、在総管、施設総管、在宅がん医療総合診療料を算定した場合、訪問診療料の算定が可能となり、「厚生労働大臣が定める疾病等」「特別訪問看護指示書の交付を受けた者」（⇒**基礎編質問9**）には在宅患者訪問看護・指導料、訪問看護療養費を算定できます。

　また軽費老人ホームや養護老人ホーム、特定施設の有料老人ホームやサービス付き高齢者住宅には、基本的に在宅医療の診療報酬を算定可能ですが、在宅患者訪問看護・指導料、訪問看護療養費については「厚生労働大臣が定める疾病等」「特別訪問看護指示書の交付を受けた者」のいずれかに該当しなくてはなりません。

高齢者施設・住宅などで算定可能な在宅医療の診療報酬

	初・再診料	往診料	在宅患者訪問診療料	在宅がん医療総合診療料	在宅患者訪問看護・指導料、訪問看護療養費
介護老人福祉施設	○（配置医師を除く）	○（配置医師を除く）	△（死亡日から30日以内の患者、末期がん患者のみ）	×	△（末期がん患者のみ）
介護老人保健施設・介護医療院（併設医療機関）	×	×	×	×	×
介護老人保健施設・介護医療院（併設医療機関以外）	○	○	×	×	×
（看護）小規模多機能型居宅介護（宿泊日）	○	○	△*2	△*2	△*3
短期入所生活介護	○（配置医師を除く）	○（配置医師を除く）	△*2（配置医師を除く）	×	△*4
短期入所療養介護	○（配置医師を除く）	○（配置医師を除く）	×	×	×
有料老人ホーム（特定施設）	○	○	○	○	△*1
有料老人ホーム（特定施設以外）	○	○	○	×	○
軽費老人ホーム・養護老人ホーム	○	○	○	○	△*1
サービス付き高齢者住宅（特定施設）	○	○	○	○	△*1
サービス付き高齢者住宅（特定施設以外）	○	○	○	×	○
グループホーム	○	○	○	○	○

*1 「厚生労働大臣が定める疾病等」「特別訪問看護指示書の交付を受けた者」のいずれかに該当
*2 サービス利用前30日以内に、訪問診療料、在医総管、施設総管、在宅がん医療総合診療料を算定した場合に限り、サービス利用開始後30日まで（末期がん患者を除く）算定可。退院日からサービスの利用を開始した患者は、サービス利用前の訪問診療料の算定に関わらず、退院日を除きサービス利用開始後30日まで（末期がん患者を除く）算定可
*3 末期がん患者で宿泊サービス利用前30日以内に在宅患者訪問看護・指導料または訪問看護療養費を算定した医療機関、訪問看護ステーションの看護師などに限り算定可
*4 「厚生労働大臣が定める疾病等」「特別訪問看護指示書の交付を受けた者」のいずれかに該当。宿泊サービス利用前30日以内に在宅患者訪問看護・指導料または訪問看護療養費を算定した看護師などに限り、宿泊サービス開始後30日まで（末期がん患者を除く）算定可。ただし、宿泊サービス利用日の日中に実施した訪問看護については、在宅患者訪問看護・指導料または訪問看護療養費の算定不可

同一患家、同一建物、単一建物とは、どのような概念ですか?

同一と単一、建物と患家、
居住者と診療患者?

「同一建物居住者」と「同一患家居住者」があります。

　1ヶ所の医療機関などが同一日に同一建物内の患者2人以上に訪問診療や訪問看護などを実施したとき、**同一建物居住者**や**同一患家居住者**として算定します。同一建物にはマンションなどの集合住宅や有料老人ホームなどが、同一患家には複数の患者が同居する同一世帯の一軒家などが該当し、有料老人ホームにおける夫婦同室も同一患家です。同一建物居住者の場合、対象者全員に同一建物居住者の点数を算定するのに対して、同一患家の場合、1人目は同一建物居住者以外の点数を算定し、2人目以降は初・再診料や外来診療料、検査・投薬・処置などの特掲診療料のみを算定します。なお、「往診を実施した患者」「末期がんと診断後60日以内の患者」「死亡日から30日以内の患者」は同一建物居住者以外として算定します。

「単一建物診療患者」は、算定点数が変わります。

　1ヶ所の医療機関や訪問看護ステーションなどが、同一月に同一建物の患者に在医総管、施設総管、訪問歯科衛生指導、訪問薬剤管理指導、居宅療養管理指導を提供したときには、**単一建物診療患者**として「1人のみ」「2-9人」「10人以上」という人数のほか、患者の診療頻度・病名・状態に応じた点数を算定します。単一建物に該当するのは、同一建物と同様に、マンションなどの集合住宅や有料老人ホームなどの施設です。

　ただし、単一建物診療患者の適用には、複数の病棟がある医療機関、ユニット数が3以下のグループホーム、同一世帯の利用者が2人以上の住宅、利用者の個数が10%以下または20戸未満の集合住宅については、例外が設けられています。

同一患家居住者、同一建物居住者、単一建物居住者、単一建物診療患者の概念

同一患家居住者	同一建物居住者	単一建物訪問診療患者	同一・単一建物の対象

同一日に訪問　自宅

同一世帯（例:夫婦）

同一日に訪問　対象施設

入居者

同一月に訪問　対象施設

入居者

- マンションなどの集合住宅（サ高住を含む）
- 介護老人福祉施設
- 養護老人ホーム
- 軽費老人ホーム
- 有料老人ホーム
- 短期入所生活介護
- グループホーム
- （看護）小規模多機能型居宅介護（宿泊時）

同一患家居住者、同一建物居住者、単一建物診療患者の報酬の考え方

	区分	算定される報酬	適用される診療報酬・介護報酬
同一患家居住者	1人のみ	「同一建物居住者以外」を算定	在宅患者訪問診療料（Ⅰ）、在宅患者共同診療料3、同一建物居住者訪問看護・指導料、在宅患者訪問リハビリテーション指導管理料2、精神科訪問看護・指導料（Ⅲ）、訪問看護基本療養費（Ⅱ）、精神科訪問看護基本療養費（Ⅲ）
	2人以上	1人目は「同一建物居住者以外」を算定、2人目以降は初・再診料などを算定	
同一建物居住者	1人のみ	「同一建物居住者以外」を算定	
	2人以上	全員に「同一建物居住者」を算定	
単一建物診療患者	1人のみ	1人のみに設定された報酬	在宅時医学総合管理料、施設入居時医学総合管理料、訪問歯科衛生指導料、在宅患者訪問薬剤管理指導料、居宅療養管理指導料
	2-9人	2-9人に設定された報酬	
	10人以上	10人以上に設定された報酬	

単一建物診療患者（単一建物居住者）の例外

医療機関

複数の病棟がある

⇩

それぞれの病棟において、算定する人数を単一建物診療患者の人数とみなす

グループホーム

ユニット数が3以下

⇩

各ユニットにおいて、算定する人数を、単一建物診療患者の人数とみなす

住宅

同一世帯の利用者が2人以上

⇩

利用者ごとに「単一建物診療患者が1人の場合」を算定

集合住宅

戸数の10%以下又は20戸未満

⇩

利用者が2人以下の場合には、「単一建物診療患者が1人の場合」を算定

在宅サービスでは、どのような スタッフが働いていますか?

医療系以外のスタッフも 働いてます。

スタッフは、介護系、医療系、その他に分けられます。

在宅サービスで働くスタッフは、在宅医療や訪問看護や訪問リハビリなどを提供する医療系、身体介護や生活援助などを提供する介護系、その他に分けられます。

一般に、在宅医療を提供する診療所や病院では医師や歯科医師、看護師や機能訓練指導員(理学療法士や作業療法士など)、歯科衛生士や管理栄養士などが働き、訪問看護や訪問リハビリを提供する訪問看護ステーションでは看護師や機能訓練指導員などが働いています。そのほか、薬局では薬剤師が、栄養ケアステーションでは栄養士が、居宅介護事業所ではケアマネジャーや介護福祉士などが働いています。

なお、介護老人保健施設や介護医療院、介護療養型医療施設のように医療管理下の介護や看護を提供する施設では、医療系スタッフの人数が多くなります。

介護職員にも、一部医療行為が解禁されています。

在宅で求められる医療行為は、診断や薬の処方などの医師が対応する絶対的医療行為、採血静脈注射や点滴の管理や医療機器の操作などの看護職員などが対応する相対的医療行為、介護職員などが対応可能な医療行為に分けられます。ただし、理学療法士や作業療法士によるリハビリ、臨床検査技師による採血や検査、臨床工学士による生命維持装置の操作なども相対的医療行為に含まれます。看護職員や介護職員による医療行為には、医師の指示が必要です。また介護職員による医療行為のうち、痰の吸引や胃ろう・腸ろう・経鼻経管栄養による経管栄養の実施には、「実施する介護職員が喀痰吸引等研修を受講し、認定特定行為業務従事者の認定証を取得している」こと、「介護施設・事業所が登録喀痰吸引事業者に登録している」ことが求められます。

在宅サービスの現場で働くスタッフ

医療系

医師

歯科医師

看護職員

機能訓練指導員

介護系

ケアマネジャー

ソーシャルワーカー

介護福祉士

ヘルパー

その他

薬剤師

栄養士

行政担当者

住宅改修事業者

在宅で求められる医療行為

医師が 対応する 医療行為	看護職員などが 対応する 医療行為	介護職員などが 対応可能な 医療行為
診断	褥瘡の処置	軟膏の塗布
薬の処方	血圧の測定	目薬の点眼
一部の処置	吸入の処置	パッケージ薬の 内服介助
一部の注射	胃ろうの処置	座薬の挿入
手術	点滴の管理	痰の吸引 （要登録·研修）
麻酔	摘便	経管栄養 （要登録·研修）
など	など	など

質問27 在宅サービスの現場における各スタッフの役割は何ですか？

様々な役割を担う
スタッフがいます。

現場では、各種医療系スタッフなどが働いています。

　在宅サービスの現場では、医師や看護職員、歯科医師や歯科衛生士、理学療法士や作業療法士、薬剤師や栄養士などのスタッフが働いています。

　医師は往診や訪問診療などを、看護師や准看護師などの看護職員は、医師の管理・指示のもと、重度の要介護者に対する褥瘡の予防や処置、点滴や人工呼吸器の管理などを担っています。歯科医師や歯科衛生士は歯科訪問診療のほか、口腔衛生の管理・指導などを行います。理学療法士は運動療法や物理療法、作業療法士は園芸や手芸といった作業、言語聴覚士は言語や聴覚、発声や摂食における障害の機能回復などによるリハビリを提供します。そして、薬剤師は訪問薬剤管理や重複投薬防止管理などを、栄養士は訪問栄養食事指導などを担っています。

現場では多くの場合、介護系スタッフと協力します。

　在宅サービスの現場では多くの場合、ケアマネジャー、ソーシャルワーカー、ヘルパー、介護福祉士などの介護系スタッフと協力することになります。訪問介護員とも呼ばれるヘルパーや介護福祉士は主に、家事や食事のサポートなどの生活援助と入浴・排泄の世話などの身体介護を提供します。

　介護支援専門員や主任介護支援専門員の資格を持つケアマネジャーは利用者の課題分析やケアプランの作成、事業者との調整などを担います。ソーシャルワーカーは、介護・家庭・金銭に関する相談業務などを担い、多くの場合、社会福祉士の資格を有しています。市町村の介護保険課の担当者は、要介護認定申請の手続き、介護事業者の紹介、負担軽減制度の手続きなど、サービス利用の利便性を高める役割です。

スタッフの種類	求められる役割	該当する資格
医師	訪問診療、介護予防や治療の指導管理、検査、投薬、処置の指示など	医師
歯科医師	歯科訪問診療、口腔リハビリテーション、口腔ケア	歯科医師
看護職員	褥瘡の予防や処置、点滴の管理、人工呼吸器の管理、痛みのコントロールなど	看護師、准看護師、看護助手
機能訓練指導員	歩行訓練、日常生活訓練、物理療法、温熱療法など	理学療法士、作業療法士、言語聴覚士
薬剤師	服薬指導と服薬管理、薬剤の効果と副作用のチェックなど	薬剤師
歯科衛生士	口腔内の清掃、口腔衛生の指導など	歯科衛生士
ヘルパー	高齢者や身体障害者の居宅を訪問して、掃除、洗濯、買い物といった家事援助や食事、排せつ、着替え、入浴などの身体介護を行う	介護職員初任者研修、介護職員実務者研修、ガイドヘルパー、ヘルパー1-3級、介護職員基礎研修
介護福祉士	訪問先あるいは通所・短期入所・施設・特定施設などにおいて、家事援助や食事、排せつ、着替え、入浴などの身体介護を行う	介護福祉士、認定介護福祉士
ケアマネジャー	要介護者の課題を分析し、ケアプランを作成し、サービス事業者と調整し、サービス開始後にも見守り、保険給付を管理する	介護支援専門員、主任介護支援専門員
ソーシャルワーカー	高齢者や身体障害者、あるいはその家族に対して、介護・家庭・金銭事情などの相談に応じたり、アドバイスしたりする	社会福祉士、精神保健福祉士
行政担当者	要介護認定申請の手続き、介護事業者の紹介、補助・負担軽減制度の説明など	社会福祉主事、社会福祉士
住宅改修事業者	住宅改修の相談、住宅改修の手配・実施など	福祉住環境コーディネーター
栄養士	介護施設における食事のメニュー作りや栄養管理、栄養指導など	栄養士、管理栄養士

在宅サービスを提供するのは、どのような事業者ですか？

医療機関だけでは、ありません。

提 供するサービスによって、提供する事業者は様々です。

在宅医療関連サービスを提供する事業者は様々です。

それぞれ、病院や診療所では往診や訪問診療などの在宅医療を、歯科医療機関では歯科訪問診療や口腔リハビリ・ケアを、薬局や病院では薬剤管理指導を、栄養ケアステーションや病院では栄養食事指導を提供しています。訪問看護は訪問看護ステーションのほか、病院や診療所（みなし訪問看護事業所と呼ばれる）も提供し、訪問リハビリテーションは病院・診療所のほか、訪問看護ステーションや介護老人保険施設や介護医療院も提供しています。

なお、介護保険でのサービスを提供するにあたっては、居宅介護支援事業所がケアプランを作成し、病院や診療所などと連携します。

役 割に応じて、事業者に求められる要件は変わります。

在宅医療関連の診療所には、診療所や有床診療所のほか、**在宅療養支援診療所**や**機能強化型在宅医療要支援診療所**（⇒**在宅医療編　質問2**）、在宅専門診療所（⇒**在宅医療編　質問4**）、歯科診療所や**在宅療養支援歯科診療所**や**かかりつけ歯科医機能強化型歯科診療所**（⇒**その他編　質問4**）があります。また病院は**在宅療養支援病院**や**機能強化型在宅療養支援病院**や**在宅療養後方支援病院**（⇒**在宅医療編　質問2**）などに、訪問看護ステーションは訪問看護ステーションやみなし訪問看護事業所（診療所・病院）、**機能強化型訪問看護ステーション**や**精神科訪問看護ステーション**（⇒**訪問看護・リハビリ編　質問3**）に分けられます。また、薬局、**在宅医療支援薬局**や栄養ケアステーションが関連サービスを提供しています。

在宅医療関連サービスを提供する主な事業者

往診、訪問診療など

病院　　診療所

歯科訪問診療、口腔ケア・リハビリ、薬剤管理・栄養食事指導など

歯科医療機関

薬局

病院

栄養ケア
ステーション

訪問看護

訪問看護
ステーション

みなし訪問看護事業所

病院　　診療所

訪問リハビリテーション

訪問看護
ステーション

病院・診療所

介護老人
保健施設・
介護医療院

在宅医療関連の診療所・病院・訪問看護ステーションの分類

区分	名称	分類
診療所	診療所	
	有床診療所	
	在宅療養支援診療所	
	機能強化型 在宅療養支援診療所	単独型
		連携型
		在宅緩和ケア充実診療所
	在宅専門診療所	
	歯科診療所	
	在宅療養支援歯科診療所	
病院	病院	
	在宅療養支援病院	
	機能強化型 在宅療養支援病院	単独型
		連携型
		在宅緩和ケア充実病院
	在宅療養後方支援病院	
訪問看護 ステーション	訪問看護ステーション	
	みなし訪問看護事業所（診療所・病院）	
	機能強化型 訪問看護ステーション	機能強化型 1
		機能強化型 2
		機能強化型 3
	精神科訪問看護ステーション	
その他	薬局	
	在宅医療支援薬局	
	栄養ケアステーション	

質問29 在宅サービスの事業者には、何が求められますか?

施設基準や体制などが必要です。

医療機関や事業者の施設には、施設基準が求められます。

　健康保険法や介護保険法では、医療や介護のサービスを提供する医療機関や事業者の施設に対して、満たすべき施設基準を定めています。

　施設基準では、配置すべきスタッフの最低人数や資格や雇用形態（常勤・非常勤）といった人員面、専用区画・設備・備品の有無、病室や居室の面積・廊下の幅といった設備面、質確保に向けた委員会の設置、診療情報の記録・管理・適切な提供、他の医療機関や地域との連携、運営計画の有無や利用者への説明体制などの運営面のルールを定めており、事業者にはこれらの基準を満たすことが求められます。

　逆に言えば、都道府県や市町村による審査でこれらの基準を満たした医療機関や事業者だけが、保険医療機関や指定介護サービス事業者の指定を受けられるのです。

4つのフェーズに対応する体制が求められます。

　在宅医療では、入退院支援、日常の療養支援、急変時の対応、看取りという4つのフェーズに対応する体制が求められ、このうち入退院支援、急変時の対応、看取りにあたっては、在宅医療を担う病院・診療所と入院機能を有する病院・診療所が互いに連携しながら支援しなくてはなりません。特に急変時の対応では、24時間対応が可能な体制の確保が必要です。

　また求められるのは、医療の提供だけではありません。介護資源や医療と介護の包括提供の調整、訪問看護や訪問薬剤指導にも対応できる体制の確保、地域包括支援センターなどとの協働、家族の負担軽減につながるサービスの紹介、医薬品や医療・衛生材料などの供給体制も求められます。

在宅医療関連サービス事業者に求められる施設基準

人員		設備		運営
スタッフと人数 スタッフの資格 スタッフの雇用形態 常勤管理者の有無 など		病室の場所や広さ 構造・配置・幅 耐火・防火基準への対応 専用室・区画の有無 など		医療・介護の質確保に向けた委員会の設置 診療情報の記録・管理・適切な提供 他の医療機関との連携 地域との連携 など

施設基準 ＝ 人員 ＋ 設備 ＋ 運営

在宅医療の事業者に求められる体制

	入退院支援	日常の療養支援	急変時の対応	看取り
求められる体制	[入院機能を有する病院・診療所] ・入退院支援の際には、患者の住み慣れた地域に配慮した在宅医療および介護資源の調整を心がける [在宅医療を担う病院・診療所] ・在宅療養者のニーズに応じて、医療や介護を包括的に提供できるように調整する ・高齢者のみでなく、小児や若年層の在宅療養者に対する訪問診療、訪問看護、訪問薬剤指導などにも対応できる体制を確保する	[在宅医療を担う病院・診療所] ・相互連携により、在宅療養者のニーズに対応した医療や介護が包括的に提供される体制を確保する ・地域包括支援センターなどと協働しつつ、療養に必要な医療や介護、家族の負担軽減につながるサービスを適切に紹介する ・医薬品や医療・衛生材料などの供給を円滑に行うための体制を整備する	[在宅医療を担う病院・診療所] ・病状急変時における連絡先をあらかじめ在宅療養者やその家族に提示し、求めがあった際に24時間対応が可能な体制を確保する ・24時間対応が自院で難しい場合も、近隣の病院や診療所、訪問看護事業所などとの連携により24時間対応が可能な体制を確保する [入院機能を有する病院・診療所] ・在宅療養支援病院、有床診療所などにおいて、連携している医療機関（特に無床診療所）が担当する在宅療養者の病状が急変した際に、必要に応じて一時受け入れを行う ・重症で対応できない場合は、他の適切な医療機関と連携する体制を構築する	[在宅医療を担う病院・診療所] ・終末期に出現する症状に対する患者や家族の不安を解消し、患者が望む場所で看取りできる体制を構築する ・患者や家族に対して、自宅や住み慣れた地域で受けられる医療および介護や看取りに関する適切な情報を提供する・介護施設などによる看取りを必要に応じて支援する [入院機能を有する病院・診療所] ・在宅医療を担当する病院・診療所が看取りに対応できない場合、必要に応じて患者を受け入れる

介護保険の居宅事業所と老人施設

施設種類	提供施設	提供するサービス	働いているスタッフ
訪問施設	訪問介護事業所	訪問介護	ヘルパー、介護福祉士
	訪問入浴介護ステーション	訪問入浴介護（含む、介護予防サービス）	ヘルパー、介護福祉士、看護師
	訪問看護ステーション	訪問看護（含む、介護予防サービス）	看護師、機能訓練指導員
通所施設	デイサービスセンター	通所介護	介護福祉士、看護師、生活相談員、機能訓練指導員
	デイケアセンター	通所リハビリテーション（含む、介護予防サービス）	医師、介護福祉士、看護師、機能訓練指導員
短期入所施設	ショートステイ専用施設	短期入所生活介護（含む、介護予防サービス）	医師、介護福祉士、看護師、生活相談員、機能訓練指導員、栄養士、調理師
	介護老人保健施設、病院の併設施設	短期入所療養介護（含む、介護予防サービス）	
居宅介護支援事務所	居宅介護支援事務所、地域包括支援センター	居宅介護支援、介護予防支援	ケアマネジャー、主任ケアマネジャー
介護保険施設	介護老人福祉施設（特別養護老人ホーム、特養）	介護老人福祉施設	ヘルパー、介護福祉士、看護師、生活相談員、ケアマネジャー、事務員、栄養士、調理師
	介護老人保健施設（老健）	介護老人保健施設	ヘルパー、介護福祉士、看護師、生活相談員、ケアマネジャー、事務員、機能訓練指導員、栄養士、調理師、医師
	介護療養型医療施設	介護療養型医療施設	ヘルパー、介護福祉士、看護師、生活相談員、ケアマネジャー、事務員、機能訓練指導員、栄養士、調理師、医師
	介護医療院	介護医療院	ヘルパー、介護福祉士、看護師、生活相談員、ケアマネジャー、事務員、機能訓練指導員、栄養士、調理師、医師
特定施設	有料老人ホーム		ヘルパー、介護福祉士、ケアマネジャー、常勤管理者、機能訓練指導員、栄養士、調理師
	養護老人ホーム		
	軽費老人ホーム	特定施設入居者生活介護（含む、介護予防サービス）	
	サービス付き高齢者住宅		
地域密着型共同生活施設	グループホーム	認知症対応型共同生活介護（含む、介護予防サービス）	ヘルパー、介護福祉士、ケアマネジャー、常勤管理者

4章

在宅医療のしくみ

在宅医療は、どのように提供しますか？

16キロ以内と、決められています。

寝 たきり・準寝たきりで通院が困難な患者などです。

在宅医療の対象患者・疾患は、「自宅で療養している患者」「医師の配置が義務付けられていない施設の入所者」「寝たきり・準寝たきりで通院が困難な患者」です。また、在宅医療を提供する医療機関と患者所在地との距離が 16 キロ以内と決められています。ただし、「患者所在地から 16 キロ以内に往診などに対応可能な医療機関がない」場合には算定可能です。

在宅医療では前述のように、入院医療機関と在宅医療に関わる機関との協同による**入退院支援**、多職種協同による**日常の療養支援**、在宅療養者の病状急変時における**急変時の対応**、患者が望む場所での**看取り**が求められます。また日常の療養支援では、緩和ケア、家族の支援なども提供します。

入 退院、日常療養、急変時の対応、看取りを支援します。

在宅医療を担う医療機関に求められる入退院支援、日常療養支援、急変時の対応、看取りは様々です。入退院支援では入院患者への対診や入院患者の他医療機関の受診、入院医療機関との連携や服薬中の薬剤の確認や入院手配など、日常の療養支援では、訪問林料や歯科訪問診療のほか、点滴注射・訪問看護・訪問リハビリ・口腔ケア・服薬指導・褥瘡の管理の指示、主治医意見書の作成、介護職員による医療行為提供の指示などを提供します。

また急変時には 24 時間対応だけでなく、24 時間往診、24 時間訪問看護、診療方針の変更、入院手配などが、看取り時には 24 時間対応や 24 時間往診だけでなく、対応方針の決定、患者・家族への説明、看取りなどが求められることになります。

在宅医療の対象患者・疾患

病院・診療所

在宅医療

対象となる患者・疾患
- 自宅で療養している患者
- 医師の配置が義務付けられていない施設の入所者
- 寝たきり・準寝たきりで通院困難

患者所在地との距離 ≦ 16km

在宅医療に求められる役割

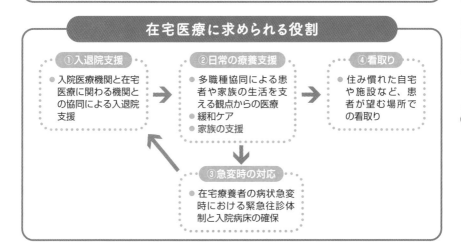

①入退院支援
- 入院医療機関と在宅医療に関わる機関との協同による入退院支援

②日常の療養支援
- 多職種協同による患者や家族の生活を支える観点からの医療
- 緩和ケア
- 家族の支援

④看取り
- 住み慣れた自宅や施設など、患者が望む場所での看取り

③急変時の対応
- 在宅療養者の病状急変時における緊急往診体制と入院病床の確保

フェーズごとに求められる役割

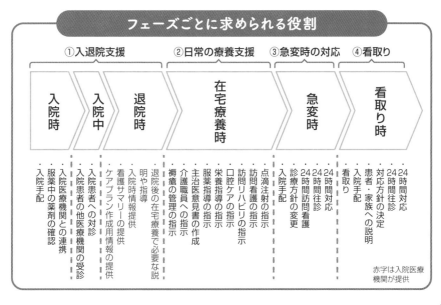

①入退院支援　②日常の療養支援　③急変時の対応　④看取り

入院時	入院中	退院時	在宅療養時	急変時	看取り時

入院時
- 入院手配
- 服薬中の薬剤の確認
- 入院医療機関との連携

入院中
- 入院患者の他医療機関の受診
- 入院患者への対診

退院時
- 入院時情報提供
- ケアプラン作成用情報の提供
- 看護サマリーの提供
- 退院後の在宅療養で必要な説明や指導

在宅療養時
- 褥瘡の管理の指示
- 介護職員への指示
- 主治医意見書の作成
- 服薬指導の指示
- 栄養指導の指示
- 口腔ケアの指示
- 訪問リハビリの指示
- 訪問看護の指示
- 点滴注射の指示

急変時
- 入院手配
- 診療方針の変更
- 24時間訪問看護
- 24時間往診
- 24時間対応

看取り時
- 看取り
- 入院手配
- 患者・家族への説明
- 対応方針の決定
- 24時間往診
- 24時間対応

赤字は入院医療機関が提供

質問 **2**

在宅療養支援診療所とは、何ですか？

手厚い在宅医療を提供します。

24 時間の往診・訪問看護と看取りを提供する医療機関です。

在宅療養支援診療所・病院は、24 時間の相談受付・往診・訪問看護と、看取りを提供する医療機関です。在宅療養支援診療所は通常、訪問看護ステーションや在宅療養後方支援病院などと連携しながら 24 時間対応や急変時の対応の体制を維持しており、必要に応じて専門医療機関などとも連携します。在宅療養支援診療所・病院の認定には施設基準を満たした上で届け出が必要であり、認定されると一般の診療所・病院より高い在宅医療の診療報酬の算定が可能になります。

在宅療養支援診療所・病院には、より手厚い在宅医療の提供が可能な**機能強化型在宅療養支援診療所・病院**があり、機能強化型はさらに緊急時の入院体制を単独で提供する単独型、他院と連携して提供する連携型などに分けられます。

在 宅療養支援診療所・病院の施設基準は様々です。

在宅療養支援診療所・病院に求められる施設基準は、24 時間の連絡対応・往診・訪問看護体制、常勤医師 1 名以上、緊急時の入院体制（他院との連携可）、年 1 回の看取り数などの報告です。機能強化型（単独型）の場合には常勤医師 3 名以上、緊急往診の実績 4 件／年、看取りまたは 15 歳未満の超重症児及び準超重症児に対する在宅医療 2 件／年が求められ、機能強化型（単独型）では緊急時の入院体制（有床診療所の場合は自院）、緊急往診の実績 10 件／年、看取りまたは 15 歳未満の超重症児及び準超重症児に対する在宅医療 4 件／年など求められます。そして緊急往診の実績 15 件／過去 1 年、在宅での看取り 20 件／過去 1 年などの施設基準を満たすと、在宅緩和ケア充実診療所・病院に認定されます。

在宅療養支援診療所・病院の役割と種類

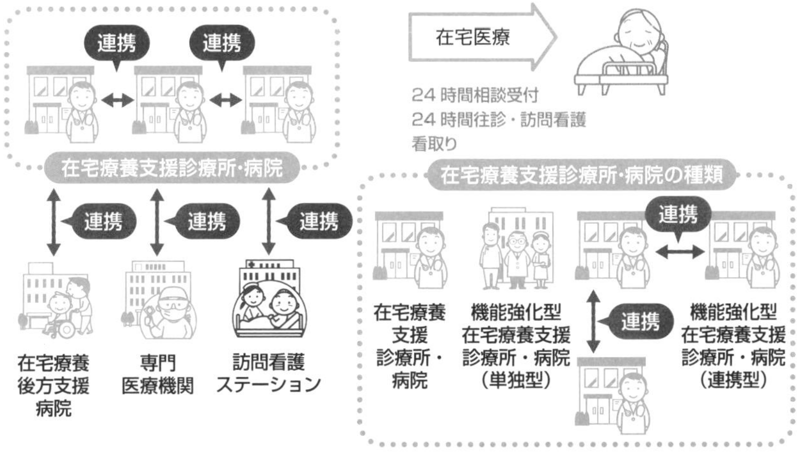

在宅療養支援診療所・病院などに求められる施設基準

名称	区分	人員	人員	施設	運営	運営
在宅療養支援診療所・病院		24時間連絡を受け、往診・訪問看護できる体制（往診担当医師が当直担当医師と別）	常勤医師1名以上	緊急時の入院体制（他院との連携可）	患者・連携医療機関などへの情報提供、年に1回の看取り数などの報告	緊急往診の実績なし、看取りまたは15歳未満の超重症児及び準超重症児に対する在宅医療なし
機能強化型在宅療養支援診療所・病院	単独型		常勤医師2名以上	緊急時の入院体制（有料診療所の場合は自院）		緊急往診の実績5件／年、在宅療養からの入院5件以上（病院）、看取りまたは15歳未満の超重症児及び準超重症児に対する在宅医療2件／年
	連携型		常勤医師3名以上（連携内）	緊急時の入院体制（他院との連携可）		緊急往診の実績5件／年（連携医療機関内10件／年）、在宅療養からの入院5件以上（病院）、看取りまたは15歳未満の超重症児及び準超重症児に対する在宅医療2件／年（連携医療機関内4件／年）
	在宅緩和ケア充実診療所・病院		がん性疼痛緩和指導管理料の施設基準に定める緩和ケア研修を修了した常勤医の在籍、緩和ケア病棟または在宅での看取り実績が10件以上の医療機関で3か月以上の勤務歴のある常勤医師の在籍	機能強化型在宅療養支援診療所・病院と同等の基準		緊急往診の実績15件／過去1年、在宅での看取り20件／過去1年、末期がん患者であって鎮痛剤の経口投与では疼痛が改善しない場合、患者が自ら注射によりオピオイド系鎮痛薬の注入を行う鎮痛療法を実施した実績2件／過去1年間
在宅療養後方支援病院		入院希望患者から24時間連絡を受け、入院できる体制		許可病床200床以上	入院希望患者に在宅医療を提供している医療機関と連携し、3月に1回以上、診療情報を交換	

在宅医療機関には、どのような連携が求められますか？

指示書も、必要になります。

様々な医療機関や事業者との連携が求められます。

多くの場合、医療と介護の両方を必要とする状態の患者に在宅医療を提供する医療機関には、様々な医療機関や事業者との連携が求められます。

他の医療機関とは24時間対応や24時間往診を提供するために連携し、訪問看護ステーションとは点滴注射や褥瘡の管理の指示、訪問看護や訪問リハビリの指示などで連携します。また薬局とは薬剤管理の指示や服薬薬剤の確認などで、他の医療機関とは栄養指導や訪問リハビリテーションの指示などで、介護事業所とは主治医意見書やケアプラン作成用情報の提供、咳痰吸引の指示などで、歯科診療所とは診療情報の提供や口腔ケアの指示などで、そして入院医療機関とは入院や看取りの手配、入院時の情報提供や入院患者への対診などで連携することになります。

連携では、主治医が指示書や情報提供書を発行します。

在宅医療における連携では、主治医が指示書や情報提供書を発行します。医療保険による訪問看護ステーションの訪問看護や訪問リハビリ（⇒**訪問看護・リハビリ編　質問1**）では訪問看護指示書や特別訪問看護指示書を、医療保険による他の医療機関の訪問看護（⇒**訪問看護・リハビリ編　質問10**）や訪問リハビリ（⇒**訪問看護・リハビリ編　質問19**）、介護保険による訪問看護ステーションや医療機関の訪問看護（⇒**訪問看護・リハビリ編　質問16**）、介護保険による訪問リハビリ（⇒**訪問看護・リハビリ編　質問20**）や居宅療養管理指導（**その他編　質問18**）では診療情報提供書を提供します。また、点滴注射の指示には在宅患者訪問点滴注射指示書が、介護職員への痰吸引の指示には介護職員等喀痰吸引等指示書が求められます。

在宅医療で求められる連携

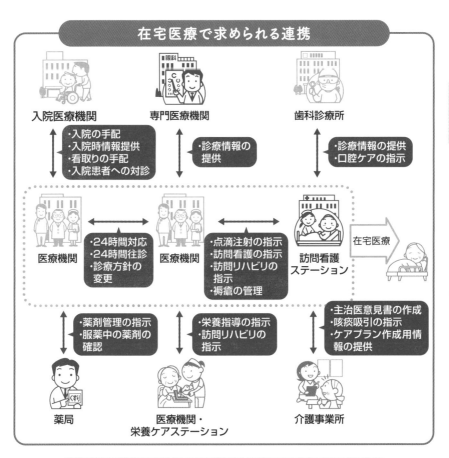

入院医療機関

・入院の手配
・入院時情報提供
・看取りの手配
・入院患者への対診

専門医療機関

・診療情報の提供

歯科診療所

・診療情報の提供
・口腔ケアの指示

医療機関

・24時間対応
・24時間往診
・診療方針の変更

医療機関

・点滴注射の指示
・訪問看護の指示
・訪問リハビリの指示
・褥瘡の管理

訪問看護ステーション

在宅医療

・薬剤管理の指示
・服薬中の薬剤の確認

・栄養指導の指示
・訪問リハビリの指示

・主治医意見書の作成
・咳痰吸引の指示
・ケアプラン作成用情報の提供

薬局

医療機関・栄養ケアステーション

介護事業所

在宅医療で求められる指示書

	指示書を出す先	目的	有効期限	適用
訪問看護指示書	訪問看護ステーション	訪問看護、訪問リハビリ	指示書作成日から6ヶ月以内	医療保険
特別訪問看護指示書	訪問看護ステーション	訪問看護、訪問リハビリ	指示書作成日から14日以内	医療保険
診療情報提供書	他の医療機関、訪問看護ステーション、介護老人保健施設・介護医療院、薬局、栄養ケアステーション	訪問看護、訪問リハビリ、訪問薬剤管理指導、訪問栄養指導	情報提供を行った医師の診療日から1ヶ月以内（ただし、介護保険の訪問リハビリは3ヶ月以内、介護保険の薬剤管理・栄養指導は6ヶ月以内）	医療保険、介護保険
在宅患者訪問点滴注射指示書	訪問看護ステーション、他の医療機関	点滴注射	指示書作成日から7日以内	医療保険
介護職員等喀痰吸引等指示書	介護事業所	介護職員による喀痰吸引	指示書作成日から6ヶ月以内	医療保険

質問4 在宅専門診療所とは、何ですか?

在宅医療を専門とする診療所です。

在 宅専門診療所は、在宅患者の占める割合が95%以上です。

　在宅医療を専門に手掛ける診療所として、2016年から**在宅専門診療所**の開設が認められました。在宅専門診療所は、無床診療所で、在宅患者の占める割合が95%以上であり、随時連絡に応じる体制を整備し、在宅医療提供地域を規定してその範囲と連絡先を周知し、在宅医療提供を原則断らないことが求められます。また、地域内に協力医療機関を2ヶ所確保するか、地域医師会からの協力の同意を得る必要もあります。在宅療養支援診療所や機能強化型在宅療養支援診療所を、在宅専門診療所として運営することも可能です。その場合には、5ヶ所以上の病院または診療所から文書による紹介／過去1年、在宅看取り実績20件以上または15歳未満の超・準超重症児に対する在宅医療10件以上などの要件がさらに求められます。

在 宅専門診療所の開設には、届け出が必要です。

　在宅専門診療所の開設にあたっては、届け出を出す必要があります。届け出には、診療所における指定申請書添付書類のほか、在宅医療を提供する範囲がわかる地図、在宅医療を提供する区域、「往診や訪問診療を非合理に拒否しないこと」「在宅医療導入に係る相談に随時応じることや当該医療機関の連絡先」「協力医療機関の一覧や地域医師会（歯科医療機関にあっては地域歯科医師会）から協力の同意が得られていること」「診療所の名称・診療科目・通常診療に応需する時間」「随時連絡に応じる体制」を周知した掲示物やHPなどが必要になります。

　なお在宅療養支援診療所以外の在宅専門診療所は、在宅時医学総合管理料や施設入居時等医学総合管理料が低く設定されています。

在宅専門診療所に求められる施設基準

在宅患者の占める割合 ≧ 95%

名称	区分	人員		施設	運営		
在宅専門診療所	一般	随時連絡に応じる体制を整備	一般診療所と同等の基準	一般診療所と同等の基準	在宅医療提供地域を規定してその範囲と連絡先を周知、在宅医療提供を原則断らない、地域内に協力医療機関を2ヶ所確保または地域医師会から協力の同意	一般診療所と同等の基準	
	在宅療養支援診療所		在宅療養支援診療所・病院と同等の基準	在宅療養支援診療所・病院と同等の基準（無床診療所）		5ヶ所以上の病院または診療所から文書による紹介／過去1年、在宅看取り実績20件以上または15歳未満の超・準超重症児に対する在宅医療10件以上／過去1年、在総管・施設総管算定患者のうち施設総管の算定患者の割合7割以下／直近1ヶ月、在総管・施設総管算定患者のうち要介護3以上または「特掲診療料の施設基準等」別表第8の2に該当する患者の割合5割以上／直近1ヶ月	在宅療養支援診療所・病院と同等の基準
	機能強化型在宅療養支援診療所		機能強化型在宅療養支援診療所・病院と同等の基準	機能強化型在宅療養支援診療所・病院と同等の基準			機能強化型在宅療養支援診療所・病院と同等の基準

在宅専門診療所に求められる届け出

1. 専ら往診・在宅訪問診療を行う診療所における指定申請書添付書類

2. 指定を申請する診療所及び在宅医療を提供する範囲がわかる地図

3. 在宅医療を提供する範囲の分かる区域の一覧

4. 3の地域の患者から、往診又は訪問診療を求められた場合、医学的に正当な理由等なく断ることがないことを周知したことのわかるもの

5. 3の地域内における協力医療機関の一覧、又は地域医師会（歯科医療機関にあっては地域歯科医師会）から協力の同意が得られていることがわかるもの

6. 3の地域内において在宅医療を提供し、在宅医療導入に係る相談に随時応じること及び当該医療機関の連絡先を周知していることがわかるもの（例：掲示の写し（写真）、HP掲載の内容等）

7. 診療所の名称・診療科目・通常診療に応需する時間の掲示の写し（写真）、HP掲載の内容等

8. 通常診療に応需する時間における患者、家族等からの相談に応じる設備等が確認できるもの（例：当設備やスペースが確認できる写真等）

9. 通常診療に応需する時間以外の緊急時を含め、随時連絡に応じる体制の周知方法についてわかるもの

質問5 在宅医療の報酬は、どのように決まりますか？

包括算定方式も、あります。

在 宅医療の診療報酬の算定方式には、いくつかあります。

　患者の訪問、患者の医学管理、指示・連携・看取りなどを評価する在宅医療の診療報酬は、「すべて出来高」「**在宅時医学総合管理料（在医総管）or 施設入居時等医学総合管理料（施設総管）＋出来高**」「**在宅がん医療総合診療料＋一部の加算など**」のいずれかで算定します。在医総管は在宅患者、施設総管は施設入居患者に対する総合的な医学管理を評価する診療報酬であり、いずれも在宅療養計画の作成が求められます。そして在宅がん医療総合診療料は定期的な訪問診療や訪問看護、処置・注射・検査などを包括する診療報酬で、通院が困難な末期がん患者が対象です（⇒**在宅医療編 質問6**）。なお在医総管や施設総管には、医療処置に必要な物品、医学管理や投薬・処置などの費用が含まれます（⇒**在宅医療編　質問6**）。

算 定方法や初・再診料との同時算定ルールが異なります。

　往診料や在宅患訪問診療料、在医総管や施設総管、在宅がん医療総合診療料では、算定方法や初・再診料との同時算定ルールが異なります。患者の要望に応じて訪問する往診料は訪問の都度に算定し、1日2回以上の算定、初・再診料との同時算定、外来管理加算の算定も可能であり、医学管理が必要な患者を定期的に訪問する在宅患者訪問診療料は1日に1回算定し、初・再診料との同時算定は不可です。また在医総管や施設総管は1月に1回算定し、往診時のみ初・再診料を同時算定できます。そして、在宅がん医療総合診療料は1月に1回算定し、初・再診料との同時算定は不可です。なお在宅がん医療総合診療料には、訪問看護ステーションによる訪問看護療養費も含まれるため、医療機関が合議により費用を訪問看護ステーションに支払います。

在宅医療の診療報酬の考え方

	患者の訪問		患者の管理		指示・連携・看取り関連		その他
すべて出来高で算定	**在宅患者訪問診療料** + **往診料** （＋初・再診料） + **オンライン診療料**	＋	**在宅療養指導管理料**	＋	診療情報提供料 訪問看護指示料 退院時共同指示料 在宅患者緊急時等カンファレンス料 など	＋	各種加算 薬剤 医療材料 検査 投薬 処置 など
在宅時医学総合管理料＋出来高で算定	**在宅患者訪問診療料** + **往診料** （＋初・再診料） + **オンライン診療料**	＋	**在宅時医学総合管理料** or **施設入居等医学総合管理料** + **在宅療養指導管理料**	＋	診療情報提供料 訪問看護指示料 退院時共同指示料 在宅患者緊急時等カンファレンス料 など	＋	各種加算 薬剤 医療材料 検査 投薬 処置 など
在宅がん医療総合診療料＋出来高で算定			**在宅がん医療総合診療料**			＋	（緊急時の）**往診料** （訪問診療料の）**在宅ターミナルケア加算 看取り加算** など

往診料、訪問診療料、在医総管・施設総管、在宅がん医療総合診療料の算定方法

	往診料	在宅患者訪問診療料	在医総管・施設総管	在宅がん医療総合診療料
算定方法	訪問の都度 1日2回以上の算定も可	1日につき 1回算定	1月につき 1回算定	1日につき 1回算定
初・再診料との同時算定	初診料、再診料と同時算定可 外来管理加算も算定化	包括されるため算定不可	往診時のみ再診料の算定可	包括されるため算定不可

質問6 在医総管や在宅がん医療総合診療料には、何が包括されますか?

在医総管には基本、特定医療材料は包括されません。

在 医総管には、いくつかの診療報酬などが包括されます。

在医総管や施設総管には、医療処置に必要な物品、いくつかの診療報酬、そして一部の**特定医療材料**が包括されます。包括される医療物品は、ガーゼや絆創膏などの衛生材料、吸引などの処置時に使用する手袋、ウロバックやサポーターや三角巾などです。また在宅医療の診療報酬のうち、訪問看護指示料の衛生材料等提供加算、**在宅寝たきり患者処置指導管理料**、そして投薬費用(処方箋料・外来受診時の投薬費用含む)のほか、創傷処置や爪甲除去、喀痰吸引や膀胱洗浄など多くの処置の診療報酬が包括されます。特定医療材料は基本的に算定可能ですが、胃瘻用カテーテルなどの在宅医療用の材料に規定されていない**特定保険医療材料**、褥瘡が皮下組織に至らない患者の皮膚欠損用創傷被膜材、非固着性シリコンガーゼは算定できません。

在 宅がん医療総合診療料には、診療報酬が包括されます。

在医総管や施設総管で算定可能な特定保険医療材料には「在宅医療で使用する材料として規定されている特定保険医療材料」「医師の交付する処方箋に基づき薬局が給付できる特定保険医療材料」があります(多くが重複)。前者は「⑭在宅」欄の薬剤の項で算定し、後者は「特定疾患処方管理加算」で算定します。ただし、薬剤を処方せずに、注射器や注射針のみを処方することはできません。一方、**在宅がん医療総合診療料**には、「週3日以上の訪問診療を実施し、それ以外の日に求めに応じて実施した往診料」「同一月において在宅がん医療総合診療料が算定された日の前日までに算定された検体検査判断料」「在宅療養実績加算(要届出)」「死亡診断加算」「訪問診療料の在宅ターミナルケア加算と看取り加算」以外すべてが包括されます。

在医総管・施設総管に包括される診療報酬

医学管理等
・特定疾患療養管理料
・小児特定疾患カウンセリング料
・小児科療養指導料
・てんかん指導料
・難病外来指導管理料
・皮膚科特定疾患指導管理料
・小児悪性腫瘍患者指導管理料

・糖尿病透析予防指導管理料
・生活習慣病管理料
在宅医療
・訪問看護指示料の衛生材料等提供加算
・在宅寝たきり患者処置指導管理料
投薬
・投薬費用（処方箋料・外来受診時の投薬費用含む）

処置
・創傷処置
・爪甲除去
・穿刺排膿後薬液注入
・喀痰吸引
・干渉低周波去痰器による喀痰排出
・ストーマ処置
・皮膚科軟膏処置
・膀胱洗浄
・後部尿道洗浄
・留置カテーテル設置

・導尿
・介達けん引
・矯正固定
・変形機械矯正術
・消炎鎮痛等処置
・腰部又は胸部固定帯固定
・低出力レーザー照射
・肛門処置
・鼻腔栄養

在総管・施設総管などに包括される特定医療材料

在総管・施設総管に包括される材料	褥瘡が皮下組織に至らない患者の皮膚欠損創傷被膜材、非固着性シリコンガーゼ（皮下組織に至る褥瘡を有する患者は算定可）
在総管・施設総管、在宅寝たきり患者処置指導管理料に包括される材料	胃瘻用カテーテルなど
在宅経管栄養用栄養管セット加算に包括される材料	在宅寝たきり患者処置用栄養用ディスポーザブルカテーテル

在医総管・施設総管で算定可能な特定保険医療材料

在宅医療で使用する材料として規定されているもの
・インスリン製剤等注射用ディスポーザブル注射器
・ホルモン製剤等注射用ディスポーザブル注射器
・万年筆型注射器用注射針

・腹膜透析液交換セット
・在宅中心静脈栄養用輸液セット
・在宅寝たきり患者処置用栄養用ディスポーザブルカテーテル
・携帯型ディスポーザブル注入ポンプ
・在宅寝たきり患者処置用気管切開後留置用チューブ
・在宅寝たきり患者処置用膀胱留置用ディスポーザブルカテーテル
・在宅血液透析用特定保険医療材料（回路を含む）
・皮膚欠損用創傷被膜材
・非固着性シリコンガーゼ
・水循環回路セット

医師の交付する処方箋に基づき薬局が給付できるもの
・膀胱瘻用カテーテル
・交換用胃瘻カテーテル
・局所陰圧閉鎖処置用材料
・陰圧創傷治療用カートリッジ

「⑭在宅」欄の薬剤の項で算定

「特定疾患処方管理加算」として算定

在宅がん医療総合診療料に包括されない診療報酬

診療報酬	週3日以上の訪問診療を実施し、それ以外の日に求めに応じて実施した場合の往診料（加算含む、週2回を限度）
	同一月において在宅がん医療総合診療料が算定された日の前日までに算定された検体検査判断料など在宅療養実績加算（要届出）
加算	死亡診断加算
	訪問診療料の在宅ターミナルケア加算、看取り加算

質問7 在宅で使用できる注射薬には、何がありますか？

> 厚生労働大臣が定める
> 注射薬があります。

患 者が在宅で使用する注射薬などが決められています。

　医師が在宅医療で使用する注射薬には特に制限はありませんが、患者が在宅で使用する注射薬（**厚生労働大臣が定める注射薬⇒付録4**）、患者が在宅で自己注射できる注射薬は決められています。患者が在宅で使用する注射薬には訪問看護で使用される注射薬が含まれます。2022年3月時点で、厚生労働大臣が定める注射薬は92種類、そのうち在宅で患者が自己注射できる注射薬は61種類です。これらの薬剤を投薬する場合は、レセプトの「⑭在宅」欄の薬剤の項で算定しますが、処方箋を交付して薬局から給付することも可能になっています。

　ただし、医師が看護師や准看護師に点滴注射を支持し、**在宅患者訪問点滴注射管理指導料**を算定する場合には、注射の種類に制限はありません。

緊 急投与が必要な場合、自己注射できます。

　患者が在宅で自己注射できる注射薬（**在宅自己注射指導管理料の対象**）は、頻回投与や発作時の緊急投与が必要であり、剤形が注射でなければなりません。ただし、モルヒネ塩酸塩製剤、フェンタニルクエン酸塩製剤、複方オキシコドン製剤、オキシコドン塩酸塩製剤、ヒドロモルフォン塩酸塩製剤の注射は、薬液を取り出せない構造で患者などが注入速度を変えられない注入ポンプなどに必要に応じて生理食塩水などで希釈の上で充填して交付した場合に限られます。また、新しい医薬品（薬価基準収載翌月の初日から1年以内）や複方オキシコドン製剤については14日以内、ヒドロモルフォン塩酸塩製剤・フェンタニルクエン酸塩製剤・ブプレノルフィン製剤・モルヒネ塩酸塩製剤については30日内に投与日数が制限されています。

厚生労働大臣が定める注射薬

厚生労働大臣が定める注射薬 ＝ 92 種類

在宅で患者が自己注射できる注射薬 ＝ 61 種類

在宅で患者が自己注射できる注射薬（在宅自己注射指導管理料の対象）

- インスリン製剤
- ヒト成長ホルモン剤
- 遺伝子組換え活性型血液凝固第 VII 因子製剤
- 乾燥濃縮人血液凝固第 X 因子加活性化第 VII 因子製剤
- 遺伝子組換え型血液凝固第 VIII 因子製剤
- 乾燥人血液凝固第 VIII 因子製剤
- 遺伝子組換え型血液凝固第 IX 因子製剤
- 乾燥人血液凝固第 IX 因子製剤（活性化プロトロンビン複合体及び乾燥人血液凝固因子抗体迂回活性複合体を含む）
- 性腺刺激ホルモン放出ホルモン剤
- 性腺刺激ホルモン製剤
- ゴナドトロピン放出ホルモン誘導体
- ソマトスタチンアナログ
- 顆粒球コロニー形成刺激因子製剤
- インターフェロンアルファ製剤
- インターフェロンベータ製剤
- ブプレノルフィン製剤
- 抗悪性腫瘍剤
- グルカゴン製剤
- グルカゴン様ペプチド -1 受容体アゴニスト
- エタネルセプト製剤
- ヒトソマトメジン C 製剤
- ペグビソマント製剤
- スマトリプタン製剤
- グリチルリチン酸モノアンモニウム・グリシン・L- システイン塩酸塩配合剤
- アダリムマブ製剤
- テリパラチド製剤
- アドレナリン製剤
- ヘパリンカルシウム製剤
- アポモルヒネ塩酸塩製剤
- セルトリズマブペゴル製剤
- トシリズマブ製剤
- メトレレプチン製剤
- アバタセプト製剤
- pH4 処理酸性人免疫グロブリン（皮下注射）製剤
- アスホターゼアルファ製剤
- グラチラマー酢酸塩製剤
- セクキヌマブ製剤
- エボロクマブ製剤
- ブロダルマブ製剤
- アリロクマブ製剤
- ベリムマブ製剤
- イキセキズマブ製剤
- ゴリムマブ製剤
- エミシズマブ製剤
- イカチバント製剤
- サリルマブ製剤
- デュピルマブ製剤
- インスリン・グルカゴン様ペプチド -1 受容体アゴニスト配合剤
- ヒドロコルチゾンコハク酸エステルナトリウム製剤
- 遺伝子組換えヒト vonWillebrand 因子製剤
- ブロスマブ製剤
- アガルシダーゼ　アルファ製剤
- アガルシダーゼ　ベータ製剤
- アルグルコシダーゼ　アルファ製剤
- イデュルスルファーゼ製剤
- イミグルセラーゼ製剤
- エロスルファーゼ　アルファ製剤
- ガルスルファーゼ製剤
- セベリパーゼ　アルファ製剤
- ベラグルセラーゼアルファ製剤
- ラロニダーゼ製剤の自己注射のために用いるディスポーザブル注射器（針を含む）

- インスリン製剤
- ヒト成長ホルモン剤
- 遺伝子組換え活性型血液凝固第 VII 因子製剤
- 遺伝子組換え型血液凝固第 VIII 因子製剤
- 乾燥濃縮人血液凝固第 X 因子加活性化第 VII 因子製剤
- 乾燥人血液凝固第 VIII 因子製剤
- 遺伝子組換え型血液凝固 第 IX 因子製剤
- 乾燥人血液凝固第 IX 因子製剤
- 活性化プロトロンビン複合体
- 乾燥人血液凝固因子抗体迂回活性複合体
- 自己連続携行式腹膜灌流用灌流液
- 在宅中心静脈栄養法用輸液
- 性腺刺激ホルモン放出ホルモン剤
- 性腺刺激ホルモン製剤
- ゴナドトロピン放出ホルモン誘導体
- ソマトスタチンアナログ
- 顆粒球コロニー形成刺激因子製剤
- インターフェロンアルファ製剤
- インターフェロンベータ製剤
- ブプレノルフィン製剤
- 抗悪性腫瘍剤
- グルカゴン製剤
- グルカゴン様ペプチド -1 受容体アゴニスト
- ヒトソマトメジン C 製剤
- 人工腎臓用透析液
- 血液凝固阻止剤
- 生理食塩水
- プロスタグランジン I2 製剤
- モルヒネ塩酸塩製剤
- エタネルセプト製剤

- 注射用水
- ペグビソマント製剤
- スマトリプタン製剤
- フェンタニルクエン酸塩製剤
- 複方オキシコドン製剤
- オキシコドン塩酸塩製剤
- ベタメタゾンリン酸エステルナトリウ ム製剤
- デキサメタゾンリン酸エステルナトリウム製剤
- デキサメタゾンメタスルホ安息香酸エステルナトリウム製剤
- プロトンポンプ阻害剤
- H2 遮断剤
- カルバゾクロムスルホン酸ナトリウム製剤
- トラネキサム酸製剤
- フルルビプロフェンアキセチル製剤
- メトクロプラミド製剤
- プロクロルペラジン製剤
- ブチルスコポラミン臭化物製剤
- グリチルリチン酸モノアンモニウム・グリシン・L- システイン塩酸塩配合剤
- アダリムマブ製剤
- エリスロポエチン
- ダルベポエチン
- テリパラチド製剤
- アドレナリン製剤
- ヘパリンカルシウム製剤
- アポモルヒネ塩酸塩製剤
- セルトリズマブペゴル製剤
- トシリズマブ製剤
- メトレレプチン製剤
- アバタセプト製剤
- pH4 処理酸性人免疫グロブリン (皮下注射) 製剤
- 電解質製剤
- 注射用抗菌薬

- エダラボン製剤
- アスホターゼアルファ製剤
- グラチラマー酢酸塩製剤
- 脂肪乳剤
- セクキヌマブ製剤
- エボロクマブ製剤
- ブロダルマブ製剤
- アリロクマブ製剤
- ベリムマブ製剤
- イキセキズマブ製剤
- ゴリムマブ製剤
- エミシズマブ製剤
- イカチバント製剤
- サリルマブ製剤
- デュピルマブ製剤
- ヒドロモルフォン塩酸塩製剤
- インスリン・グルカゴン様ペプチド -1 受容体アゴニスト配合剤
- ヒドロコルチゾンコハク酸エステルナトリウム製剤
- 遺 伝 子 組 換 え ヒ ト von Willebrand 因子製剤
- ブロスマブ製剤
- アガルシダーゼアルファ製剤
- アガルシダーゼベータ製剤
- アルグルコシダーゼアルファ製剤
- イデュルスルファーゼ製剤
- イミグルセラーゼ製剤
- エロスルファーゼアルファ製剤
- ガルスルファーゼ製剤
- セベリパーゼアルファ製剤
- ベラグルセラーゼアルファ製剤
- ラロニダーゼ製剤

5章

在宅医療 （往診・訪問診療・在医管など）の 報酬と算定要件

質問8 往診料とは、どのような診療報酬ですか？

定期的、計画的な訪問は
NGです。

求 めに応じて患家を訪問した場合に算定します。

　往診料は、患者やその家族の求めに応じて患家を訪問して診療を実施した場合に算定する診療報酬であり、訪問回数に制限はありません（1日2回以上の算定も可）。往診料は、定期的にまたは計画的に診療を実施したときには算定できず、往診後に患者やその家族などが薬剤を取りに医療機関を訪問したときには再診料、外来診療料は算定できません。ただし、往診で発生した交通費は患家に請求できます。また、往診料には同一建物居住者という概念はなく、個々の集合住宅が独立している場合には、それぞれの訪問について往診料を算定します。

　ただし、同一患家や有料老人ホーム全体を同一患家とみなせる場合には、2人目以降の患者は往診料を算定せず、初・再診料を算定します。

緊 急・夜間・休日・深夜往診加算などがあります。

　往診料の加算には、急性心筋梗塞などが予想される患者（2022年の診療報酬改定により、15歳未満の小児については、低体温、けいれん、意識障害、急性呼吸不全などの者にも提供可能）を訪問した場合の緊急往診加算、18-22時と6-8時（夜間）と日曜日と祝日などに訪問した場合の夜間・休日往診加算、22-6時に訪問した場合の深夜往診加算、診療時間が1時間を越えた場合の患家診療時間加算、死亡診断を行った場合の死亡診断加算、在宅緩和ケア充実診療所・病院が訪問した場合に緊急・夜間・休日・深夜往診加算に適用される在宅緩和ケア充実診療所・病院加算、在宅医療支援診療所・病院が訪問した場合に緊急・夜間・休日・深夜往診加算に適用される在宅療養実績加算1・2があります。

往診料の対象患者と算定要件

往診の希望

往診

対象となる患者・疾患

- 往診を希望した患者
- 身体的条件なし

診療所・病院
在宅療養支援診療所・病院
機能強化型在宅療養支援診療所・病院

訪問回数の制限なし
同一患家の場合や有料老人ホーム全体を同一患家とみなせる場合には、2人目以降の患者は往診料を算定せず、初・再診料を算定

同一建物居住者の適用なし（個々の集合住宅が独立している場合、それぞれが往診料を算定できる）
緊急往診加算の対象：急性心筋梗塞、脳血管障害、急性腹症などが予想される患者

往診料

診療報酬	概要	点数
往診料	患者や家族などの電話などによる要望に応じて、医療機関の医師がその必要性を認めて、訪問して行う診療	720点

往診料の加算

加算	医療機関区分	点数
緊急往診加算（往診の結果、急性心筋梗塞、脳血管障害、急性腹症などが予想される場合）（1回につき）	イ 機能強化型在宅療養支援診療所・病院 （1）病床あり	850点
	イ 機能強化型在宅療養支援診療所・病院 （2）病床なし	750点
	ロ 在宅療養支援診療所・病院	650点
	ハ 在宅療養支援診療所・病院以外	325点
夜間・休日往診加算（夜間：18-22時と6-8時、休日：日曜日と国民の祝日と年末年始）（1回につき）	イ 機能強化型在宅療養支援診療所・病院 （1）病床あり	1,700点
	イ 機能強化型在宅療養支援診療所・病院 （2）病床なし	1,500点
	ロ 在宅療養支援診療所・病院	1,300点
	ハ 在宅療養支援診療所・病院以外	650点
深夜往診加算（22-6時）（1回につき）	イ 機能強化型在宅療養支援診療所・病院 （1）病床あり	2,700点
	イ 機能強化型在宅療養支援診療所・病院 （2）病床なし	2,500点
	ロ 在宅療養支援診療所・病院	2,300点
	ハ 在宅療養支援診療所・病院以外	1,300点
在宅緩和ケア充実診療所・病院加算（在宅緩和ケア充実診療所・病院）（要届出）		1,000点
在宅療養実績加算1（緊急往診10件/年以上かつ看取り4件/年以上の在宅療養支援診療所・病院）（要届出）		750点
在宅療養実績加算2（緊急往診4件/年以上かつ看取り2件/年以上の在宅療養支援診療所・病院）（要届出）		500点
患家診療時間加算（患家における診療時間が1時間を越えた場合、30分またはその端数ごと）（1回につき）		100点
死亡診断加算（患家において死亡診断を行った場合）（1回につき）		200点

質問9 在宅患者訪問診療料とは、どのような診療報酬ですか?

在宅ターミナルケア加算は複雑です。

定 期的・計画的に訪問診療します。

　在宅患者訪問診療料は、定期的・計画的に訪問して診療を実施した場合に算定する診療報酬です。在宅患者訪問診療料は、一般医療機関が提供した場合に適用される在宅患者訪問診療料（Ⅰ）と有料老人ホーム等に併設の医療機関が提供した場合に適用される在宅患者訪問診療料（Ⅱ）に分けられ、在宅患者訪問診療料（Ⅰ）（Ⅱ）はさらに、自院が訪問した場合（（Ⅰ）1と（Ⅱ）イが該当）と、在宅時（施設等）医学総合管理料や在宅がん医療総合診療料の算定要件を満たす他の医療機関から紹介された患者を訪問した場合（（Ⅰ）2と（Ⅱ）ロが該当）とに分けられます。在宅患者訪問診療料の訪問回数は、（Ⅰ）1と（Ⅱ）イが1日1回、原則週3回まで（1日1回のみ算定可）、（Ⅰ）2と（Ⅱ）ロが月に1回、原則6ヶ月までと決められています。

死 亡診断、在宅ターミナルケアなどの加算があります。

　在宅患者訪問診療料の訪問回数は厚生労働大臣が定める疾病（⇒**基礎編　質問9**）の場合には制限がなく、在宅患者訪問診療料（Ⅰ）1と（Ⅱ）イは急性増悪時には月に1回に限り14日まで算定可能です。在宅患者訪問診療料の加算には、6歳未満の患者を訪問した場合に適用される乳幼児加算、患家診療時間加算、死亡診断加算（（Ⅰ）1と（Ⅱ）イのみ算定可）、死亡日に往診・訪問診療を実施して在宅で患者を看取った場合に適用される看取り加算（（Ⅰ）1と（Ⅱ）イのみ算定可）のほか、死亡日と死亡前14日以内に2日以上のターミナルケアを実施した場合に適用される在宅ターミナルケア加算（医療機関の施設基準で点数が決まる⇒**付録5**）、在宅ターミナルケア加算に適用される在宅療養実績加算1・2や酸素療法加算があります。

在宅患者訪問診療料の対象患者と算定要件

同意書の作成 ←

定期的な
訪問診療 →

診療所・病院
在宅療養支援診療所・病院
機能強化型在宅療養支援
診療所・病院

訪問回数は原則週3回
厚生労働大臣が定める疾病の場合
には制限なし

対象となる患者・疾患
- 自力で通院できない患者
- 医学的管理が必要な患者

医師の配置義務がある施設への訪問
は原則算定不可だが、介護老人福祉
施設、短期入所生活介護施設、110
人以下の養護老人ホームは算定可

在宅患者訪問診療料

診療報酬	概要	施設区分	点数
在宅患者訪問診療料（Ⅰ）（1日につき）	在宅患者訪問診療料（Ⅰ）1（1日に1回、原則週3回）：自力で通院できない患者に対して、定期的に訪問して行う診療	イ 同一建物居住者以外の場合	888点
		ロ 同一建物居住者の場合	213点
	在宅患者訪問診療料（Ⅰ）2（1月に1回、原則6ヶ月）：在宅時（施設入居時等）医学総合管理料の算定要件を満たす医療機関に依頼された医療機関が、自宅で通院できない患者を定期的に訪問して行う診療	イ 同一建物居住者以外の場合	884点
		ロ 同一建物居住者の場合	187点
在宅患者訪問診療料（Ⅱ）（1日につき）	在宅患者訪問診療料（Ⅱ）イ（1日に1回、原則3回）：有料老人ホーム等に併設の医療機関が、当該施設入居者を定期的に訪問して行う診療		150点
	在宅患者訪問診療料（Ⅱ）ロ（1月に1回、原則6ヶ月）：有料老人ホーム等に併設の医療機関が、在宅時（施設入居時等）医学総合管理料の算定要件を満たす医療機関に依頼されて当該施設入居者を定期的に訪問して行う診療		150点

在宅患者訪問診療料の加算と算定

加算		概要	点数
乳幼児加算（1回につき）		6歳未満の患者を訪問した場合	400点
患家診療時間加算（1回につき、30分またはその端数ごと）		患家における診療時間が1時間を越えた場合	100点
死亡診断加算（（Ⅰ）1と（Ⅱ）イのみ算定可）（1回につき）		患家において死亡診断を行った場合	200点
看取り加算（（Ⅰ）1と（Ⅱ）イのみ算定可）（1回につき）		死亡日に往診・訪問診療を実施して在宅で患者を看取った場合	3,000点
在宅ターミナルケア加算（1回につき）	（Ⅰ）	死亡日と死亡前14日以内に2日以上のターミナルケアを実施した場合	3,500-6,500点
	（Ⅱ）		3,200-6,200点
	在宅緩和ケア充実診療所・病院加算	在宅緩和ケア充実診療所・病院が訪問した場合	1,000点
	在宅療養実績加算1	緊急往診10件/年以上かつ看取り4件/年以上の在宅療養支援診療所・病院	750点
	在宅療養実績加算2	緊急往診4件/年以上かつ看取り2件/年以上の在宅療養支援診療所・病院	500点
	酸素療法加算	がん患者に対して酸素療法を実施した場合	2,000点

質問10 在医総管や施設総管とは、どのような診療報酬ですか？

自宅と施設の患者を
医学管理します。

医 学管理の下、計画的な訪問診療を評価します。

　在宅時医学総合管理料（在医総管）や施設入居時等医学総合管理料（施設総管）とは、在宅や施設で療養する通院が困難な患者に対して、総合的な医学管理の下、計画的・定期的に訪問診療した場合に月1回算定する診療報酬であり、訪問回数は月1回以上、在宅療養計画の作成が必要と決められています。在医総管や施設総管には、医療処置に必要な物品、いくつかの診療報酬、一部の特定医療材料が包括されます。

　在医総管や施設総管の算定には、福祉サービスなどとの連携調整を担当する者を配置し、在宅医療を担当する常勤医師が勤務し、地域医師会などの協力・調整などの下に緊急時などの協力体制を整備し、他の保健医療サービスおよび福祉サービスとの連携調整や市町村や在宅介護支援センターなどへの情報提供に務める必要があります。

在 医総管や施設総管は、対象施設が決まっています。

　在医総管の対象施設は、自宅（戸建て、集合住宅）やケアハウスなどのほか、宿泊時の小規模多機能型居宅介護や看護小規模多機能型居宅介護です。一方、施設総管の対象施設は、養護老人ホーム（定員110人以下）や軽費老人ホーム（A型のみ）、有料老人ホームやサービス付き高齢者向け住宅、グループホームや宿泊時の短期入所生活介護のほか、介護老人福祉施設（末期がん患者、死亡日から遡って30日以内の患者のみ）です。ただし、（看護）小規模多機能型居宅介護で在医総管を、短期入所生活介護で施設総管を算定できるのは、サービス利用前30日以内に訪問診療料などを算定した医師のみで、算定はサービス利用開始後30日までです。なお許可病床200以上の病院は、在医総管や施設総管を算定できません。

在医総管と施設総管の対象施設と算定要件

診療所・許可病床
200床未満の病院

在宅療養支援診療所・
病院

機能強化型在宅療養
支援診療所・病院

主に診療している1つ
の医療機関のみが算定

計画的な医学管理＝
在宅療養計画の作成
在宅療養計画と説明の
要点などを診療録に記載

患者の同意

定期的な
訪問診療

訪問回数は月1回以上
投薬などの費用は算定できない
在宅がん医療総合診療料を算定す
る月は算定できない

在宅時医学総合管理料の対象施設

- 自宅（戸建て、集合住宅）
- ケアハウス　など
- 小規模多機能型居宅介護、看護小規模多機能型居宅介護（宿泊時）

施設入居時等医学総合管理料の対象施設

- 養護老人ホーム（定員110人以下）
- 軽費老人ホーム（A型のみ）
- 有料老人ホーム
- サービス付き高齢者向け住宅
- グループホーム　など
- 介護老人福祉施設（末期がん患者、死亡日から遡って30日以内の患者（末期がん患者を除く））
- 短期入所生活介護（宿泊時）

入居施設において療養を行っている患者は除く

在医総管と施設総管に含まれる報酬項目

医学管理等
・特定疾患療養管理料
・小児特定疾患カウンセリング料
・小児科療養指導料
・てんかん指導料
・難病外来指導管理料
・皮膚科特定疾患指導管理料
・小児悪性腫瘍患者指導管理料
・糖尿病透析予防指導管理料
・生活習慣病管理料

在宅医療
・衛生材料等提供加算
・在宅寝たきり患者処置指導管理料
投薬
・投薬費用（処方箋料、外来受診時の投薬費用を含む）
処置
・創傷処置
・爪甲除去
・穿刺排膿後薬液注入
・咳痰吸引
・干渉低周波去痰器による咳痰排出

・ストーマ処置
・皮膚科軟膏処置
・膀胱洗浄
・後部尿道洗浄
・留置カテーテル設置
・導尿
・介達牽引
・矯正固定
・変形機械矯正術
・消炎鎮痛等処置
・腰部または胸部固定帯固定
・低出力レーザー照射
・肛門処置
・鼻腔栄養

在医総管と施設総管の施設基準

診療報酬	人員	設備	運営
在総管・施設総管	ケアマネージャーや社会福祉士などの保健医療サービス及び福祉サービスとの連携調整を担当する者を配置、在宅医療を担当する常勤医師が勤務（継続的な訪問診療を実施できる体制を整備）	地域医師会などの協力・調整などの下、緊急時などの協力体制を整備	他の保健医療サービスおよび福祉サービスとの連携調整に務める、市町村や在宅介護支援センターなどに対する情報提供に務める

在医総管や施設総管の診療報酬は、どうなっていますか？

在医総管や施設総管は
月1回算定します。

訪 問頻度、患者重症度などで変わります。

在医総管や施設総管はいずれも、医療機関の種類（設備）、訪問の頻度、患者の重症度、単一建物の診療患者数ごとに診療報酬が設定されています。

在医総管や施設総管の報酬は、病院の種類、訪問の頻度（月2回以上と1回）、患者の重症度（重傷者などと重傷者以外）、単一建物（⇒**基礎編 質問26**）という区分で設定されています。重傷者は厚生労働大臣が定める状態（⇒**基礎編 質問9**）の患者、機能強化型在宅療養支援診療所・病院の単独型は病床あり、連携型は病床なしの医療機関が該当します。

なお、在医総管や施設総管には、投薬などの費用は算定できず、在宅がん医療総合診療料を算定する月にも算定できません。

診 療患者数が多いほど、診療報酬が低くなります。

単一建物の診療患者数は、1ヶ所の医療機関が同一月に同一建物の患者に在医総管や施設総管を算定する患者の数です。単一建物の診療患者数が多いほど診療報酬は低く設定されていますが、「同居する同一世帯に患者が2人以上いる場合」「医学管理を行う患者が建物の個数の10%以下の場合（在医総管のみ）」「建物の総戸数が20戸未満で医学管理を行う患者が2人以下の場合（在医総管のみ）」には、単一建物の診療患者数が1人の場合の点数を算定できます。なお在医総管や施設総管には、包括的支援加算と在宅療養移行加算（⇒**在宅医療編 質問5**）、在宅移行早期加算と頻回訪問加算と処方箋を交付しない場合の加算（⇒**在宅医療編 質問6**）、オンライン在宅管理料（⇒**在宅医療編 質問7**、在医総管のみ）などが算定可能です。

在宅時医学総合管理料

名称	区分	訪問回数	患者の状態	単一建物の診療患者数		
				1人	2-9人	10人以上
機能強化型在宅療養支援診療所・病院	単独型（病床あり）	2回以上／月	重傷者など	5,400点	4,500点	2,880点
			重傷者以外	4,500点	2,400点	1,200点
		1回／月		2,760点	1,500点	780点
	連携型（病床なし）	2回以上／月	重傷者など	5,000点	4,140点	2,640点
			重傷者以外	4,500点	2,400点	1,100点
		1回／月		2,520点	1,380点	720点
在宅療養支援診療所・病院		2回以上／月	重傷者など	4,600点	3,780点	2,400点
			重傷者以外	3,700点	2,000点	1,000点
		1回／月		2,300点	1,280点	680点
一般診療所・病院		2回以上／月	重傷者など	3,450点	2,835点	1,800点
			重傷者以外	2,750点	1,475点	750点
		1回／月		1,760点	995点	560点

施設入居時等医学総合管理料

名称	区分	訪問回数	患者の状態	単一建物の診療患者数		
				1人	2-9人	10人以上
機能強化型在宅療養支援診療所・病院	単独型（病床あり）	2回以上／月	重傷者など	3,900点	3,240点	2,880点
			重傷者以外	3,200点	1,700点	1,200点
		1回／月		1,980点	1,080点	780点
	連携型（病床なし）	2回以上／月	重傷者など	3,600点	2,970点	2,640点
			重傷者以外	2,900点	1,550点	1,100点
		1回／月		1,800点	990点	720点
在宅療養支援診療所・病院		2回以上／月	重傷者など	3,300点	2,700点	2,400点
			重傷者以外	2,600点	1,400点	1,000点
		1回／月		1,640点	920点	680点
一般診療所・病院		2回以上／月	重傷者など	2,450点	2,025点	1,800点
			重傷者以外	1,950点	1,025点	750点
		1回／月		1,280点	725点	560点

在総監・施設総管に算定可能な加算

包括的支援加算、継続診療加算、頻回訪問加算、在宅移行早期加算、処方箋を交付しない場合の加算、在宅データ提出加算、オンライン在宅管理料（在医総管のみ）

包括的支援加算と在宅療養移行加算とは、どのような報酬ですか？

重要なのは、きめ細かな
訪問診療です。

状 態に応じたきめ細かな**訪問診療**を評価します。

　在医総管や施設総管の包括的支援加算とは患者の状態に応じたきめ細かな訪問診療を評価する加算であり、在宅療養移行加算とはかかりつけ医として在宅療養支援診療所と同等のサービスを提供する体制などを評価する加算であり、いずれも月1回算定します。在宅療養移行加算は在宅療養支援診療所以外の診療所が算定可能です。

　包括的支援加算の対象は、「要介護2以上または障害支援区分2以上」「認知症高齢者の日常生活自立度ランクIIb以上」「週1回以上の訪問看護を受けている」患者などです（「特掲診療料の施設基準等」別表8の3に規定する状態）。また継続診療加算の狙いはもともと外来診療で見ていたかかりつけ患者が通院困難になった場合に診療を継続することなので、対象は外来4回以上受診した患者に限られます。

包 括的支援加算などには、**算定要件**があります。

　包括的支援加算の算定には、「厚生労働大臣が定める状態」（「特掲診療料の施設基準等」別表8の3）の患者に訪問診療を行い、在医総管や施設総監を算定することなどが求められます。

　一方、在宅療養移行加算の算定には、診療所単独または連携する他の医療機関の協力によって24時間の連絡・往診体制を有すること、訪問看護ステーションが訪問看護を提供する体制を確保すること当該診療所または連携する他の医療機関の担当者の氏名、連絡先、緊急時の注意事項などを患者または家族に文書により提供し説明すること、そして加算2には当該医療機関または連携する他の医療機関が往診提供体制を有していることが求められます。

包括的支援加算と在宅療養移行加算

加算	点数
包括支援加算（月1回）	150点
在宅療養移行加算1（月1回）	216点
在宅療養移行加算2（月1回）	116点

包括的支援加算と在宅療養移行加算の算定要件

加算	算定要件
包括的支援加算	「厚生労働大臣が定める状態（「特掲診療料の施設基準等」別表8の3に規定する状態）の患者に訪問診療を行い、在医総管・施設総監を算定する場合に加算 いずれの状態に該当するかをレセプトの摘要欄に記載
在宅療養移行加算	診療所の外来を4回以上受信した後に訪問診療に移行した患者に対し、以下のすべての要件を満たして訪問診療を実施した場合に算定 ①診療所単独または連携する他の医療機関の協力により、24時間の連絡・往診体制を有する ②訪問看護ステーションが訪問看護を提供する体制を確保する ③当該診療所または連携する他の医療機関の担当者の氏名、連絡先、緊急時の注意事項などを患者または家族に文書により提供し説明する ④加算2：当該医療機関または連携する他の医療機関が往診を提供する体制を有していること

包括的支援加算における「厚生労働大臣が定める状態」

（「特掲診療料の施設基準等」別表第8の3）

（1）要介護2以上の状態または障害者総合支援法の障害者支援区分2以上の状態

（2）医師が「認知症高齢者の日常生活自立度」でランクⅡb以上と診断した状態

（3）週1回以上訪問看護を受けている状態

（4）訪問診療または訪問看護で、注射または喀痰吸引、経管栄養等の処置を受けている状態

（5）介護付有料老人ホーム、認知症対応型グループホーム、特別養護老人ホーム、障害者支援施設等に入所・入居する患者で、医師からの指示により施設の看護職員による注射または喀痰吸引、経管栄養等の処置を受けている状態

（6）その他関係機関との調整等のために訪問診療を行う医師による特別な医学管理を必要とする状態

質問 13 頻回訪問加算と在宅移行早期加算とは、どのような報酬ですか?

処方箋を交付しないことも
評価されます。

頻 繁な訪問診療や在宅医療への早期移行を評価します。

　在医総管や施設総管の頻回訪問加算とは特別な医学管理を必要とする患者に対する頻繁な訪問診療を、在宅移行早期加算とは入院医療から在宅医療への早期で円滑な移行を、在宅データ提出加算(2022年に新設)とは診療内容データの厚生労働省への継続提出を評価する加算であり、いずれも月1回算定します。退院後に老人施設に入居した場合にも施設総管を算定していれば、在宅移行早期加算の算定可能です。包括的支援加算の対象は、「末期の悪性腫瘍患者」「在宅自己腹膜灌流指導管理、在宅人工呼吸指導管理、在宅血液透析指導管理などを受けていて、ドレーンチューブまたは留置カテーテルを使用している状態または人工肛門または人工膀胱を設置している状態の患者」などです。

月 4回以上訪問診療、3ヶ月以内の移行などが求められます。

　頻回訪問加算の算定には、「厚生労働大臣が定める状況等」の患者に月4回以上往診または訪問診療を実施することが求められます。一方、継続診療加算の算定には在医総管または施設総管の算定開始月から3ヶ月以内であることが求められ、1回の退院につき計3回まで算定可能である一方、在宅医療に移行後1年を経過した患者には算定不可です。ただし、退院後1年を経過しても、再度入院して在宅医療に移行した場合には、算定可能となります。また、在宅医療を担う医療機関が在医総管や施設総管を算定する患者に処方箋を交付しない場合には、処方箋を交付しない場合の加算として300点を加算可能です。ただし、患者の状態が安定していたり、前月に2ヶ月分の薬剤を院外処方したりした場合には、算定不可です。

頻回訪問加算と在宅移行早期加算

加算	概要	点数
頻回訪問加算（月1回）	特別な医学管理を必要とする患者に対する頻繁な訪問診療を評価する加算	600点
在宅移行早期加算（月1回）	入院医療から在宅医療への早期で円滑な移行を評価する加算	100点
処方箋を交付しない場合の加算（月1回）	院外処方を評価する加算	300点
在宅データ提出加算（月1回）	診療内容データの厚生労働省への継続提出を評価する加算	50点

頻回訪問加算と在宅移行早期加算の算定要件

加算	算定要件
頻回訪問加算	「厚生労働大臣が定める状況等」（「特掲診療料の施設基準等」別表第3の1の3）の患者に月4回以上の往診または訪問診療を行った場合に算定
在宅移行早期加算	在医総管または施設総管の算定開始月から3ヶ月以内
	1回の退院につき計3回まで算定
	在宅医療に移行後、1年を経過した患者では算定不可
在宅データ提出加算	診療報酬の請求状況、生活習慣病の治療管理の状況などの診療内容に関するデータを継続して厚生労働省に提出

頻回訪問加算の対象となる患者

（「特掲診療料の施設基準等」別表第3の1の3）

1 末期の悪性腫瘍患者
2 ①であって、②または③の状態である患者
　①在宅自己腹膜灌流指導管理、在宅人工呼吸指導管理、在宅血液透析指導管理、在宅悪性腫瘍等患者指導管理、在宅酸素療養指導管理、在宅自己疼痛管理指導管理、在宅中心静脈栄養法指導管理、在宅肺高血圧症患者指導管理、在宅成分栄養経管栄養法指導管理、在宅気管切開患者指導管理のいずれかを受けている患者
　②ドレーンチューブまたは留置カテーテルを使用している状態（胃瘻カテーテルは含まれない）
　③人工肛門または人工膀胱を設置している状態
3 居宅において療養を行っている患者であって、2の①に掲げる指導管理を2つ以上行っている患者

オンライン診療料・在宅管理料とは、どのような診療報酬ですか?

オンラインには、診療と在宅管理があります。

対 面とオンラインを組み合わせて実施します。

　オンライン診療料は、対面診療とオンライン診療を組み合わせて実施した場合に算定する診療報酬であり、3ヶ月以上連続の算定、初・再診料・外来診療料などとの併算定はできません。オンライン診療料の対象は、直近3ヶ月の間、毎月対面診療を受けている患者で、「オンライン診療料対象管理料等の算定対象で、初めて算定した月から3ヶ月以上経過した患者」「糖尿病、肝疾患（慢性に限る）、慢性ウイルス肝炎で在宅自己注射指導管理料を算定し、最初に指導管理を行った月から3ヶ月以上経過した患者」「対面診療、CT、MRIおよび血液学的検査などで一次性頭痛（片頭痛、緊張型頭痛、群発頭痛、三叉神経・自律神経頭痛など）と診断され、対面診療から3ヶ月以上経過した患者」のいずれかです。

訪 問とオンラインを組み合わせて実施します。

　オンライン在宅管理料は、訪問診療とオンライン診療を組み合わせて実施した場合に算定する診療報酬であり、月1回の訪問診療のほか、訪問診療実施日以外の日にオンライン診療による医学管理を実施すること、訪問診療とオンライン診療を組み合わせた診療画を作成すること、在総管を算定する医師がオンライン診療を実施すること（患者の同意があれば、別医師も可）が求められ、複数患者に対して同時にオンライン診療を行った場合には算定できません。

　オンライン在宅管理料の対象は、在宅時医学総合管理料の算定対象であり、在総管を初めて算定した月から3ヶ月以上経過し、オンライン診療を実施する月の直近3ヶ月間にオンライン診療を行う医師に毎月対面診療を受けている患者です。

オンライン診療料の対象患者と算定要件

「情報通信機器を用いた診療にかかる方針」に沿って診療を行う体制を有する医療機関

医療機関内でオンライン診療を実施

対面診療とオンライン診療を組み合わせた診療計画を作成 診療の内容、診療日などの要点をカルテに記載

患者の同意

オンライン診療

３ヶ月以上連続しての算定不可 初診料、再診療、外来診療料、医学管理等、在宅患者訪問診療料（Ⅰ）（Ⅱ）、在宅療養指導管理料を算定する月は算定不可

オンライン診療料の対象患者

- オンライン診療を実施する月の直近３ヶ月の間、毎月対面診療を受けている以下の患者
① オンライン診療料対象管理料等の算定対象で、初めて算定した月から３ヶ月以上経過した患者
② 糖尿病、肝疾患（慢性に限る）、慢性ウイルス肝炎で在宅自己注射指導管理料を算定し、最初に指導管理を行った月から３ヶ月以上経過した患者
③ 対面診療、CT、MRIおよび血液学的検査などで一次性頭痛と診断され、対面診療から３ヶ月以上経過した患者

継続的に対面診療している患者

オンライン在宅管理料の対象患者と算定要件

「情報通信機器を用いた診療にかかる方針」に沿って診療を行う体制を有する医療機関

医療機関内でオンライン診療を実施 在総管を算定する医師がオンライン診療を実施（患者の同意があれば、別医師が担当することも可）

訪問診療とオンライン診療を組み合わせた診療計画を作成 診療の内容、診療日などの要点をカルテに記載

患者の同意

オンライン診療

月１回の訪問診療 訪問診療実施日以外の日にオンライン診療による医学管理を実施 複数患者に対して同時にオンライン診療を行った場合は算定不可

オンライン診療料の対象患者

- 在宅時医学総合管理料の算定対象で、在総管を初めて算定した月から３ヶ月以上経過、オンライン診療を実施する月の直近３ヶ月の間、オンライン診療を行う医師に毎月対面診療を受けている患者

オンライン診療料対象管理料等

- 特定疾患療養管理料
- 小児科療養指導料
- てんかん指導料
- 難病外来指導管理料
- 糖尿病透析予防指導管理料
- 地域包括診療料
- 認知症地域包括診療料
- 生活習慣病管理料
- 在宅時医学総合管理料
- 精神科在宅患者支援管理料

オンライン診療料・在宅管理料の診療報酬はどうなっていますか?

施設基準を満たすことが求められます。

オンライン診療料は、月1回、71点算定可能です。

　対面診療とオンライン診療を組み合わせて実施することを評価するオンライン診療料は、月1回、71点を算定可能です。

　オンライン診療料を算定する医療機関は、厚生労働省の「情報通信機器を用いた診療にかかる指針」に沿って診療を行う体制を有すること、1ヶ月あたりの再診料（電話等による場合を除く）、外来診療料、オンライン診療料、在宅患者訪問診療料Ⅰ・Ⅱの算定回数に占めるオンライン診療料の算定回数割合が1割以下であることが求められます。なお、頭痛患者を診療する場合には、脳神経外科又は脳神経内科の経験を5年以上有する医師、または頭痛患者に対する情報通信機器を用いた診療にかかる研修を修了した医師を配置しなくてはなりません。

オンライン在宅管理料は、月1回、100点算定可能です。

　訪問診療とオンライン診療を組み合わせて実施することを評価するオンライン在宅管理料は、月1回、100点を算定可能です。

　オンライン在宅管理料を算定する医療機関には、在総管を算定する医師がオンライン診療を実施すること（同一医療機関の5人以下の複数医師がチームで診療する場合、患者の同意があれば、チームの別医師が担当することも可能）、厚生労働省の「情報通信機器を用いた診療にかかる指針」に沿って診療を行う体制を有すること、1ヶ月あたりの再診料（電話等による場合を除く）、外来診療料、オンライン診療料、在宅患者訪問診療料Ⅰ・Ⅱの算定回数に占めるオンライン診療料の算定回数割合が1割以下であることが求められます。

オンライン診療料とオンライン在宅管理料の診療報酬

診療報酬	概要	点数
オンライン診療料（月1回）	対面診療とオンライン診療を組み合わせて実施することを評価	71点
オンライン在宅管理料（月1回）	訪問診療とオンライン診療を組み合わせて実施することを評価	100点

オンライン診療料とオンライン在宅管理料の施設基準

	人員	設備	運営
オンライン診療料	（頭痛患者を診療する場合）脳神経外科又は脳神経内科の経験を5年以上有する医師、または頭痛患者に対する情報通信機器を用いた診療にかかる研修を修了した医師を配置	厚生労働省の「情報通信機器を用いた診療にかかる指針に沿って診療を行う体制を有する	1ヶ月あたりの再診料（電話等による場合を除く）、外来診療料、オンライン診療料、在宅患者訪問診療料（Ⅰ）（Ⅱ）の算定回数に占めるオンライン診療料の算定回数割合が1割以下
オンライン在宅管理料	オンライン診療料と同様の基準。在総管を算定する医師がオンライン診療を実施（同一医療機関の5人以下の複数医師がチームで診療する場合、患者の同意があれば、チームの別医師が担当することも可）	厚生労働省の「情報通信機器を用いた診療にかかる指針に沿って診療を行う体制を有する	オンライン診療料と同様の基準

オンライン在宅管理料の算定イメージ

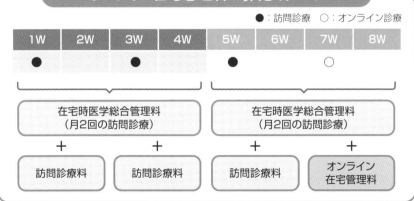

●：訪問診療　○：オンライン診療

在宅がん医療総合診療料とは、どのような診療報酬ですか?

住み慣れた地域で、自分らしく
暮らし続けるためです

定 期的な訪問診療や訪問看護などを包括評価します。

　在宅がん医療総合診療料は、在宅療養支援診療所・病院が提供する定期的な訪問診療や訪問看護、処置・注射などを包括的に評価する診療報酬です。

　在宅がん医療総合診療料の算定には、往診・訪問看護による24時間対応体制、週1回以上の訪問診療回数、週1回以上の訪問看護回数、週4回以上の訪問診療と訪問看護の合計回数（訪問診療と訪問看護を同一日に実施した場合は1日と数える）を満たす必要があります。在宅がん医療総合診療料の対象は、居宅で療養する末期がん患者であり、特定施設や介護老人福祉施設など、看護師の配置義務がある施設への訪問では算定不可ですが、サ高住やグループホームや外部サービス利用型特定施設のほか、宿泊時の（看護）小規模多機能型居宅介護への訪問は算定対象となります。

施 設基準を満たした上で厚生局に届け出る必要があります。

　在宅がん医療総合診療料は、医療機関の種類、院外処方箋の交付の有無に応じて診療報酬が設定されており、実際の算定にあたっては、「在宅がん医療を提供するための体制」「緊急時の入院体制」「定期的な訪問診療・訪問看護の提供体制（訪問看護ステーションなどとの連携可）」「症状急変時の常時対応体制」などの施設基準を満たした上で厚生局に届け出る必要があり、1日あたりの点数を1週間単位（訪問回数が週4日でも7日分）で算定します。2022年の診療報酬改定では、在宅データ提出加算、小児加算（15歳未満の小児または、20未満の小児慢性特定疾病医療支援の対象）が追加されました。なお、外部の訪問看護ステーションと連携した場合には、合議の上で費用を精算する必要があります。

在宅がん医療総合診療料の対象患者と算定要件

在宅療養支援診療所・病院

機能強化型在宅療養支援診療所・病院

連絡先を文書で提供

定期的な訪問診療

訪問診療回数が週 1 回以上
訪問看護回数が週 1 回以上
訪問診療と訪問看護の合計日数が週 4 回以上（訪問診療と訪問看護を同一日に実施した場合は 1 日と数える）

対象となる患者・疾患

- 居宅で療養する末期がん患者

特定施設や介護老人福祉施設など、看護師の配置義務がある施設への訪問は算定不可だが、サ高住、グループホーム、小規模多機能型居宅介護や看護小規模多機能型居宅介護（宿泊時）のほか、外部サービス利用型の特定施設は算定可

在宅がん医療総合診療料の診療報酬と加算

在宅がん医療総合診療料	区分	点数
(1) 機能強化型在宅療養支援診療所・病院（病床あり）	保険薬局において調剤を受けるために処方箋を交付する場合	1,800 点
	処方箋を交付しない場合	2,000 点
(1) 機能強化型在宅療養支援診療所・病院（病床あり）	保険薬局において調剤を受けるために処方箋を交付する場合	1,650 点
	処方箋を交付しない場合	1,850 点
(2) 在宅療養支援診療所・病院	保険薬局において調剤を受けるために処方箋を交付する場合	1,495 点
	処方箋を交付しない場合	1,685 点

加算	点数
死亡診断加算	200 点
在宅緩和ケア充実診療所・病院加算	150 点
在宅療養実績加算 1	110 点
在宅療養実績加算 2	75 点
在宅データ提出加算	50 点
小児加算	1,000 点

在宅患者訪問診療料の施設基準

	人員	設備	運営
在宅がん医療総合診療料	定期的な訪問診療及び訪問看護を実施できる体制。症状急変など、患者からの求めに常時対応できる体制	緊急時の入院体制を整備	在宅療養支援診療所・病院の施設基準の届け出。計画的な医学管理

救急搬送診療料とは、どのような診療報酬ですか？

ドクターカーやドクターヘリに乗ります。

救 急車に医師が同乗して診療したとき、算定できます。

　救急搬送診療料は、在宅患者が急変してドクターカー（救急車）やドクターヘリなどで救急医療機関に搬送されたときに、医師が同乗して診療した場合に算定できる診療報酬です。看護師が同乗した場合には算定できません。

　同乗した医師には、緊急搬送中の急変に対応するだけでなく、病状や最近の変化、治療する上での注意事項や積極的な治療を望むかの希望などを救急医に申し送ることが求められます。

　救急搬送診療料の対象は、往診時に緊急搬送の必要があると判断した患者などであり、医療機関の入院患者を他の医療機関に搬送した場合には救急搬送診療料は算定できません。

新 生児加算、乳幼児加算、長時間加算があります。

　医師がドクターカーなどに同乗して診療した救急搬送診療料は、1回につき、1300点を算定可能です。また、新生児に実施した場合は新生児加算、6歳未満の乳幼児に実施した場合には乳幼児加算、診療に要した時間が30分を超えた場合には長時間加算を算定します。

　救急搬送診療料には、初診料、再診料、外来診療料、往診料の併算定も可能です。初診料、再診料、外来診療料については、患者を所属医療機関に搬送して診療を継続して提供した場合や搬送先医療機関の医師に立ち会い診療を求められた場合、同一日に1回に限り算定します。そして往診料については、患者発生現場に赴いて、ドクターカーなどに同乗して診療した場合に算定することになります。

救急搬送診療料の対象患者と算定要件

診療所・病院
在宅療養支援診療所・病院
強化型在宅療養
支援診療所・病院

ドクターカー（救急車）や
ドクターヘリなどに同乗

同乗しての
診療

緊急搬送中の急変に対応
救急医に病状や最近の変化、注意
事項、積極的な治療を望むかの希
望などの申し送り
看護師の同乗は算定不可

対象となる患者・疾患

● 急変して救急車などで救急
医療機関に搬送される在宅
患者

診療上の必要から同乗した場合
往診時に緊急搬送の必要があると
判断した患者
当該保険医療機関の入院患者を他
の保険医療機関に搬送した場合は
算定不可

救急搬送診療料の診療報酬と加算

診療報酬	点数
救急搬送診療料（1 回につき）	1,300 点

加算	点数
新生児加算	1,500 点
乳幼児加算（6 歳未満）	700 点
長時間加算（診療時間が 30 分を超えた場合）＊	700 点

＊ 患者の発生した現場に赴き、診療を開始してから、医療機関に到着し、医療機関内で診療を開始するまでの時間が
30 分を超えた場合

救急搬送診療料と、初診・再診料、外来診療料、往診料の併算定

併算定できる診療報酬	併算定の条件
初診料、再診料、外来診療料の算定	患者を所属医療機関に搬送して診療を継続して提供した場合、救急搬送同一日に 1 回限り算定
	搬送先医療機関の医師に立ち会い診療を求められた場合、1 回限り算定
往診料の算定	患者発生現場に赴いて診療を行った後にドクターカーなどに同乗して診療を行った場合に算定

在宅患者訪問診療料（I）（II）の報酬

● 在宅患者訪問診療料（I）の場合

在宅ターミナルケア加算（死亡日および死亡日前14日以内に2回以上往診または訪問診療を実施）	同一建物居住者以外の場合	一般診療所		3,500点
		在宅療養支援診療所・病院		4,500点
		機能強化型在宅療養支援診療所・病院	病床なし	5,500点
			病床あり	6,500点
	同一建物居住者の場合	一般診療所		3,500点
		在宅療養支援診療所・病院		4,500点
		機能強化型在宅療養支援診療所・病院	病床なし	5,500点
			病床あり	6,500点
在宅緩和ケア充実診療所・病院加算（届出）				1,000点
在宅療養実績加算1				750点
在宅療養実績加算2				500点
酸素療法加算（悪性腫瘍の患者に、脂肪月に在宅酸素療法を実施）				2,000点

● 在宅患者訪問診療料（II）の場合

在宅ターミナルケア加算（死亡日および死亡日前14日以内に2回以上往診または訪問診療を実施）	同一建物居住者以外の場合	一般診療所		3,200点
		在宅療養支援診療所・病院		4,200点
		機能強化型在宅療養支援診療所・病院	病床なし	5,200点
			病床あり	6,200点
	同一建物居住者の場合	一般診療所		3,200点
		在宅療養支援診療所・病院		4,200点
		機能強化型在宅療養支援診療所・病院	病床なし	5,200点
			病床あり	6,200点
在宅緩和ケア充実診療所・病院加算（届出）				1,000点
在宅療養実績加算1				750点
在宅療養実績加算2				500点
酸素療法加算（悪性腫瘍の患者に、脂肪月に在宅酸素療法を実施）				2,000点

6章

在宅医療
（在宅療養指導管理料）の
報酬と算定要件

質問18 在宅療養指導管理料とは、どのような診療報酬ですか?

注射や在宅酸素療法などが該当します。

29 種類の医療行為を継続的に実施します。

在宅療養指導管理料とは、病状が安定している入院中以外の患者に対して、注射や在宅酸素療法など特定の 29 種類の医療行為を継続的に実施した場合、月 1 回算定する診療報酬です。1 人の患者を複数の医療機関が指導する場合、主に実施する 1 ヶ所のみが算定できます。ただし、「在宅療養支援診療所・病院から紹介を受けた医療機関が異なる処置を実施」「15 歳未満の人工呼吸器を装着している患者または 15 歳未満から人工呼吸器を装着している 20kg 未満の患者に対して在宅療養後方支援病院と連携する別の医療機関が異なる処置を実施」「入院医療機関が退院時に処置を実施し、退院後に別の医療機関が処置を実施」「複数の医療機関が異なる疾患に対する処置を実施」すると、同一月に複数の医療機関が算定できます。

主 たる在宅療養指導管理料と加算を足します

在宅療養指導管理料は、主たる在宅療養指導管理料に、算定可能な在宅療養指導管理材料加算とその他の加算と算定可能な特定保険医療材料を足し合わせて算定されます。在宅寝たきり患者処置指導管理料を除く在宅療養指導管理料や在宅療養指導管理料加算は在医総管や施設総管と併算定可能です。なお、介護老人福祉施設、定員 111 人以上の養護老人ホーム、短期入所生活介護事業所の配置医師が在宅療養指導管理を実施した場合には在宅療養指導管理料は算定できず、介護老人保険施設の入所者に在宅療養指導管理を実施した場合には在宅療養指導管理料は算定できませんが（施設入所者自己腹膜灌流薬剤、施設入所者材料料は算定可）、在宅療養指導管理材料加算や薬剤料や特定保険医療材料料は算定できます。

在宅療養指導管理料の診療報酬の考え方

| 在宅療養指導管理料（算定できるのは主に指導管理する医療機関1箇所のみ） | ＝ | 主な在宅療養指導管理料（1つのみ） | ＋ | 算定可能な在宅療養指導管理材料加算 | ＋ | その他の加算＋算定可能な特定保険医療材料 |

在宅療養指導管理料と在宅療養指導管理料加算

在宅療養指導管理料の項目	算定可能な在宅療養指導管理材料加算	その他の加算
退院前在宅療養指導管理料		乳幼児加算
在宅自己注射指導管理料	血糖自己測定器加算、注射器加算、間歇注入シリンジポンプ加算、持続血糖測定器加算、注射器用注射針加算、注入ポンプ加算	―
在宅小児低血糖症患者指導管理料	血糖自己測定器加算	―
在宅妊娠糖尿病患者指導管理料	血糖自己測定器加算	―
在宅自己腹膜灌流指導管理料	紫外線殺菌機加算、自動腹膜灌流装置加算	頻回の指導管理
在宅酸素療法指導管理料	酸素ボンベ加算、酸素濃縮装置加算、液体酸素装置加算、呼吸同調式デマンドバブル加算、在宅酸素療法材料加算、乳幼児呼吸管理材料加算	遠隔モニタリング加算
在宅中心静脈栄養法指導管理料	在宅中心静脈栄養法用輸液セット加算、注入ポンプ加算	―
在宅成分栄養経管栄養法指導管理料	注入ポンプ加算、在宅経管栄養法用栄養管セット加算	―
在宅小児経管栄養法指導管理料	注入ポンプ加算、在宅経管栄養法用栄養管セット加算	―
在宅半固形栄養経管栄養法指導管理料	在宅経管栄養法用栄養管セット加算	―
在宅自己導尿指導管理料	特殊カテーテル加算	―
在宅人工呼吸指導管理料	人工呼吸器加算、排痰補助装置加算、横隔神経電気刺激装置加算、乳幼児呼吸管理材料加算	―
在宅持続陽圧呼吸療法指導管理料	在宅持続陽圧呼吸療法用治療機加算、在宅持続陽圧呼吸療法用治療器加算、在宅持続陽圧呼吸療法材料加算、乳幼児呼吸管理材料加算	遠隔モニタリング加算
在宅悪性腫瘍等患者指導管理料	注入ポンプ加算、携帯型ディスポーザブル注入ポンプ加算	―
在宅悪性腫瘍患者共同指導管理料	注入ポンプ加算、携帯型ディスポーザブル注入ポンプ加算	―
在宅寝たきり患者処置指導管理料	―	―
在宅自己疼痛管理指導管理料	疼痛等管理用送信器加算	―
在宅振戦等刺激装置治療指導管理料	疼痛等管理用送信器加算	導入期加算
在宅迷走神経電気刺激治療指導管理料	疼痛等管理用送信器加算	導入期加算
在宅仙骨神経刺激電気刺激療法指導管理料	―	―
在宅肺高血圧症患者指導管理料	携帯型精密輸液ポンプ加算、携帯型精密ネブライザー加算	―
在宅気管切開患者指導管理料	気管切開患者用人工鼻加算	―
在宅難治性皮膚疾患処置指導管理料	―	―
在宅植込型補助人工心臓（非拍動流型）指導管理料	―	―
在宅経腸投薬指導管理料	経腸投薬用ポンプ加算	―
在宅腫瘍治療電場療法指導管理料	―	―
在宅肛門的自己洗腸指導管理料	在宅経肛門的自己洗腸用材料加算	導入初期加算
在宅中耳加圧療法指導管理料	―	―

質問19 在宅療養指導管理料と併算定できない処置や注射などはありますか?

処置などが包括されているためです

在 宅療法指導管理料には、併算定できない処置があります。

　在宅療法指導管理料にはいくつかの処置料が包括されているため、併算定できない処置があります。たとえば**在宅自己腹膜灌流指導管理料**には週2回目以降の人工腎臓または腹膜灌流の連続携行腹膜灌流(週1回はいずれか一方を算定可)は、**在宅血液透析指導管理料**には週2回目以降の人工腎臓(週1回は算定可)は、在宅成分栄養経管栄養法指導管理料や在宅小児経管栄養法指導管理料や在宅半固形栄養経管栄養法指導管理料には「在宅療養指導管理料を算定する外来患者に対する鼻腔栄養」といった処置は併算定できません。

　なおこの場合、在宅療法指導管理自体に使用する薬剤や特定保険医療材料は算定可能です。

併 算定できない注射や診療報酬もあります。

　在宅療法指導管理料には、併算定できない注射や診療報酬もあります。

　在宅自己注射指導管理料、在宅悪性腫瘍等患者指導管理料といった注射療法関連の在宅療養指導管理料を算定している患者は、訪問診療算定日や外来受診時に静注や点滴注射などは算定できず、在宅中心静脈栄養法指導管理料を算定する外来患者は、中心静脈注射、植込型カテーテルによる中心静脈注射は算定できません。

　一方、特定疾患療養管理料や慢性疼痛疾患管理料といった一部の医学管理料やオンライン診療料も、在宅療養指導管理料と併算定できません。ただし、難病外来指導料は在宅自己注射指導管理料との併算定が認められています。なお、他の在宅療養指導管理料については、材料加算、薬剤、特定医療材料の費用は算定可能です。

在宅療養指導管理料と併算定できない処置

在宅自己導尿指導管理料	膀胱洗浄、後部尿道洗浄（ウルツマン）、留置カテーテル設置（薬・材料の費用を含む）、導尿（尿道拡張を要するもの）
在宅自己腹膜灌流指導管理料	週2回目以降の人工腎臓または腹膜灌流の連続携行式腹膜灌流（週1回はいずれか一方を算定可）
在宅血液透析指導管理料	週2回目以降の人工腎臓（週1回は算定可）
在宅酸素療法指導管理料	酸素吸入、突発性難聴に対する酸素療法、酸素テント、間歇的陽圧吸入法、体外式陰圧人工呼吸器治療、咳痰吸引、干渉低周波去痰排出、鼻マスク式補助換気法（これらに係る酸素代を除き、薬・材料の費用を含む）
在宅人工呼吸指導管理料	酸素吸入、突発性難聴に対する酸素療法、酸素テント、間歇的陽圧吸入法、体外式陰圧人工呼吸器治療、咳痰吸引、干渉低周波去痰排出、鼻マスク式補助換気法、人工呼吸（これらに係る酸素代を除き、薬・材料の費用を含む）
在宅気管切開患者指導管理料	創傷装置（気管内ディスポーザブルカテーテル交換を含む）、爪甲除去（麻酔を要しないもの）、穿刺排膿後薬液注入、咳痰吸引、干渉低周波去痰器による咳痰排出
在宅寝たきり患者処置指導管理料	創傷処置、爪甲除去（麻酔を要しないもの）、穿刺排膿後薬液注入、咳痰吸引、干渉低周波去痰器による咳痰排出、皮膚科軟膏処置、膀胱洗浄、後部尿道洗浄（ウルツマン）、留置カテーテル設置、尿道（尿道拡張を要するもの）
在宅成分栄養経管栄養法指導管理料	
在宅小児経管栄養法指導管理料	鼻腔栄養（在宅療養指導管理料を算定する外来患者）
在宅半固形栄養経管栄養法指導管理料	

在宅療養指導管理料と併算定できない注射

	訪問診療算定日	外来受診時	当管理料を算定する外来患者
在宅自己注射指導管理料	皮筋注、静注、点滴注射（注射薬剤・材料を含む）	皮筋注、静注（注射薬剤を含む）	──
在宅悪性腫瘍等患者指導管理料	皮筋注、静注、点滴注射、中心静脈注射、植込型カテーテルによる中心静脈注射（注射薬剤・材料を含む）	皮筋注、静注、点滴注射、中心静脈注射、植込型カテーテルによる中心静脈注射（注射薬剤・材料を含む）	──
在宅中心静脈栄養法指導管理料	静注、点滴注射、植込型カテーテルによる中心静脈注射（薬・材料を含む）	──	中心静脈注射、植込型カテーテルによる中心静脈注射

在宅療養指導管理料と併算定できない診療報酬

- ・特定疾患療養管理料
- ・ウイルス疾患指導料
- ・小児特定疾患カウンセリング料
- ・小児科療養指導料
- ・てんかん指導料
- ・皮膚科特定疾患指導管理料
- ・難病外来指導管理料（在宅自己注射指導管理料と併算定可）
- ・慢性疼痛疾患管理料
- ・小児悪性腫瘍患者指導管理料
- ・耳鼻咽喉科特定疾患指導管理料
- ・心身医学療法
- ・オンライン診療料
- ・小児科外来診療料
- ・在宅がん医療総合診療料
- ・他の在宅療養指導管理料（それぞれの材料加算、薬剤、特定保険医療材料の費用は算定可）

在宅自己注射指導管理料とは、どのような診療報酬ですか？

在宅自己注射指導管理料は3種類です。

自 己注射に関する指導管理を行った場合に算定します。

在宅自己注射指導管理料とは、在宅で注射する患者に対して、厚生労働大臣が定める注射薬（⇒**付録4**）の自己注射に関する指導管理を行った場合に月1回算定する診療報酬です。ただし、家族や訪問看護師が注射している場合には、家族や訪問看護師に対する指導管理も算定の対象となります。「1 複雑な場合」「2 複雑でない場合」「情報通信機器を用いた場合」の算定には、2回以上の外来や往診や訪問診療による十分な教育が必要です。また在宅自己注射指導指導管理料1は、間歇注入シリンジポンプを用いて診察の上、ポンプの状態、投入量などを確認・調整しなくてはならず、在宅自己注射指導指導管理料2は難病外来指導管理料と併算定でき、情報通信機器を用いた場合にはオンライン診療の実施が必要になります。

導 入初期加算、血糖測定器加算などがあります。

在宅自己注射指導管理料の加算には、患者に新たに在宅自己注射を導入した場合に初回の対面指導から3ヶ月に限りする導入初期加算、患者にバイオ後続品（対象薬剤⇒**付録6**）について説明し、患者同意の下に対面で処方した場合に初回の処方から3ヶ月に限り算定するバイオ後続品導入初期加算のほか、一部の在宅療養指導管理材料加算があります。在宅自己注射指導管理料に算定可能な在宅療養指導管理材料加算には、患者に血糖試験紙、バイオセンサーまたは皮下グルコース要電極を給付し、在宅で血糖または間質液中のグルコース濃度を自己測定させ、その記録に基づいて指導した場合に算定する血糖測定器加算、持続して測定した血糖値に基づいて指導するため、持続血糖測定器を使用した場合に算定する持続血糖測定器加算があります。

在宅自己注射指導管理料の患者と算定要件

診療所・病院

主に診療している1つの医療機関のみが算定（他の医療機関が提供しても算定不可）

適切な指導管理
指導内容を記載した文書

自己注射の指導管理

2回以上の外来、往診、訪問診療による十分な教育・指導
指導管理料1：間歇注入シリンジポンプを用いて診察の上、ポンプの状態、投入量などを確認・調整

対象となる患者・疾患

- 本人、家族、訪問看護師が在宅で注射する患者

情報通信機器を用いた場合：糖尿病、肝疾患（慢性）、慢性ウイルス性肝炎の患者
血糖自己測定器加算：毎日インスリン製剤またはヒトソマトメジンC製剤の在宅自己注射する血糖値の変動が大きい患者、12歳未満の小児低血糖症患者
持続血糖測定器加算：血糖コントロールが不安定な1型および2型糖尿病、膵前適宜に急性発症または劇症1型糖尿病などで（持続）皮下インスリン注入療法を実施する患者

在宅自己注射指導管理料の報酬と加算

1 複雑な場合（間歇注入シリンジポンプを用いる場合）		1,230点
2 1以外の場合	イ 月27回以下の場合	650点
	ロ 月28回以上の場合	750点
情報通信機器を用いた場合		100点
導入初期加算（初回の指導後3月以内）		580点
バイオ後続品導入初期加算（初回の処方後3ヶ月以内）		150点

在宅自己注射指導管理料に算定可能な在宅療養指導管理材料加算

血糖測定器加算（3ヶ月に3回まで*）	
1 月20回以上測定する場合	350点
2 月30回以上測定する場合	465点
3 月40回以上測定する場合	580点
4 月60回以上測定する場合	830点
5 月90回以上測定する場合	1,170点
6 月120回以上測定する場合	1,490点
7 間歇スキャン式持続血糖測定器によるもの	1,250点
注射器加算	300点
間歇注入シリンジポンプ加算（2ヶ月に2回まで）	
1 プログラム付きシリンジポンプ	2,500点
2 1以外のシリンジポンプ	1,500点

* 処方内容に変更がある場合はさらに1回に限り算定可

持続血糖測定器加算（2ヶ月に2回まで）		
1 間歇注入シリンジポンプと連動する持続血糖測定器を用いる場合	イ 2個以下の場合	1,320点
	ロ 3個又は4個の場合	2,640点
	ハ 5個以上の場合	3,300点
2 間歇注入シリンジポンプと連動しない持続血糖測定器を用いる場合	イ 2個以下の場合	1,320点
	ロ 3個又は4個の場合	2,640点
	ハ 5個以上の場合	3,300点
トランスミッターを使用した場合	プログラム付きシリンジポンプ	3,230点
	上記以外のシリンジポンプ	2,230点
注射器用注射針加算		
1 1型糖尿病、血友病の患者など		200点
2 1以外の患者		130点
注入ポンプ加算（2ヶ月に2回まで）		1,250点

質問 21 在宅悪性腫瘍等患者（共同）指導管理料とは、どのような診療報酬ですか？

使われる薬剤も決まっています。

末 期がん患者などに鎮痛療法、化学療法を指導管理します。

在宅悪性腫瘍等患者指導管理料とは入院中以外の末期がん患者、筋萎縮性側索硬化症の患者、筋ジストロフィーの患者に対して、鎮痛療法または化学療法に関する指導管理を実施した場合に月に1回算定する報酬で、他の医療機関と連携して同一日に鎮痛療法・化学療法の指導管理を所定の緩和ケアに関する研修を修了した医師が実施した場合には在宅悪性腫瘍等共同指導管理料を算定します（患者の状態が末期であるかは在宅医が判断）。鎮痛療法は7種類の薬剤、化学療法は2種類の薬剤が対象となります（⇒**付録6**）。在宅悪性腫瘍等患者指導管理料の対象は、疾患により持続性の疼痛があり鎮痛薬の注入が必要な患者または抗がん剤の注入が必要な患者です。ただし、在宅悪性腫瘍等共同指導管理料の対象は末期がん患者のみです。

係 る注射の手技料、薬剤料などは算定できません。

在宅悪性腫瘍等患者指導管理料は、主に在宅で化学療法を行う場合には算定できますが、外来で抗がん剤などを注射して、自宅で継続して注入ポンプなどで注入する場合には算定できません。主に外来で行う場合は注射手技料と外来化学療法加算を算定することになります。外来受診時や在宅患者訪問診療料算定日における当該指導管理料に係る注射の手技料、薬剤料（在宅で使用しない抗がん剤を含む）、特定保険医療材料の費用は算定できないものの、当該指導管理料に係らない手技料、薬剤料、特定保険医療材料の費用は算定できます。携帯型ディスポーザブル注入ポンプの費用は、1ヶ月に6個までは携帯型ディスポーザブル注入ポンプ加算で算定しますが、特定保険医療材料は疼痛管理や化学療法のために使用した場合のみ、算定可能です。

在宅悪性腫瘍等患者（共同）指導管理料の患者と算定要件

患者の状態が末期であるかの判断

診療所・病院

主に診療している1つの医療機関のみが算定（他の医療機関が提供しても算定不可）

鎮痛療法または化学療法に関する指導管理

外来で抗がん剤などを注射して、その後、注入ポンプなどを使用して自宅で継続して注入する場合は算定不可
主に在宅で化学療法を行う場合は算定可
主に外来で行う場合は注射手技料と外来化学療法加算などを算定

対象となる患者・疾患

入院中以外の
- 末期がん患者
- 筋萎縮性側索硬化症の患者
- 筋ジストロフィーの患者

疾患により持続性の疼痛があり鎮痛薬の注入が必要な患者または抗がん剤の注入が必要な患者
在宅悪性腫瘍等共同指導管理料：他の医療機関と連携して同一日に鎮痛療法・化学療法の指導管理を実施した場合に算定

在宅悪性腫瘍等患者（共同）指導管理料の報酬

在宅悪性腫瘍等患者指導管理料（月1回）	末期の悪性腫瘍や筋萎縮性側索硬化症、筋ジストロフィーの患者で、持続性の疼痛があり、鎮痛薬や抗がん剤の注入が必要であり、在宅で自ら鎮痛療法または化学療法が必要な場合	1,500点
在宅悪性腫瘍患者共同指導管理料（月1回）	他の医療機関で在宅悪性腫瘍等患者指導管理料を算定している患者に対し、所定の緩和ケアに関する研修を修了した医師による、他の医療機関と連携して同一日に悪性腫瘍の鎮痛療法または化学療法に関する指導管理が必要な場合	1,500点

算定可能な在宅療養指導管理材料加算

注入ポンプ加算（2月2回）	1,250点
携帯型ディスポーザブル注入ポンプ加算	2,500点

算定可能な特定保険医療材料

携帯型ディスポーザブル注入ポンプ	
(1) 化学療法用	3,240円
(2) 標準型	3,150円
(3) PCA型	4,330円
(4) 特殊型	3,240円

質問22 在宅自己腹膜灌流指導管理料とは、どのような診療報酬ですか？

人工腎臓による血液透析と
腹膜透析の2つがあります。

在 宅自己連続携行式腹膜灌流を実施します。

在宅自己腹膜灌流指導管理料とは、慢性腎不全のために在宅自己連続携行式腹膜灌流を行っている入院中以外の患者に対して、その指導管理を実施した場合に月1回算定する算定報酬です。

慢性腎不全患者の治療に必要な血液浄化療法には、人工腎臓による血液透析と腹膜透析の2つの方法があるため、週1回を限度として、処置料の「J038 人工腎臓」または「J042 腹膜灌流」の連続経式腹膜灌流のいずれか一方を算定します。このうち、連続携行式腹膜透析法では、1日4〜5回、腹腔内に2リットル程度の透析液を交換して24時間透析を実施することになります。なお、これらの処置料を算定した場合には、同一月内に頻回の指導管理は算定できません。

人 工腎臓の処置は、他の医療機関でも実施できます。

在宅自己腹膜灌流指導管理料は、指導管理を受ける患者が他の医療機関で人工腎臓の処置を実施した場合にも算定できます。その場合、指導管理を実施する医療機関は、レセプトの摘要欄に「J038 人工腎臓」を算定する医療機関名と実施の必要性を記載しなくてはなりません。

また、「在宅自己連続経式腹膜灌流の導入期にある患者」「糖尿病で血糖コントロールが困難な患者」「腹膜炎の疑い、トンネル感染や出口感染のある患者」「その他医師が特に必要と認める患者」に対して、頻繁に指導管理する必要があるときには、頻回の指導管理を同一月内の2回目以降に月2回のみ算定できます。その場合には、レセプトの摘要欄に該当する理由を明記します。

在宅自己腹膜灌流指導管理料の患者と算定要件

診療所・病院

主に診療している1つの医療機関のみが算定（他の医療機関が提供しても算定不可）

他の医療機関で人工腎臓を行った場合：レセプトの摘要欄に「J038 人工腎臓」を算定する医療機関名と実施の必要性を記載

在宅自己連続経口式腹膜灌流の指導管理

週1回を限度として、処置料の「J038 人工腎臓」または「J042 腹膜灌流」の連続経口式腹膜灌流のいずれか一方を算定（「頻回の指導管理」との併算定は不可）

対象となる患者・疾患

入院中以外の
● 慢性腎不全のために、在宅自己連続携行式腹膜灌流を行っている患者

頻回の指導管理：
・在宅自己連続経口式腹膜灌流の導入期にある患者
・糖尿病で血糖コントロールが困難な患者
・腹膜炎の疑い、トンネル感染や出口感染のある患者
・その他医師が特に必要と認める患者

在宅自己腹膜灌流指導管理料

C102 在宅自己腹膜灌流指導管理料（月1回）	4,000 点
頻回の指導管理（月2回まで）	2,000 点

算定可能な在宅療養指導管理材料加算

紫外線殺菌器加算	360 点
自動腹膜灌流装置加算	2,500 点

算定可能な特定保険医療材料

腹膜透析液交換セット		
（1）交換キット		554 円
（2）回路	① Y セット	884 円
	② APD セット	5,470 円
	③ IPD セット	1,040 円

質問 23 在宅自己導尿指導管理料とは、どのような診療報酬ですか？

カテーテルの費用は、含まれます。

排 尿困難を有する患者に在宅自己導尿を指導します。

在宅自己導尿指導管理料とは、入院中以外の神経因性膀胱の患者、下部尿路通過障害（前立腺肥大症、前立腺がん、膀胱頚部硬化症、尿道狭窄など）の患者、腸管を利用した尿リザーバー造形術の術後患者に対して、在宅自己導尿の指導管理を実施した場合に月1回算定する診療報酬です。これらに該当せず、留置カテーテルを設置している患者には、在宅寝たきり患者処置指導管理料（⇒**在宅医療編　質問24**）を算定します。在宅自己導尿指導管理料の算定にあたっては、医師には、残尿を伴う排尿困難を有して自己導入が必要な患者であると判断すること、レセプトの摘要欄に特殊カテーテル使用の根拠を記載することが求められます。

なお、在宅自己導尿指導管理料にはカテーテルの費用が含まれます。

特 殊カテーテル加算の算定には、注意が必要です。

在宅自己導尿指導管理料にはカテーテルの費用が含まれますが、間歇導尿用ディスポーザブルカテーテルなどを使用した場合には特殊カテーテル加算を算定可能です。ただし、間歇導尿用ディスポーザブルカテーテルと間歇バルーンカテーテルを併せて使用した場合には、主たるもののみを算定することになります。

また「2 間歇道入津スポーザブルカテーテル」の「イ 親水性コーティングを有するもの」を使用するには、排尿障害が長期間かつ不可逆に持続していること、代替となる排尿方法がないこと、適切な消毒操作が困難な場所で導尿が必要なこと、脊椎障害や二分脊椎や他の中枢神経を原因とする神経因性膀胱のいずれかに該当することなどが求められます。

在宅自己導尿指導管理料の患者と算定要件

残尿を伴う排尿困難を有し、
自己導入が必要との判断
レセプトの摘要欄に
特殊カテーテル使用の根拠を記載

診療所・病院

主に診療している1つ
の医療機関のみが算定
（他の医療機関が提供
しても算定不可）

在宅自己導尿
の指導管理

カテーテルの費用は含まれる
間歇導尿用ディスポーザブルカテー
テルなどを使用した場合は特殊カ
テーテル加算を算定
間歇導尿用ディスポーザブルカテー
テルと間歇バルーンカテーテルを併
せて使用した場合は主たるものの
みを算定

対象となる患者・疾患

入院中以外の
- 神経因性膀胱の患者
- 下部尿路通過障害（前立腺
肥大症、前立腺がん、膀胱
頸部硬化症、尿道狭窄など）
の患者
- 腸管を利用した尿リザーバ
ー造形術の術後患者

「2 間歇道入津スポーザブルカテー
テル」の「イ 親水性コーティング
を有するもの」を使用する患者
・排尿障害が長期間かつ不可逆に持
　続
・代替となる排尿方法がない
・適切な消毒操作が困難な場所で導
　尿が必要
・脊椎障害、二分脊椎、他の中枢
　神経を原因とする神経因性膀胱な
　どのいずれかに該当

在宅自己導尿指導管理料

在宅自己導尿指導管理料（月1回）	1,400点

算定可能な在宅療養指導管理材料加算

特殊カテーテル加算（3ヶ月に3回まで）		
1 再利用型カテーテル		400点
2 間歇導尿用ディスポーザ ブルカテーテル	イ 親水性コーティングを有するもの （1）60本以上90本未満	1,700点
	イ 親水性コーティングを有するもの （2）90本以上90本未満	1,900点
	イ 親水性コーティングを有するもの （3）120本以上	2,100点
	ロ イ以外のもの	1,000点
3 間歇バルーンカテーテル		1,000点

質問24 在宅寝たきり患者処理指導管理料とは、どのような診療報酬ですか？

創傷処置は、色々です。

在 宅における創傷処置などの処置を指導管理しします。

在宅寝たきり患者処理指導管理料とは、入院中以外の創傷処置などの処置を行う患者や寝たきり状態またはこれに準ずる（指定難病などで常時介護を要する）状態の患者または家族などの患者の看護に当たる者に対して、在宅における創傷処置などの処置の指導管理した場合に月に1回算定する診療報酬です。対象は基本的に訪問によって指導管理した患者ですが、家族などに付き添われて来院した患者も対象となります。在宅における創傷処置などの処置とは、患者本人またはその家族が実施する、創傷処置（重度褥瘡処置以外の褥瘡処置、気管カニューレの交換を含む）、皮膚科軟膏処置、留置カテーテル設置、膀胱洗浄、導尿（尿道拡張を要するもの）、鼻腔栄養、ストーマ処置、咳痰吸引、介達牽引、消炎鎮痛等処置です。

在 医総管・施設総管などとの併算定はできません。

在宅寝たきり患者処置指導管理料は、在医総管・施設総管や皮膚科特定疾患指導管理料を算定する場合には算定できず、皮膚科特定疾患指導管理料との併算定も不可となっています。

在宅寝たきり患者処置指導管理料を算定している患者には、爪甲除去（麻酔を要しないもの）や穿刺排膿後薬液注入、後部尿道洗浄（ウルツマン）や導尿（尿道拡張を要するもの）、鼻腔栄養やストーマ処置、肛門処置の費用（薬剤及び特定保険医療材料に係る費用を含む）などの費用は算定できません。また、脱脂綿などの衛生材料の費用、ウロバッグなどの費用は併算定不可ですが、在宅の薬剤、特定保険医療材料の費用は算定できます。

在宅寝たきり患者処理指導管理料の患者と算定要件

診療所・病院

主に診療している1つの医療機関のみが算定（他の医療機関が提供しても算定不可）

患者本人または家族など患者の看護に当たる者への指導

在宅における創傷処置などの処置の指導管理

在総管・施設総管や皮膚科特定疾患指導管理料との併算定不可
爪甲除去（麻酔を要しないもの）、穿刺排膿後薬液注入、後部尿道洗浄（ウルツマン）などの費用、衛生材料の費用は併算定不可
在宅の薬剤、特定保険医療材料の費用は算定可

対象となる患者 疾患

入院中以外の
● 創傷処置などの処置を行う患者
● 寝たきり状態またはこれに準ずる（指定難病などで常時介護を要する）状態の患者

・訪問によって指導管理した患者
・家族などに付き添われて来院した患者

在宅寝たきり患者処理指導管理料

在宅寝たきり患者処置指導管理料（月1回）	1,050点

在宅における創傷処置などの処置

・創傷処置（重度褥瘡処置以外の褥瘡処置、気管カニューレの交換を含む）
・皮膚科軟膏処置
・留置カテーテル設置
・膀胱洗浄
・導尿（尿道拡張を要するもの）
・鼻腔栄養
・ストーマ処置
・咳痰吸引
・介達牽引
・消炎鎮痛等処置

在宅寝たきり患者処置指導管理料と併算定できない処置

・創傷処置
・爪甲除去（麻酔を要しないもの）
・穿刺排膿後薬液注入
・皮膚科軟膏処置
・留置カテーテル設置
・膀胱洗浄
・後部尿道洗浄（ウルツマン）
・導尿（尿道拡張を要するもの）
・鼻腔栄養
・ストーマ処置
・喀痰吸引
・干渉低周波去痰器による喀痰排出
・介達牽引
・矯正固定
・変形機械矯正術
・消炎鎮痛等処置
・腰部又は胸部固定帯固定
・低出力レーザー照射
・肛門処置の費用（薬剤及び特定保険医療材料に係る費用を含む）

質問 25 在宅酸素療法指導管理料とは、どのような診療報酬ですか?

遠隔モニタリング加算もあります。

在 宅酸素療法の指導管理を実施します。

　在宅酸素療法指導管理料とは、在宅酸素療法を行っている入院中以外の患者（チアノーゼ型先天性心疾患の場合あるいはその他の場合）に対して、在宅酸素療法の指導管理を実施した場合に月1回算定する診療報酬です。在宅酸素療法指導管理料の算定にあたっては、月1回動脈血酸素分圧を測定し、その結果を診療報酬明細書に記載し、酸素投与方法（使用機器、ガス流量、吸入時間等）や緊急時連絡方法などを装置に掲示しなくてはなりません。また、チアノーゼ型先天性心疾患の患者に使用する小型酸素ボンベまたはクロレート・キャンドル型酸素発生器は医療機関が患者に提供することになります。なお、経皮的動脈血酸素飽和度測定器、経皮的動脈血酸素飽和度測定、終夜経皮的動脈血酸素飽和度測定の費用は併算定できません。

チ アノーゼ型先天性心疾患とその他の場合があります。

　チアノーゼ型先天性心疾患に対する在宅酸素療法は、ファロー四徴症、大血管転位症、三尖弁閉鎖症、総動脈幹症、単心室症などのチアノーゼ型先天性心疾患患者のうち、発作的に低酸素または無酸素状態になる患者に対する発作時に在宅で行われる救命的な酸素吸入療法であり、「その他の場合」に該当する在宅酸素療法は、諸種の原因による高度慢性呼吸不全例、肺高血圧症の患者、慢性心不全の患者のうち、安定した病態にある退院患者及び手術待機の患者又は重度の群発頭痛の患者について、在宅で患者が自ら実施する酸素吸入です。そのため、在宅酸素療法を提供する医療機関には、酸素吸入設備、気管内挿管または気管切開の器具、レスピレーター、気道内分泌物吸引装置、動脈血ガス分析装置、スパイロメトリー用装置、胸部X線撮影装置の設備が求められます。

在宅酸素療法指導管理料の患者と算定要件

診療所・病院

主に診療している1つの医療機関のみが算定（他の医療機関が提供しても算定不可）
酸素吸入設備、気管内挿管または気管切開の器具、レスピレーター、気道内分泌物吸引装置、動脈血ガス分析装置、スパイロメトリー用装置、胸部X線撮影装置の設備

在宅酸素療法の指導管理

動脈血酸素分圧の測定（月1回）
その結果を診療報酬明細書に記載
酸素投与方法（使用機器、ガス流量、吸入時間等）、緊急時連絡方法などを装置に掲示

チアノーゼ型先天性心疾患の患者に使用する小型酸素ボンベまたはクロレート・キャンドル型酸素発生器は医療機関が患者に提供
経皮的動脈血酸素飽和度測定器、経皮的動脈血酸素飽和度測定、終夜経皮的動脈血酸素飽和度測定の費用は算定不可

対象となる患者 疾患

入院中以外の
- 在宅酸素療法を行っている患者（チアノーゼ型先天性心疾患の場合、その他の場合）

チアノーゼ型先天性心疾患の場合：ファロー四徴症、大血管転位症、三尖弁閉鎖症、総動脈幹症、単心室症などのチアノーゼ型先天性心疾患患者のうち、発作的に低酸素または無酸素状態になる患者
その他の場合：高度慢性呼吸不全例、肺高血圧症の患者、慢性心不全の患者のうち、安定した病態にある退院患者、手術待機の患者、重度の群発頭痛の患者

在宅酸素療法指導管理料と加算

在宅酸素療法指導管理料（月1回）	1	チアノーゼ型先天性心疾患の場合	520点
	2	その他の場合	2,400点
遠隔モニタリング加算＊（2の患者のみ2ヶ月まで）			150点

＊ 遠隔モニタリング加算は、「その他の場合」を算定するCOPDの病気がⅢ期またはⅣ期の患者に、前回受信月の翌月から今回受信月の前月までの期間に情報通信機器によってモニタリングした場合に算定。算定にあたっては施設基準を満たした上で届け出を行い、臨床所見や指導内容をカルテに記載

算定可能な在宅療養指導管理材料加算

酸素ボンベ加算（3ヶ月に3回まで）	
1　設置型液化酸素装置	880点
2　1以外	3,950点
酸素濃縮装置加算（3ヶ月に3回まで）	4,000点
液化酸素装置加算（3ヶ月に3回まで）	
1　設置型液化酸素装置	3,970点
2　携帯型液化酸素装置	880点
呼吸同調式デマンドバルブ加算（3ヶ月に3回まで）	300点
在宅酸素療法材料加算（3ヶ月に3回まで）	
1　チアノーゼ型先天性心疾患の場合	780点
2　その他の場合	100点
乳幼児呼吸管理材料加算（3ヶ月に3回まで）	1,500点

在宅気管切開患者指導管理料とは、どのような診療報酬ですか?

人工鼻などを使用します。

患者に気管切開に関する指導管理を実施します。

在宅気管切開患者指導管理料とは、何らかの原因により気管切開を行った入院中以外の患者のうち、安定した病状にある患者に対して、気管切開に関する指導管理を実施した場合に月1回算定する診療報酬です。在宅気管切開患者指導管理料には、気管切開患者用人口鼻加算が設定されています。人工鼻は体温で温められた呼気(水蒸気)をフィルターで捉えて、次の呼吸で戻すことによって加温加湿効果を得ます。

ただし、喉頭摘出患者に対して、在宅における人工鼻材料の使用に関する療養上必要な指導管理を行った場合は、当該点数を準用して算定できます。また、喉頭摘出患者に対して、在宅における人工鼻材料の使用に関する療養上必要な指導管理を行う場合には、在宅気管切開患者指導管理料は算定できません。

関連する処置の費用は算定できません。

在宅気管切開患者指導管理料を算定している患者には、創傷処置(気管内ディスポーザブルカテーテル交換を含む)、爪甲除去(麻酔を要しないもの)、穿刺排膿後薬液注入、喀痰吸引、干渉低周波去痰器による喀痰排出といった関連する処置の費用は算定できません。

また、在宅気管切開患者指導管理を実施する在宅医療機関、在宅気管切開患者指導管理を算定する患者が緊急時に入院する医療機関については、酸素吸入設備、レスピレーター、気道内分泌物吸引装置、動脈血ガス分析装置(常時実施できる状態であるもの)、胸部エックス線撮影装置(常時実施できる状態であるもの)といった設備が求められます。

在宅気管切開患者指導管理料

診療所・病院

気管切開に関する
指導管理

対象となる患者・疾患

入院中以外の
● 気管切開を行った患者のうち、安定した病状にある患者

主に診療している1つの医療機関のみが算定（他の医療機関が提供しても算定不可）
酸素吸入設備、レスピレーター、気道内分泌物吸引装置、動脈血ガス分析装置、胸部X線撮影装置の設備を備えた医療機関

創傷処置（気管内ディスポーザブルカテーテル交換を含む）、爪甲除去（麻酔を要しないもの）、穿刺排膿後薬液注入、喀痰吸引、干渉低周波去痰器による喀痰排出は算定不可

在宅気管切開患者指導管理料

在宅気管切開患者指導管理料（月1回）	900点

算定可能な在宅療養指導管理材料加算

気管切開患者用人工鼻加算	1,500点

人工鼻の構造

患者側　　　　器械側

吸気ガス
（乾燥）

水分をもどす

質問27 在宅人工呼吸指導管理料とは、どのような診療報酬ですか?

人工呼吸器の貸与と保守・管理が必要です。

患 者に在宅人工呼吸療法の指導管理を実施します。

　在宅人工呼吸指導管理料とは、病状が安定し、長期に渡って持続的に人工呼吸法を行っている入院中以外の患者に対して、在宅人工呼吸療法の指導管理を実施している場合に月1回算定する診療報酬です。在宅人工呼吸指導管理料の算定には、人工呼吸器の貸与と保守・管理のほか、装置に必要な保守管理内容や夜間・緊急時の対応などの説明、指導管理内容の診療録への記載が必要になります。在宅人工呼吸指導管理料の対象となるのは、人工呼吸法を行うのが適当と医師が認めた患者で、睡眠時無呼吸症候群の患者は対象外です。また排痰補助装置加算の算定には、換気能力が低下して自力での排痰が困難と認められた神経筋疾患などの患者(筋ジストロフィー、筋萎縮成功歌唱、脳性麻痺、脊椎損傷など)であることが求められます。

算 定する医療機関には、設備が求められます。

　在宅人工呼吸指導管理料を算定している患者には、酸素吸入、突発性難聴に対する酸素療法、酸素テント、間歇的陽圧吸入法、体外式陰圧人工呼吸器治療、喀痰吸引、干渉低周波去痰器による喀痰排出、鼻マスク式補助換気法、人工呼吸の費用(これらに係る酸素代を除き、薬剤及び特定保険医療材料に係る費用を含む)は算定できません。また在宅人工呼吸指導管理料を算定する医療機関には、酸素吸入設備、気管内挿管または気管切開の器具、レスピレーター、気道内分泌物吸引装置、動脈血ガス分析装置、スパイロメトリー用装置、胸部X線撮影装置などが求められます。

　なお在宅人工呼吸指導管理料には、人工呼吸器加算、排痰補助装置加算、横隔神経電気刺激装置加算、乳幼児呼吸管理材料加算といった加算が設定されています。

在宅人工呼吸指導管理料の患者と算定要件

診療所・病院

主に診療している１つの医療機関のみが算定（他の医療機関が提供しても算定不可）

酸素吸入設備、気管内挿管または気管切開の器具、レスピレーター、気道内分泌物吸引装置、動脈血ガス分析装置、スパイロメトリー用装置、胸部Ｘ線撮影装置の設備

在宅人工呼吸療法の指導管理

人工呼吸器の貸与と保守・管理
装置に必要な保守管理内容、
夜間・緊急時の対応などの説明
指導管理内容の診療録への記載

酸素吸入、突発性難聴に対する酸素療法、酸素テント、間歇的陽圧吸入法、体外式陰圧人工呼吸器治療、喀痰吸引、干渉低周波去痰器による喀痰排出、鼻マスク式補助換気法、人工呼吸の費用（これらに係る酸素代を除き、薬剤及び特定保険医療材料に係る費用を含む）は算定不可

対象となる患者・疾患

入院中以外の
- 病状が安定し、長期に渡って持続的に人工呼吸法を行っている患者

睡眠時無呼吸症候群の患者（Adaptive Servo Ventilation（ASV）を使用する者を含む）は対象外

排痰補助装置加算：換気能力が低下して自力での排痰が困難と認められた神経筋疾患などの患者（筋ジストロフィー、筋萎縮性側索硬化症、脳性麻痺、脊椎損傷など）

在宅人工呼吸指導管理料

在宅人工呼吸指導管理（月１回）	2,800 点

算定可能な在宅療養指導管理材料加算

人工呼吸器加算（月１回）	
1　陽圧式人工呼吸器 *1	7,480 点
2　人工呼吸器 *2	6,480 点
3　陽圧式人工呼吸器 *3	7,480 点
排痰補助装置加算	1,800 点
横隔神経電気刺激装置加算	600 点
乳幼児呼吸管理材料加算（3ヶ月3回まで）	1,500 点

*1 人工呼吸器加算の「1　陽圧式人工呼吸器」は、気管切開口を介して、一定の圧力または一定量の空気を吸気時に送り込む
*2 人工呼吸器加算の「2　人工呼吸器」は、鼻マスクもしくは顔マスクを介した人工呼吸器
*3 人工呼吸器加算の「3　陽圧式人工呼吸器」は、胸郭の周囲を陰圧にすることで、空気が気道を通じて肺に入り込む

在宅持続陽圧呼吸療法指導管理料とは、どのような診療報酬ですか?

> 持続陽圧呼吸療法装置を貸与します。

在 宅持続陽圧呼吸法の指導管理を実施します。

　在宅持続陽圧呼吸療法指導管理料とは、睡眠時無呼吸症候群や慢性心不全のために、在宅持続陽圧呼吸療法を行っている入院中以外の患者に対して、在宅持続陽圧呼吸法の指導管理を実施している場合に月1回算定する診療報酬です。在宅持続陽圧呼吸療法指導管理料の算定には、持続陽圧呼吸療法装置の貸与、治療開始後1～2ヶ月の治療状況を評価が必要になります。

　在宅持続陽圧呼吸療法指導管理料は、この療法の継続が可能と認められる症状のみに継続算定が可能であり、指導管理料1を算定する場合や指導管理料2の①と②を満たす患者にASV療法を行った場合には、在宅持続陽圧呼吸療法用治療器加算1と在宅療養指導管理材料加算の併算定が可能になります。

指 導管理料1と指導管理料2の2種類があります。

　在宅持続陽圧呼吸療法指導管理料1の対象は、慢性心不全患者のうち一定条件を満たし、CPAP療法を行っても無呼吸低呼吸指数が15以下にならず、ASV療法を受けた患者であり、在宅持続陽圧呼吸療法指導管理料2の対象は、指導管理料1の対象外でASV療法を受けた慢性心不全患者、無呼吸低呼吸指数が20以上などの条件を満たす患者です（詳細は右下の表を参照）。

　在宅持続陽圧呼吸療法指導管理料には、前回受診月の翌月から今回受診月の前月までの期間に情報通信機器によるモニタリングを「指導管理料2を算定しているCPAPを実施している患者」に実施して療養上必要な指導する遠隔モニタリング加算を2ヶ月まで算定可能です。

在宅持続陽圧呼吸法指導管理料の患者と算定要件

診療所・病院

主に診療している１つの医療機関のみが算定（他の医療機関が提供しても算定不可）

持続陽圧呼吸療法装置の貸与
治療開始後1〜2ヶ月の治療状況を評価

在宅持続陽圧呼吸法の指導管理

当該療法の継続が可能と認められる症状のみ継続算定可能

対象となる患者 疾患

- 入院中以外の
  - 睡眠時無呼吸症候群や慢性心不全のために、在宅持続陽圧呼吸療法を行っている患者

指導管理料１：条件を満たす慢性心不全患者
指導管理料２：指導管理料１の対象外の患者

在宅持続陽圧呼吸法指導管理料と加算

在宅持続陽圧呼吸療法指導管理料（月 1 回）	
1　在宅持続陽圧呼吸療法指導管理料 1（条件を満たす慢性心不全患者など）	2,250 点
2　在宅持続陽圧呼吸療法指導管理料 2（管理料 1 の対象外の患者）	250 点
遠隔モニタリング加算 *（2 の患者のみ、2 ヶ月まで）	150 点

* 遠隔モニタリング加算は、指導管理料 2 を算定する CPAP を実施している患者に、前回受信月の翌月から今回受信月の前月までの期間に情報通信機器によってモニタリングした場合に算定。算定にあたっては施設基準を満たした上で届け出を行い、療養上の指導又は療養方針をカルテに記載を

算定可能な在宅療養指導管理材料加算

在宅持続陽圧呼吸療法用治療器加算（3 ヶ月に 3 回まで）	
1　ASV を使用した場合	3,750 点
2　CPAP を使用した場合	1,000 点
在宅持続陽圧呼吸療法材料加算（3 ヶ月に 3 回まで）	100 点
乳幼児呼吸管理材料加算（3 ヶ月に 3 回まで）	1,500 点

指導管理料1と指導管理料2の対象（詳細）

指導管理料 1 の対象（以下の 2 要件に該当する者）
① NYHA Ⅲ以上の慢性心不全で、睡眠時にチェーンストークス呼吸が見られ、睡眠ポリグラフィー上、無呼吸低呼吸指数（1 時間あたりの無呼吸数および低呼吸数）が 20 以上の者
② CPAP 療法を実施したが、無呼吸低呼吸指数が 15 以下にならず ASV 療法を行った者

指導管理料 2 の対象（以下の 3 要件のいずれかに該当する者）
① 指導管理料 1 の①に該当し、指導管理料 1 の対象とならない患者に ASV 療法をした場合
② ASV 適正使用ステートメントに留意した上で ASV 両方を継続せざるを得ない心不全患者
③「i) 無呼吸低呼吸指数が 20 以上」「ii) 日中の傾眠、起床時の頭痛などの自覚症状が強く、日常生活に支障を来す」「iii) 睡眠ポリグラフィー上、頻回の睡眠時無呼吸が原因で睡眠の分断化、深睡眠が著しく減少欠如し、持続陽圧呼吸療法で睡眠の分断が消失、深睡眠が出現し睡眠段階が正常化する」のすべてに該当する者。ただし無呼吸低呼吸指数が 40 以上の場合は ii) のみで対象

質問 29 在宅の栄養法指導管理料には、どのような診療報酬がありますか？

> 対象は、経口摂取ができない＆困難な患者です。

在 宅の栄養法指導管理料には、3種類あります。

在宅の栄養法指導管理料には、**在宅成分栄養経管栄養法指導管理料、在宅小児経管栄養法指導管理料、在宅半固形栄養経管栄養法指導管理料**の3つがあります。

在宅経管栄養法指導管理料とは、経口摂取ができない、あるいは著しく困難で、在宅成分栄養経管栄養法を行っている入院中以外の患者（要件を満たせば15歳未満も対象）に対して、在宅成分栄養経管栄養法の指導管理を実施した場合に算定する診療報酬です。在宅経管栄養法指導管理料の対象薬剤はエレンタール、エレンタールP、ツインラインNFの3種類のみ（エンシュア・リキッドやラコールなどの栄養剤は未消化態タンパク質を含むために在宅経管栄養法指導管理料の対象外）で、胃瘻栄養や経管栄養のみでは在宅経管栄養法指導管理料を算定できません。

在 宅の栄養法指導管理料は、対象薬剤が決まっています。

在宅小児経管栄養法指導管理料とは、入院中以外の経口摂取が著しく困難な15歳未満の患者、15歳以上で経口摂取が著しく困難な状態が15歳未満から続く患者（体重20kg未満）に対して、在宅小児経管栄養法の指導管理を実施した場合に算定する診療報酬です。一方、在宅半固形栄養経管栄養法指導管理料とは、経口摂取が著しく困難なため胃瘻を増設している入院中以外の患者（胃瘻造設術後1年以内に開始、単なる液体状の栄養剤などに比べて投与時間を短縮でき、経口摂取の回復に向けて当該療法が必要と医師が認めた者）に対して、在宅半固形栄養経管栄養法の指導管理を実施した場合に算定する報酬です。なお、在宅小児経管栄養法指導管理料の対象薬剤に特に規定はなく、在宅半固形栄養経管栄養法の対象薬剤は半固形栄養剤です。

在宅成分栄養経管栄養法指導管理料の患者と算定要件

診療所・病院

主に診療している1つ
の医療機関のみが算定
（他の医療機関が提供
しても算定不可）

対象薬剤：エレンタール、
エレンタールP、ツインラインNFの
3種類のみ（エンシュア・リキッドや
ドラコールなどは対象外）

**在宅成分栄養経管
栄養法の指導管理**

胃瘻栄養や経管栄養のみでは算定
不可
鼻腔栄養の費用は算定不可

対象となる患者・疾患

入院中以外の
● 経口摂取ができない、ある
いは著しく困難で、在宅成
分栄養経管栄養法を行って
いる患者

要件を満たせば、15歳未満も対象

在宅小児経管栄養法指導管理料の患者と算定要件

診療所・病院

主に診療している1つ
の医療機関のみが算定
（他の医療機関が提供
しても算定不可）

対象薬剤：
特に規定なし

**在宅小児経管栄養
法の指導管理**

鼻腔栄養の費用は算定不可

対象となる患者・疾患

入院中以外の
● 経口摂取が著しく困難な
15歳未満の患者
● 15歳以上で経口摂取が著
しく困難な状態が15歳
未満から続く患者（体重
20kg未満）

要件を満たせば、15歳未満も対象

在宅半固形栄養経管栄養法指導管理料の患者と算定要件

診療所・病院

主に診療している1つ
の医療機関のみが算定
（他の医療機関が提供
しても算定不可）

対象薬剤：半固形栄養剤（主に
薬価基準に収載されている高カ
ロリー薬または薬価基準に収載
されていない流動食（市販品に
限る））経口摂取回復に向けた指
導管理（口腔衛生管理にかかる
ものを含む）

**在宅半固形栄養経管
栄養法の指導管理**

薬価基準に収載されていない流動
食を使用する場合は入院中の患者
に対して退院時に当該指導管理を
実施
鼻腔栄養の費用は算定不可

対象となる患者・疾患

入院中以外の
● 経口摂取が著しく困難なた
め胃瘻を増設している患者

胃瘻造設術後1年以内に開始
単なる液体状の栄養剤などに比べ
て投与時間を短縮でき、経口摂取
の回復に向けて当該療法が必要と
医師が認めた者

質問 30 在宅の栄養法指導管理料の診療報酬は、どうなっていますか？

加算の併算定が可能です。

注 入ポンプ加算などが設定されています。

　在宅成分栄養経管栄養法指導管理料は月1回2,500点を算定します。また在宅成分栄養経管栄養法指導管理料には、在宅療養指導管理材料加算として注入ポンプ加算（2ヶ月に2回まで）、在宅経管栄養法用栄養管セット加算が設定されており、これらは併算定することも可能です。在宅小児経管栄養法指導管理料は月1回1,050点を算定します。また在宅小児経管栄養法指導管理料もまた、在宅療養指導管理材料加算として注入ポンプ加算（2ヶ月に2回まで）、在宅経管栄養法用栄養管セット加算が設定されており、これらも併算定できます。そして在宅半固形栄養経管栄養法指導管理料は月1回2,500点を算定し、在宅療養指導管理材料加算として在宅経管栄養法用栄養管セット加算が設定されています。

経 鼻胃管栄養、胃瘻栄養、腸瘻栄養があります。

　経管栄養法には、経鼻胃管栄養、胃瘻栄養、腸瘻栄養があります。経鼻胃管栄養では鼻の穴から胃までチューブやカテーテルを入れて栄養を送り込む一方で、胃瘻栄養や腸瘻栄養では手術により胃や腸などの消化管に穴を開けて栄養を送り込みます。

　なお、在宅の栄養法指導管理料の算定患者が小児の場合、対象薬剤がエレンタール、エレンタールP、ツインラインNFであれば在宅成分栄養経管栄養法指導管理料を算定し、半固形栄養剤を使用して胃瘻造設術後1年以内などの要件を満たせば在宅半固形栄養経管栄養法指導管理料を算定し、それ以外であれば在宅小児経管栄養法指導管理料を算定することになります。また、在宅の栄養法指導管理料を算定している患者には鼻腔栄養の費用は算定できません。

在宅経管栄養法指導管理料の報酬

在宅成分栄養経管栄養法指導管理料（月1回）	2,500点
在宅小児経管栄養法指導管理料（月1回）	1,050点
在宅半固形栄養経管栄養法指導管理料（月1回）	2,500点

在宅経管栄養法指導管理料に算定可能な在宅療養指導管理材料加算

注入ポンプ加算（2ヶ月に2回まで）	1,250点
在宅経管栄養法用栄養管セット加算	2,000点

代表的な経管栄養法（経鼻胃管栄養と胃瘻栄養）

経鼻胃管栄養

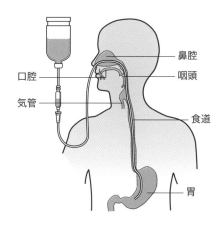

口腔　気管

鼻腔
咽頭
食道
胃

鼻の穴から胃までチューブやカテーテルを入れて、栄養を送り込む方法。鼻腔経管栄養とも呼ばれる

胃瘻栄養・腸瘻栄養

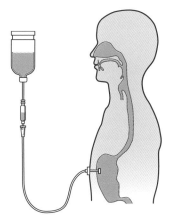

手術により胃や腸などの消化管に穴を開けて、チューブやカテーテルを使って栄養を送り込む方法

バイオ後続品導入初期加算と在宅悪性腫瘍等指導管理料の対象

● バイオ先行品の一般薬剤名・先行品・適応疾患

一般薬剤名	先行品	適応疾患
インスリン　グラルギン	ランタス注	糖尿病
インスリン　リスプロ	ヒューマログ注	糖尿病
エタネルセプト	エンブレル皮下注	関節リウマチ、若年性特発性関節炎
テリパラチド	フォルテオ BS 皮下注	骨粗鬆症

バイオ後続品導入初期加算の対象となるバイオ後続品

インスリン　グラルギン
バイオ後続医薬品：
インスリングラルギン BS 注「リリー」
バイオ後続医薬品：
インスリングラルギン BS 注「FFP」

インスリン　リスプロ
バイオ後続医薬品：
インスリンリスプロ BS 注

ソマトロピン
バイオ後続医薬品：
ソマトロピン BS 皮下注「サンド」

エタネルセプト
バイオ後続医薬品：
エタネルセプト BS 皮下注、皮下注用「MA」
バイオ後続医薬品：
エタネルセプト BS 皮下注「TY」、「日医工」

テリパラチド
バイオ後続医薬品：
テリパラチド BS 皮下注「モチダ」

在宅悪性腫瘍等指導管理料の鎮痛療法の対象

（1）鎮痛療法
（以下の薬剤を注射したり、携帯型ディスポーザブル注入ポンプや輸液ポンプを用いて注入したりする療法）

・ブプレノルフィン製剤

・モルヒネ塩酸塩製剤

・フェンタニルクエン酸塩製剤

・複方オキシコドン製剤

・フルルビプロフェンアキセチル製剤

・ヒドロモルフェン塩酸塩製剤

在宅悪性腫瘍等指導管理料の化学療法の対象

（2）化学療法
（以下の薬剤を携帯型ディスポーザブル注入ポンプや輸液ポンプを用いて注入する療法））

・抗悪性腫瘍剤

・インターフェロンアルファ製剤

7章

在宅医療
（連携・指導・看取り関連）の
報酬と算定要件

在宅医療の指示・連携・看取り関連には、どのような報酬がありますか?

> 在宅機関、入院機関の両方に設定されています。

在 宅療養時における指示関連の診療報酬があります。

在宅医療機関には、入院時・入院中・退院時における診療報酬、在宅療養時における診療報酬や介護報酬、急変時や看取り時における診療報酬が設定されています。主な入院時の診療報酬には療養情報提供加算や診療情報提供料（Ⅰ）があり、急変時や看取り時の診療報酬には在宅患者緊急時等カンファレンス料、在宅ターミナルケア加算、看取り加算、死亡診断加算があります。そして在宅療養時の診療報酬には、在宅患者訪問点滴注射管理指導料、訪問看護指示料、診療情報提供料、特別訪問看護指示加算、在宅患者訪問リハビリ指導管理料、短期集中リハビリ実施加算、在宅患者訪問薬剤管理指導料、在宅患者連携指導料、介護職員喀痰吸引等指示料、在宅患者訪問褥瘡管理指導料などがあります。

入 院医療機関にも在宅関連の報酬が設定されています。

入院医療機関にも、入院時・入院中・退院時だけでなく、在宅療養時や急変時や看取り時に連携や看取り関連の診療報酬が設定されています。

主な入院時の診療報酬は、退院時共同指導料２、退院時リハビリテーション指導料、退院前訪問指導料、診療情報提供料（Ⅰ）、検査・画像情報提供加算、介護支援等連携指導料、退院前訪問指導料、入退院支援加算です。

そして在宅療養時の診療報酬には、退院後訪問指導料、訪問看護同行加算があり、急変時や看取り時にはそれぞれ、救急・在宅等支援病床初期加算や在宅患者新療養病床初期加算、有床診療所一般病床初期加算や在宅患者緊急入院診療加算、看取り加算や死亡診断加算があります。

在宅医療の指示・連携・看取り関連の報酬

入院時 ▶ 入院中 ▶ 退院時 ▶ 在宅療養時 ▶ 急変時 ▶ 看取り時

在宅医療機関

入院中

退院時
- ・退院時共同指導料

在宅療養時
- ・在宅患者訪問褥瘡管理指導料
- ・外来在宅共同指導料
- ・介護職員喀痰吸引等指示料
- ・在宅患者訪問薬剤管理指導料
- ・在宅患者連携指導料
- ・在宅患者訪問リハビリテーション指導管理料
- ・短期集中リハビリテーション実施加算
- ・在宅患者訪問看護提供加算
- ・特別訪問看護指示加算
- ・診療情報提供料
- ・訪問看護指示料、手順書加算
- ・在宅患者訪問点滴注射管理指導料

急変時
- ・在宅患者緊急時等カンファレンス料

看取り時
- ・在宅ターミナルケア加算
- ・看取り加算
- ・死亡診断加算

在宅医療機関
- ・診療情報提供料（Ⅰ）
- ・療養情報提供加算

入院医療機関

退院時
- ・退院時共同指導料2
- ・退院時リハビリテーション指導料
- ・退院前訪問指導料
- ・診療情報提供料（Ⅰ）
- ・検査・画像情報提供加算

在宅療養時
- ・退院後訪問指導料
- ・訪問看護同行加算

急変時
- ・救急・在宅等支援病床初期加算
- ・在宅患者新療養病床初期加算
- ・有床診療所一般病床初期加算
- ・在宅患者緊急入院診療加算

看取り時
- ・看取り加算
- ・死亡診断加算

入院医療機関
- ・介護支援等連携指導料
- ・退院前訪問指導料
- ・診療情報提供料加算
- ・入退院支援加算

■：2022年に追加された報酬

退院時共同指導料とは、どのような診療報酬ですか?

在宅医療機関も、入院医療機関も算定対象です。

入 院患者に在宅療養上必要な説明や指導を実施します。

退院時共同指導料とは、入院中の患者に対して、在宅療養上必要な説明や指導を実施した場合に1回に限り算定する診療報酬です。退院時共同指導料の算定には、説明や指導の内容を記した文書を提供する必要があり、その文書の写しをカルテに添付します。また原則対面ですが、ビデオ通話も可能です。

在宅医療機関と入院医療機関の医師または医師の指示を受けた看護師など（看護師、准看護師、助産師、保健師）、薬剤師、管理栄養士、理学療法士、作業療法士、言語聴覚士、社会福祉士などが共同で実施します。退院時共同指導料1は患者の在宅医療機関を、退院時共同指導料2は患者の入院医療機関を評価する診療報酬です（ともに1人の患者につき入院中1回算定）。

在 宅医療機関は、退院時共同指導料1を算定します。

退院時共同指導料1には、在宅療養支援診療所の場合とそれ以外の場合があり、患者が「厚生労働大臣が定める特別な管理を要する状態等」（⇒**付録7**）にあるときは特別管理指導加算を算定し、その場合は入院中2回算定できます（ただし1回は、各医療機関の医師、看護師、准看護師が指導）。一方、退院時共同指導料2には、通常の場合と医師による共同指導の場合（入院医療機関の医師と在宅医療機関の医師が共同で指導）があり、入院医療機関の医師や看護師を含む3者以上が共同して指導する場合には多機関共同指導加算を算定します（多機関共同指導加算は在宅医療機関など2人が対面なら、他者はビデオ通話も可）。また介護老人保健施設などに入所する入退所支援加算を算定する患者には、退院時共同指導料2の算定が可能です。

退院時共同指導料の患者と算定要件

在宅医療機関

連携、情報共有

入院医療機関

在宅医療機関と入院医療機関の医師または医師の指示を受けた看護師等、薬剤師、管理栄養士、理学療法士、作業療法士、言語聴覚士、社会福祉士などが共同で実施

説明や指導の内容を記した文書原則対面だが、ビデオ通話も可多機関共同指導加算は在宅医療機関など2人が対面なら、他者はビデオ通話も可

在宅療養上必要な説明や指導

患者や家族などに提供した文書の写しをカルテに添付
退院時共同指導料1は在宅医療機関が算定し、退院時共同指導料2は入院医療機関が算定（ともに1人の患者につき入院中1回算定）
退院時共同指導料2の医師による共同指導の場合、加算と多機関共同指導加算は併算定不可

対象となる患者・疾患

● 入院中の患者

介護老人保健施設、介護医療院、介護老人福祉施設などに入所する入退所支援加算を算定する患者には、退院時共同指導料2を算定可
退院時共同指導料1は、患者が「厚生労働大臣が定める状態等」に該当する場合は特別管理指導加算を算定
患者が「厚生労働大臣が定める状態等」に該当する場合は入院中2回算定可（ただし1回は、各医療機関の医師、看護師、准看護師が指導する必要がある）

退院時共同指導料と加算

退院時共同指導料1	1 在宅療養支援診療所の場合	1,500点
	2 1以外の場合	900点
	特別管理指導加算	200点
退院時共同指導料2	通常の場合	400点
	医師による共同指導の場合	300点
	多機関共同指導加算	2,000点

退院時共同指導料を2回算定できる対象

1 末期の悪性腫瘍患者（在宅がん医療総合診療料を算定している患者を除く）
2 ①であって②または③の状態である患者
① 在宅自己腹膜灌流指導管理、在宅血液透析指導管理、在宅酸素療法指導管理、在宅中心静脈栄養法指導管理、在宅成分栄養経管栄養法指導管理、在宅人工呼吸指導管理、在宅悪性腫瘍等患者指導管理、在宅自己疼痛管理指導管理、在宅肺高血圧症患者指導管理、在宅気管切開患者指導管理を受けている状態にある者
② ドレーンチューブまたは留置カテーテルを使用している状態
③ 人工肛門や人工膀胱を設置している状態
3 在宅での療養を行っている患者であって、高度な指導管理（上記「2」の①が2つ以上）を必要とする者

163

質問 33 在宅患者連携指導料とは、どのような診療報酬ですか?

重要なのは、共有情報に基づく指導です。

情 報を共有し、療養上必要な指導を実施します。

　在宅患者連携指導料とは、訪問診療を実施している医療機関(診療所、許可病床数が 200 床未満の病院)が在宅療養中の通院困難な患者に対して、歯科訪問医療機関、訪問薬剤管理指導を実施している薬局、訪問看護ステーションと文書などにより情報共有を行うとともに、共有された情報を踏まえて療養上必要な指導した場合に月 1 回算定する診療報酬です。ただし、単に医療関係職種間で患者に関する診療情報を交換したのみの場合、訪問看護や訪問薬剤管理指導を行うように指示したのみの場合には算定できません。また、在宅時医学総合管理料、施設入居時等医学総合管理料、在宅がん医療総合診療料、診断情報提供料(Ⅰ)を算定する患者には算定できず、要支援・要介護者も算定不可です。

文 書などで情報を共有しなくてはなりません。

　在宅患者連携指導料の算定には、歯科医療機関、薬局、訪問看護ステーションと月 2 回以上、文書などで情報を共有しなくてはなりません。ある医療機関の開設者が他の医療機関の開設者と同一であるなど、特別な関係にある関係者のみとの情報共有も可能であり、電子メールやファックスも利用できます。さらに、1 回目の歯科訪問診療算定日に行った指導、当該歯科訪問診療の日から 1 ヶ月以内に行った指導の費用は算定できず、退院日から 1 ヶ月以内の指導の費用は算定不可となっています。なお在宅患者連携指導料は歯科診療報酬にも設定されており、その場合、訪問診療を実施している医療機関、訪問薬剤管理指導を実施している薬局、訪問看護ステーションと文書で情報を共有し、その情報を踏まえて療養上必要な指導を実施します。

在宅患者連携指導料の患者と算定要件

患者の同意

在宅療養上
必要な指導

訪問診療を担う医療機関
（診療所、200 床未満の
在宅療養支援病院）

連携、
情報共有

歯科
医療機関

薬局

訪問看護
ステーション

歯科医療機関、薬局、訪問看護
ステーションと月2回以上文書
などで情報を共有
特別な関係にある関係者のみと
の情報共有も可

対象となる患者・疾患

● 在宅療養中の通院困難
　な患者

在宅時医学総合管理料、施設入
居時等医学総合管理料、在宅が
ん医療総合診療料、診断情報提
供料（I）を算定する患者には算
定不可

要支援・要介護者は算定不可

文書などによる情報共有と、共
有された情報を踏まえて療養上
必要な指導
単に医療関係職種感で患者に関
する診療情報を交換したのみの
場合、訪問看護や訪問薬剤管理
指導を行うように指示したのみ
の場合、算定不可
1回目の歯科訪問診療算定日に
行った指導、当該歯科訪問診療
の日から1ヶ月以内に行った指
導の費用は算定不可
退院日から1ヶ月以内の指導の
費用は算定不可

医師、歯科医師、薬剤師、看護師などの連携

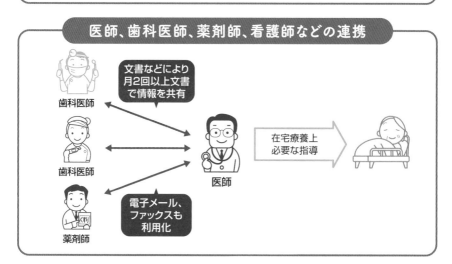

在宅患者連携指導料

在宅患者連携指導料（月1回）	900点

在宅患者緊急時等カンファレンス料、外来在宅共同指導料とは何ですか？

重要なのは、共有情報に基づく指導です。

カ ンファレンスを実施し、共同で指導します。

在宅患者緊急時等カンファレンス料とは、訪問診療を実施している医療機関の医師が在宅療養中の通院困難な患者の状態の急変などに伴って、医師の求めに応じて、歯科訪問診療を実施している歯科医師、訪問薬剤管理指導を実施している薬局の薬剤師、訪問看護ステーションの保健師、助産師、看護師、理学療法士、作業療法士、言語聴覚士、ケアマネジャー、相談支援専門員（このうち 1 者以上と連携）と共同でカンファレンスを実施し、共同で療養上必要な指導をした場合に、月 2 回に限り算定する診療報酬です。ある医療機関の開設者が他の医療機関の開設者と同一であるなど、特別の関係にある関係者のみのカンファレンスも可能ですが、初診料、再診療、在宅患者訪問診療料（Ⅰ）（Ⅱ）との併算定はできません。

外 来在宅共同指導料が新設されています。

在宅患者緊急時等カンファレンス料は、ビデオ通話によるカンファレンスの開催も認められています。通常は、3 者以上が参加して 2 者以上が患者の家を訪問することが求められ、医療資源が乏しい地域は、当該月に 2 回実施する場合の 2 回目のカンファレンスでは、3 者のうち 1 者以上が患者の家を訪問していれば算定可能になります。

また 2022 年の診療報酬改定で外来在宅共同指導料が新設されました。外来在宅共同指導料は外来診療を実施した医師と在宅療養を担う医師が共同で在宅療養で必要な説明・指導を実施する場合に算定する診療報酬で、在宅の医師が指導料 1 を、外来の医師が指導料 2 を 1 人 1 回に限り算定します。

在宅患者緊急時等カンファレンス料の患者と算定要件

歯科医師

ケアマネ

看護師

相談支援
専門員

薬剤師

このうち1者以上と
連携し、共同でカン
ファレンスを実施
特別の関係にある関
係者のみのカンファ
レンスも可

患者の家を定期的に訪問

訪問診療を
実施して
いる医師

在宅療養上
必要な指導

初診料、再診療、在
宅患者訪問 診療料
（Ⅰ）（Ⅱ）の併算定
は不可

**対象となる
患者・疾患**

● 在宅療養中
の通院困難
な患者

状態が急変した患
者
診療方針の変更
が必要な患者など

外来在宅共同指導料の患者と算定要件

医療機関

外来在宅
共同指導料2

共同で
実施

医師

外来在宅
共同指導料1

在宅療養上
必要な指導

対象となる患者・疾患

● 4回以上継続で外来診
療を受けている患者
● 在宅療養中の通院困難
な患者

他の医療機関、社会福祉施設、
介護老人保健施設、介護医療院、
介護老人福祉施設、軽費老人
ホーム、有料老人ホーム、サ高
住入院・入所する患者は対象外

在宅患者緊急時等カンファレンス料と外来在宅共同指導料

在宅患者緊急時等カンファレンス料	200点
外来在宅共同指導料1（1人1回に限り）	400点
外来在宅共同指導料2（1人1回に限り）	600点

質問 **35** 在宅患者訪問褥瘡管理指導管理料とは、どのような診療報酬ですか?

> 褥瘡を重点的にケアします。

褥 瘡の改善等を目的として共同で指導管理を実施します。

在宅患者訪問褥瘡管理指導管理料とは、在宅褥瘡管理者を含む多職種からなる在宅褥瘡対策チームが、褥瘡の予防や管理が難しく重点的なケアが必要な在宅患者に対して、褥瘡の改善等を目的としたカンファレンスと、共同での指導管理を実施した場合に算定する診療報酬です。

褥瘡の予防や管理が難しく重点的なケアが必要な患者とは、褥瘡の重症度を評価するツール「DESIGN-R 分類」で d2 以上と判定され、「①重度の末梢循環不全」「②麻薬などの鎮痛・鎮静剤を持続的に使用する必要がある」「③強度の下痢が続く状態」「④強度の皮膚脆弱」「⑤皮膚に密着させる医療関連機器を長期かつ持続的（1 週間以上）に使用する必要がある」のいずれかに該当します。

1 回算定すると、初回訪問から1年以内は算定できません。

在宅患者訪問褥瘡管理指導管理料の算定は、当該患者 1 人につき 6 ヶ月以内に限り 3 回を限度とし、1 回算定すると、初回訪問から 1 年以内は当該指導料を算定することはできません。

また在宅褥瘡対策チームの常勤医師または看護師のいずれかは、「① 5 年以上、医師または看護師として医療に従事し、褥瘡対策について 1 年の経験を有する者、かつ在宅褥瘡ケアに係る所定の研修を修了した者」「②褥瘡ケアに係る専門的な研修を修了した者」のいずれかを満たす、在宅褥瘡管理に係る専門的知識・技術を有する在宅褥瘡管理者です。在宅褥瘡対策チームの構成は、①医療機関完結型、②医療機関・訪問看護連携型、③在宅褥瘡管理者連携型などが考えられます。

在宅患者訪問褥瘡管理指導管理料の患者と算定要件

常勤の医師

連携、情報共有 ⬍

看護師　　　管理栄養士

多職種（常勤医師、看護師・准看護師、管理栄養士の３者）で構成される在宅褥瘡対策チームがカンファレンス

患者の同意 ⬅

褥瘡管理に関する計画的な指導

初回のカンファレンスから６ヶ月以内に限り、患者１人につき３回まで算定可
対策チームの常勤医師または看護師のいずれかは、以下２つのいずれかを満たす在宅褥瘡管理者
① ５年以上、医師または看護師として医療に従事し、褥瘡対策について１年の経験を有する者、かつ在宅褥瘡ケアに係る研修を修了した者
②褥瘡ケアに係る専門的な研修を修了した者

対象となる患者・疾患

● 褥瘡の予防や管理が難しく重点的なケアが必要な在宅患者

褥瘡の重症度を評価するツール「DESIGN-R分類」でd2以上と判定され、以下のいずれかに該当
①重度の末梢循環不全
②麻薬などの鎮痛・鎮静剤を持続的に使用する必要がある
③強度の下痢が続く状態
④強度の皮膚脆弱
⑤皮膚に密着させる医療関連機器を長期かつ持続的（１週間以上）に使用する必要がある

対策チームの構成（例）

①医療機関完結型

在宅褥瘡対策チーム（必須メンバー）
継続的な訪問看護を実施

【病院】
医師★ — 看護師等 — 管理栄養＋

★在宅褥瘡管理者

患者
すでにd2以上の褥瘡を有する

②医療機関・訪問看護連携型

継続的な訪問看護を実施

【病院】
医師★ — 管理栄養＋ — 訪問看護ステーション

患者

③在宅褥瘡管理者連携型

連携
継続的な訪問看護を実施

褥瘡ケアに係る専門的な研修を受けた看護師

【病院】
医師★ — 管理栄養＋ — 訪問看護ステーション
【他の病院】

患者

在宅患者連携指導料

在宅患者訪問褥瘡管理指導料（６ヶ月に３回まで）	750点

カンファレンスの実施時期と報酬算定時期

評価カンファレンス時、継続的に褥瘡管理の必要性がある場合、初回カンファレンス日を起算日として４～６ヶ月以内（評価カンファレンス後３ヶ月以内）に２回目まで算定可

実績に基づき算定

以後、初回カンファレンス日から起算して１年間は算定不可

実績に基づき算定

| 1月 | 2月 | 3月 | 4月 | 5月 | 6月 | |

評価カンファレンス

初回カンファレンス
医師、看護師、管理栄養士がそれぞれ月１回以上、計画的な管理指導を実施

評価カンファレンス
750点

医師、看護師、管理栄養士がそれぞれ月１回以上、計画的な管理指導を実施

評価カンファレンス
750点

２回目の評価カンファレンス

質問36 在宅患者訪問点滴注射管理指導料とは、どのような診療報酬ですか?

指示日から7日以内です。

① 週間のうち3日以上、訪問して点滴注射を実施します

　在宅患者訪問点滴注射管理指導料とは、在宅療養を担う主治医が診療に基づいて点滴注射の必要性を認めて指示し、看護師や准看護師が訪問看護を受けていて通院困難な在宅療養中の患者に対して1週間（指示日から7日以内）のうち3日以上患家を訪問して点滴注射を実施した場合に3日目に算定する診療報酬です（週3日未満の場合、薬剤料のみを算定）。医師は指示にあたり、在宅患者訪問点滴注射指示書に有効期間と指示内容（留意すべき事項）を記載し（指示内容は診療録にも記載）、使用する薬剤、回路な、必要十分な保険医療材料、衛生材料を提供しなくてはなりません。医師が必要と認め、訪問する看護師、准看護師に渡して在宅で点滴するものであれば、使用する薬剤の制限はありません。

ス テーションや医療機関の看護師などが実施します。

　在宅患者訪問点滴注射管理指導料による点滴注射は、訪問看護ステーションや医療機関の看護師や准看護師が実施します。ただし、自院の看護師、准看護師に指示した場合には指示内容をカルテに記載しなくてはなりません。在宅患者訪問点滴注射管理指導料を算定する患者には、在宅中心静脈栄養法指導管理料、在宅悪性腫瘍等患者指導管理料の併算定はできず、皮下注射、筋肉内注射、医師による点滴注射は算定不可です（薬剤料は算定可）。また、介護保険の訪問看護を受けている患者にも算定できますが、（看護）小規模多機能型居宅介護通所サービス利用中の患者については算定できません。なお、在宅患者訪問点滴注射管理指導料が適用される点滴注射と適用されない点滴・皮下・筋肉内・静脈内注射については算定ルールが設定されています。

在宅患者訪問点滴注射管理指導料の患者と算定要件

訪問診療を担う医療機関

指示 ↕

**自院や他院の
看護師、准看護師**

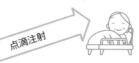

自院の看護師、准看護師に
指示した場合は指示内容を
カルテに記載

点滴注射

点滴注射の際に留意すべき事項
などを記載した文書を交付
訪問看護ステーションもしくは医
療機関での実施

在宅中心静脈栄養法指導管
料、在宅悪性腫瘍等患者指導管
理料の併算定不可
皮下注射、筋肉内注射、医師に
よる点滴注射は算定不可（薬剤
料は算定可）
医師が必要と認め、訪問する看
護師、准看護師に渡して在宅で
点滴するものであれば、使用す
る薬剤の制限はなし

対象となる患者・疾患

● 訪問看護を受けている
通院が困難で在宅療養
中の患者

週3日以上の点滴注射が必要な
患者（週3日未満の場合、薬
剤料のみを算定）
介護保険の訪問看護を受けてい
る患者も算定可
（看護）小規模多機能型居宅介
護通所サービス利用中の患者は
算定不可

在宅患者訪問点滴注射管理指導料

在宅患者訪問点滴注射管理指導料（週1回まで）	100点

訪問看護で使用する注射薬の算定ルール

	在宅患者訪問点滴注射管理指導料が適用される点滴注射	在宅患者訪問点滴注射管理指導料が適用されない点滴注射、皮下・筋肉内・静脈内注射
医師の指示の交付	必要	不要
算定可能な薬剤	制限なし	在宅で使用できる注射薬（処方箋に基づき薬局が給付できる注射薬）
算定可能な注射の実施日	在宅患者訪問点滴注射管理指導の期間内	医師の診療日以外
注射手技料の算定	できない	できない

質問 37 訪問看護指示料、手順書加算とは、どのような診療報酬ですか？

訪問看護が必要と認めます。

週 3回までの1日1回の訪問看護・リハビリを実施します。

　訪問看護指示料とは、訪問看護の必要性を認めて指示し、看護師や准看護師が、通院困難な在宅療養中の患者に対して週3回までの1日1回の訪問看護・リハビリを実施した場合に1月に1回を限度に算定する診療報酬です。医師は指示にあたり、在宅患者訪問点滴注射指示書に有効期間を記載し、使用する薬剤、回路な、必要十分な保険医療材料、衛生材料を提供しなくてはなりません。ただし、特別の関係にある医療機関が提供する月は主治医の医療機関は算定できません。また、手順書加算は気管カニューレや胃ろうカテーテルの交換など、専門の管理が必要と判断された患者に関して、医師が訪問看護ステーションの看護師に特定行為の実施に係る手順書を交付した場合に算定します。

週 4回以上、1日複数回の訪問看護を実施します。

　特別訪問看護指示加算とは、急性増悪、終末期、退院直後などで、主治医が週4回以上の頻回の訪問看護の必要性を認めた患者に対して、指示から14日以内に週4回以上、1日複数回の訪問看護を実施した場合に1月に1回算定する診療報酬です。特別訪問看護指示は月1回しか認められませんが、「気管カニューレを使用している状態にある者」「真皮を越える褥瘡の状態にある者」については、2回の特別訪問看護指示が認められます。特別訪問看護指示加算の算定にあたり、特別訪問看護指示書に「頻回の訪問看護」が必要な理由などを記載し、特別訪問看護指示書の写しをカルテに添付しなければなりません。なお、指示後の入院、死亡などで結果的に週4回以上訪問できなかった場合も、レセプトに理由を記せば算定できます。

訪問看護指示料の患者と算定要件

主治医の医療機関

訪問看護指示書

訪問看護ステーションの
看護師、準看護師

複数の機関に指示書を交付して
も1回しか算定できない

訪問看護指示書の写しを
カルテに添付

患者の同意

週3回までの1日1回の
訪問看護、訪問リハビリ

定められた様式で記載した訪問
看護指示書（有効期限＝6ヶ月
以内）を交付（1ヶ月の場合、
有効期限の記載なし）
24時間の連絡・往診体制を構
築し、継続診療加算を算定する
場合、連絡先医療機関では訪問
看護指示料は算定不可

対象となる患者・疾患

● 疾病、負傷のために通院が
困難で在宅療養中の患者

退院時に1回算定可
看護小規模多機能型居宅介護、
定期巡回・随時対応型訪問介護
看護の利用者も算定可
超重症児や準超重症児の場合、
主治医が訪問看護指示書に明記
在宅時医学総合管理料、施設入
居時等医学総合管理料、在宅が
ん医療総合診療料、在宅患者訪
問点滴注射管理指導料、在宅療
養指導管理料を算定している患
者には、衛生材料等提供加算は
算定不可

特別訪問看護指示加算の患者と算定要件

主治医の医療機関

**特別訪問
看護
指示書**

訪問看護ステーションの
看護師、準看護師

「頻回の訪問看護」が必要な理
由などを記載

特別訪問看護指示書の写しを
カルテに添付

患者の同意

週4回以上の1日複数回
の訪問看護

特別訪問看護指示は月1回しか
認められない
「気管カニューレを使用している
状態にある者」「真皮を越える
褥瘡の状態にある者」について
は、2回の特別訪問看護指示が
認められる

対象となる患者・疾患

● 急性増悪、終末期、退院直後
などで、主治医が週4回（日）
以上の頻度の訪問看護の必
要性を一時的に認めた患者

状態の変化などにより日常行っている
訪問看護の回数では対応できない場合
「頻回の訪問看護」は指示をした診療
日から14日以内に限り実施（短縮可
能）
指示後の自然軽快、入院、死亡などで
結果的に週4回（日）以上訪問でき
なかった場合も、レセプトに理由を記
せば算定可能

訪問看護指示料と加算

訪問看護指示料（月1回まで）	300点
精神訪問看護指示料（月1回まで）	300点
特別訪問看護指示加算（月1回まで）	100点
衛生材料等提供加算（月1回まで）*	80点
手順書加算（6ヶ月に1回まで）	150点

*訪問看護指示書又は精神科訪問看護指示書を交付した患者のうち、衛生材料及び保険医療材料が必要な者に対して、在宅療養において必要かつ十分な量の衛生材料及び保険医療材料を提供した場合

質問 38 診療情報提供料（I）とは、どのような診療報酬ですか？

情報提供の相手は、様々です。

様 々なサービスを提供する他の機関に、情報を提供します。

診療情報提供料（I）とは、疾病、負傷のために通院が困難で在宅療養中の患者について、在宅医療を担う医師が他の医療機関などに診療情報を提供した場合に算定する診療報酬です。診療情報提供料（I）の対象は、退院患者（退院時に1回算定）、他の医療機関での診療・検査・画像診断が必要な患者、訪問看護・指導料を算定すべき看護もしくは指導が必要な患者（訪問看護）、在宅患者訪問リハビリテーション指導管理料を算定すべき指導管理が必要な患者（訪問リハビリ）、薬局での在宅患者訪問薬剤管理指導が必要な患者（訪問薬剤管理）、歯科医療機関での口腔機能の管理が必要な患者（口腔ケア）です。訪問看護、訪問リハビリの場合には、診療情報提供書の写しをカルテに添付しなくてはなりません。

定 められた様式で記載した診療情報提供書を交付します。

診療情報提供料（I）の算定にあたっては、紹介先機関ごとに定められた様式またはそれに準じた様式で記載した診療情報提供書を交付しなくてはなりません。診療情報提供書では、診療日、診療内容、患者の病状、日常生活動作能力等の診療情報を文書として提供します。診療情報提供書の有効期限は、医師の診療日から1ヶ月以内です。また診療情報の提供にあたっては、レントゲンフィルムなどをコピーした場合、フィルム代やコピー代は算定できず、開設者や代表者が同一など、特別な関係にある機関に情報提供が行われた場合には算定できません。

なお診療情報提供料（I）には、認知症、精神病、肝炎、歯科疾患などの疾病に応じた加算のほか入退院、妊婦、検査、画像診断などの加算が設定されています。

診療情報提供料（Ⅰ）の患者と算定要件

主治医の医療機関

訪問看護、訪問リハビリの場合、診療情報提供書の写しをカルテに添付

患者の同意

対象となる患者・疾患

● 疾病、負傷のために通院が困難で在宅療養中の患者

診療情報提供書

他の医療機関

医師　看護師　機能訓練指導員　栄養師

薬局　歯科医療機関　介護事業所

他医療機関での診療・検査・訪問看護・訪問リハビリ・訪問栄養指導、訪問薬剤管理、口腔機能管理

紹介先機関ごとに定められた様式または準じた様式で記載した診療情報提供書（有効期限＝医師の診療日から1ヶ月以内）を交付

診療情報の提供にあたり、レントゲンフィルムなどをコピーした場合、フィルム代やコピー代は算定不可

特別な関係にある機関に情報提供が行われた場合は算定不可

診療日、診療内容、患者の病状、日常生活動作能力等の診療情報を文書（診療情報提供書）で提供

退院時に1回算定可
他の医療機関での診療：別の医療機関での診療が必要な患者
他の医療機関での検査：検査または画像診断が必要な患者
訪問看護：訪問看護・指導料を算定すべき看護もしくは指導が必要な患者
訪問リハビリ：在宅患者訪問リハビリテーション指導管理料を算定すべき指導管理が必要な患者
訪問薬剤管理：薬局での在宅患者訪問薬剤管理指導が必要な患者
口腔機能管理：歯科医療機関での口腔機能の管理が必要な患者

診療情報提供料と加算

診療情報提供料（月1回まで）		250点
別の保険医療機関、精神障害者施設、介護老人保健施設、介護医療院に、退院後の治療計画、検査結果、画像診断などの情報を添付して紹介した場合の加算		200点
ハイリスク妊婦紹介加算		200点
認知症専門医療機関紹介加算		100点
認知症専門医療機関連携加算		50点
精神科医連携加算		200点
肝炎インターフェロン治療連携加算		50点
歯科医療機関連携加算1（歯科訪問診療の必要性を認めた患者）		100点
歯科医療機関連携加算2		100点
地域連携診療計画加算		50点
療養情報提供加算		50点
検査・画像情報提供加算	退院する患者についての情報提供（退院月または翌月）	200点
	入院中の患者以外の患者についての情報提供	30点

診療情報提供料（I）は、ほかにどのようなときに算定できますか？

継続的な医療の確保、機会の
増大が目的です。

連 携強化や診療情報提供の評価が目的です。

　医療機関間の有機的連携の強化、医療機関から保険薬局または保健・福祉関係機関への診療情報提供機能の評価を目的として、診療情報提供料（I）は算定されます。これは、患者の診療に関する情報を相互に提供することにより、継続的な医療の確保、適切な医療を受けられる機会の増大、医療・社会資源の有効利用を図るためです。

　診療情報提供料（I）における診療情報は、地方自治体や公的機関にも提供されます。市町村、居宅介護支援事業者、障害児相談支援事業者などは保健福祉サービスに、障害福祉サービスを行う施設や介護老人保健施設は社会復帰促進に、介護老人保健施設や介護医療院は患者の紹介に、小中学校、義務教育学校や中等教育学校の前期課程や特別支援学校は学校生活を送る上で、提供された情報を活用します。

診 療情報は、医療機関などにも提供されます。

　診療情報提供料（I）における診療情報は、医療機関などにも提供されます。

　認知症専門医療機関は認知症患者や認知症の疑いのある患者の紹介に、別の医療機関や介護老人保健施設などは患者の紹介に、ハイリスク妊産婦共同管理料（I）に規定する別の保険医療機関は妊婦の患者の紹介に、精神科を標榜する別の医療機関は精神病患者の紹介に、肝疾患に関する専門医療機関はインターフェロン治療が必要な入院中以外の患者の紹介に、歯科を標榜する別の医療機関は歯科疾患患者の紹介に診療情報を活用します。一方、連携する医療機関は地域連携診療計画に基づく療養のために、入院・入所する医療機関や介護老人保健施設などは訪問看護ステーションを利用する患者の紹介に、他の医療機関は患者の紹介に診療情報を活用します。

診療情報提供料（Ⅰ）の目的

● 患者の診療に関する情報を相互に提供することにより、継続的な医療の確保、適切な医療を受けられる機会の増大、医療・社会資源の有効利用を図る

診療情報提供料（Ⅰ）のその他の算定

情報提供先	目的	算定される加算
市町村、居宅介護支援事業者、介護予防支援事業者、指定特定相談支援事業者、障害児相談支援事業者など	診療状況を示す文書を添えて、当該患者に係る保健福祉サービスに必要な情報を提供	
障害福祉サービスを行う施設、福祉ホーム、介護老人保健施設	当該患者の社会復帰の促進	
介護老人保健施設、介護医療院	患者の紹介	
小学校、中学校、義務教育学校、中等教育学校の前期課程、特別支援学校	学校生活を送るにあたり必要な情報を提供	
認知症専門医療機関	認知症患者や認知症の疑いのある患者の紹介	認知症専門医療機関連携加算、認知症専門医療機関紹介加算
別の保険医療機関、精神障害者施設、介護老人保健施設、介護医療院	退院後の治療計画、検査結果、画像診断に係る画像情報その他の必要な情報を添付して患者の紹介	別の保険医療機関、精神障害者施設、介護老人保健施設、介護医療院に、退院後の治療計画、検査結果、画像診断などの情報を添付して紹介した場合の加算
ハイリスク妊産婦共同管理料（Ⅰ）に規定する別の保険医療機関	検査結果、画像診断などの情報を添付して患者の紹介	ハイリスク妊産婦紹介加算
精神科を標榜する別の医療機関	受診日を予約の上で患者の紹介	精神科医連携加算
肝疾患に関する専門医療機関	インターフェロン治療が必要な入院中以外の患者の紹介	肝炎インターフェロン治療連携加算
歯科を標榜する別の医療機関	診療情報を添付して（受診日を予約の上で）、患者の紹介	歯科医療機関連携加算
連携する医療機関	患者の退院日の属する月又はその翌月に、診療状況を示す文書を添えて当該患者の地域連携診療計画に基づく療養に係る必要な情報の提供	地域連携診療計画加算
入院・入所する保険医療機関、介護老人保健施設、介護医療院	定期的に訪問看護を行っている訪問看護ステーションから得た療養に係る情報を添付して患者の紹介	療養情報提供加算
他の医療機関	検査結果、画像情報、画像診断の所見、投薬内容、注射内容、退院時要約等の診療記録などを電子的に添付して患者の紹介	検査・画像情報提供加算

質問40 訪問診療と訪問看護の報酬を同一日に算定できますか?

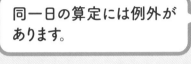

同一日の算定には例外が
あります。

訪問診療料等は原則、同一日に2つを算定できません。

訪問診療と訪問看護は原則として、同一患者について訪問診療料等(往診料、在宅患者訪問診療料、在宅患者訪問看護・指導料、同一建物居住者訪問看護・指導料)のうち1つを算定した日には、別の訪問診療料等を算定できません(このルールは、開設者や代表者が同一などの「特別の関係」にある医療機関同士にも適用)。ただし訪問診療料等の同日の併算定が可能なケースもあります。

退院後1ヶ月以内の患者または専門研修を受けた看護師による訪問看護を受けている患者(いずれも医療機関同士が特別の関係を除く)に、入院機能ありと入院機能なしの在宅医療機関が在宅患者訪問看護・指導料または同一建物居住者訪問看護・指導料を算定することは可能です。

専門研修を受けた看護師による訪問看護は例外です。

専門研修を受けた看護師による訪問看護を受けている患者については、入院機能ありの在宅医療機関が在宅患者訪問看護・指導料または同一建物居住者訪問看護・指導料を算定し、訪問看護ステーションが訪問看護療養費を算定すること、2つの訪問看護ステーションが訪問看護療養費を算定できます。さらに、特別の関係にある医療機関や訪問看護ステーションの場合には、訪問看護後の病状急変などによる往診を受けている患者、退院後1ヶ月以内の患者、在宅患者訪問褥瘡管理指導料を算定している患者に、在宅医療機関が往診料、在宅患者訪問診療料、在宅患者リハビリ指導管理料、在宅患者訪問薬剤管理、在宅患者訪問栄養食事指導料のいずれかを算定すれば、訪問看護ステーションが訪問看護療養費を算定できます。

訪問診療と訪問看護などの併算定ルール

● 同一患者について

訪問診療料等 *¹ のうち 1 つを算定した日には、
別の訪問診療料等を算定できない *²

*1 訪問診療料等：往診料、在宅患者訪問診療料、在宅患者訪問看護・指導料、同一建物居住者訪問看護・指導料、精神科在宅患者訪問リハビリテーション指導管理料、在宅患者訪問薬剤管理指導料、在宅患者訪問栄養食事指導料

*2 このルールは、開設者や代表者が同一の「特別の関係」にある医療機関同士にも適用される

訪問診療料等の同日の併算定が可能なケース

● 医療機関同士の場合

在宅医療機関
（入院機能あり）

在宅患者訪問看護・指導料または同一建物居住者訪問看護・指導料を算定

① 退院後 1 ヶ月以内
② 専門研修 * を受けた看護師による訪問看護
（いずれも特別の関係を除く）

在宅患者訪問看護・指導料または同一建物居住者訪問看護・指導料を算定

在宅医療機関
（入院機能なし）

● 医療機関と訪問看護ステーションの場合

在宅医療機関
（入院機能あり）

在宅患者訪問看護・指導料または同一建物居住者訪問看護・指導料を算定

① 専門研修 * を受けた看護師による訪問看護

訪問看護療養費を算定

訪問看護
ステーション

● 訪問看護ステーション同士の場合

訪問看護
ステーション

訪問看護療養費を算定

① 専門研修 * を受けた看護師による訪問看護
（緊急訪問看護の場合は例外あり）

訪問看護療養費を算定

訪問看護
ステーション

● 「特別の関係」にある医療機関と訪問看護ステーションの場合

在宅医療機関

往診料、在宅患者訪問診療料、在宅患者リハビリ指導管理料、在宅患者訪問薬剤管理、在宅患者訪問栄養食事指導料のいずれかを算定

① 訪問看護後の病状急変などによる往診
② 退院後 1 ヶ月以内の患者
③ 在宅患者訪問褥瘡管理指導料を算定する場合

訪問看護療養費を算定

訪問看護
ステーション

* 悪性腫瘍患者に対する緩和ケア、褥瘡ケア、人工肛門ケア、人工膀胱ケアの専門研修

介護職員等喀痰吸引等指示料とは、どのような診療報酬ですか?

訪問介護などを受けている患者が対象です。

居 宅サービス事業者に対して、喀痰吸引などを指示します。

　介護職員等喀痰吸引等指示料とは、在宅医療機関の医師が患者の同意を得て、訪問介護などを受けている患者を介護する居宅サービス事業者に対して、喀痰吸引などを指示した場合に3ヶ月に1回算定する診療報酬です。

　介護職員等喀痰吸引等指示料の算定には、患者の同意の下、指定様式を参考に作成した介護職員等喀痰吸引等指示書に有効期限(6ヶ月以内)を記載して交付しなくてはなりません。介護職員等喀痰吸引等指示書の対象は、訪問介護、訪問入浴介護、通所介護、特定施設入居者生活介護、地域密着型サービス(地域密着型介護老人福祉施設を除く)の事業者です。喀痰吸引は、それが必要な児童生徒にも処置可能であり、その場合、特別支援学校が指示の対象となります。

喀 痰吸引、経管栄養などが対象行為です。

　喀痰吸引の対象行為は、「口腔内の喀痰吸引、鼻腔内の喀痰吸引、気管カニューレ内部の喀痰吸引」「胃瘻または腸瘻による経管栄養、経鼻経管栄養」です。

　介護職員等喀痰吸引等指示書には、対象者氏名(生年月日、住所、要介護認定区分、障害程度区分、主たる疾患(障害)名)のほか、実施行為種別口腔内の喀痰吸引(鼻腔内の喀痰吸引、気管カニューレ内部の喀痰吸引、胃ろうによる経管栄養、腸ろうによる経管栄養、経鼻経管栄養)、喀痰吸引吸引圧(吸引時間、注意事項など)、経管栄養栄養剤の内容(投与時間、投与量、注意事項など)、その他留意事項などを記載し、使用医療機器の詳細、緊急時の連絡先や不在時に対応法などについても、記載することになります。

介護職員等喀痰吸引等指示料の患者と算定要件

主治医の医療機関

介護職員等
喀痰吸引等
指示書

居宅サービス事業者

訪問介護、訪問入浴介護、通所介護、特定施設入居者生活介護、地域密着型サービス（地域密着型介護老人福祉施設を除く）の事業者

患者の同意

痰吸引など

定められた様式を参考に記載した介護職員等喀痰吸引等指示料（有効期限＝6ヶ月以内）を交付患者1人につき、3ヶ月に1回算定可

対象となる患者・疾患

● 訪問介護などを受けている患者

喀痰吸引の対象行為
①口腔内の喀痰吸引、鼻腔内の喀痰吸引、気管カニューレ内部の喀痰吸引
②胃瘻または腸瘻による経管栄養、経鼻経管栄養
喀痰吸引が必要な児童生徒にも処置可能（その場合、特別支援学校が指定対象）

介護職員等喀痰吸引等指示料

介護職員等喀痰吸引等指示料（3ヶ月に1回まで）	240点

介護職員等喀痰吸引等指示書の記入内容

事業者	事業者種別　事業者名称
対象者	氏名　生年月日　住所　要介護認定区分　障害程度区分　主たる疾患（障害）名
実施行為種別	口腔内の喀痰吸引　鼻腔内の喀痰吸引　気管カニューレ内部の喀痰吸引　胃ろうによる経管栄養　腸ろうによる経管栄養　経鼻経管栄養
喀痰吸引	吸引圧　吸引時間　注意事項など
経管栄養	栄養剤の内容　投与時間　投与量　注意事項など
その他留意事項	介護職員　看護職員
（参考）使用医療機器等	1.経鼻胃管　2.胃ろう・腸ろうカテーテル　3.吸引器　4.人工呼吸器　5.気管カニューレ　6.その他
その他	緊急時の連絡先　不在時の対応法

質問

42

在宅ターミナルケア加算とは、どのような報酬ですか？

患者の意思決定が重要です。

死 亡日前14日以内に、往診・訪問診療を実施します。

　在宅ターミナルケア加算とは、在宅で死亡した患者（往診または訪問診療を行った後、24時間以内に在宅以外で死亡した患者を含む）に対して、その死亡日および死亡日前14日以内に、2回以上の往診または訪問診療を実施した場合に算定する診療報酬です。在宅ターミナルケア加算は、在宅患者だけでなく、有料老人ホームなどに入居する患者も対象となります。

　在宅ターミナルケア加算の算定には、「人生の最終段階における医療・ケアの決定プロセスに関するガイドライン」を踏まえて、主治医が患者や家族と話し合った上で、患者に意思決定をしてもらうことが必要になります。また、診療内容の要点などはカルテに記載しなくてはなりません。

在 宅患者訪問診療料（I）と（II）で異なります。

　在宅ターミナルケア加算は、在宅患者訪問診療料（I）を算定する患者と在宅患者訪問診療料（II）を算定する患者で点数が異なり、有料老人ホーム等に入居する患者とそれ以外、在宅療養支援診療所・病院とそれ以外、機能強化型在宅療養支援診療所・病院の病床ありと病床なしでも点数が変わります。有料老人ホーム等に入居する患者とは、「施設総管の算定対象とされる患者」「障害福祉サービスを行う施設および事業所、福祉ホームに入居する患者」「小規模多機能型居宅介護または看護小規模多機能型居宅介護における宿泊サービスを利用中の患者」のいずれかです。在宅ターミナルケア加算には、在宅緩和ケア充実診療所・病院加算のほか、悪性腫瘍患者の死亡月に在宅酸素療法を行っていた場合に算定する酸素療法加算が設定されています。

在宅ターミナルケア加算の患者と算定要件

診療所・病院
在宅療養支援診療所・病院
機能強化型
在宅療養支援診療所・病院
在宅緩和ケア充実
診療所・病院

診療内容の要点などをカルテに
記載

「人生の最終段階における医療・
ケアの決定プロセスに関するガ
イドライン」を踏まえ、患者や家族
と話し合い

患者の意思決定

往診または
訪問診療

死亡日及び死亡日前14日以内
の計15日間に2回以上
悪性腫瘍と診断されている患者
に対して、患者が死亡した月に
在宅酸素療法を行っていた場合
には酸素療法加算を算定

対象となる患者・疾患
● 在宅で死亡した患者

往診または訪問診療を行った
後、24時間以内に在宅以外で
死亡した患者も含む
有料老人ホームなどに入居する
患者以外の患者と有料老人ホー
ム等に入居する患者

在宅ターミナルケア加算

在宅ターミナルケア加算		在支診・在支病以外	在支診・在支病	機能強化型在支診・在支病	
				病床なし	病床あり
在宅患者訪問診療料（Ⅰ）の在宅ターミナル加算	有料老人ホーム等に入居する患者＊以外の患者	3,500点	4,500点	5,500点	6,500点
	有料老人ホーム等に入居する患者＊	3,500点	4,500点	5,500点	6,500点
在宅患者訪問診療料（Ⅱ）の在宅ターミナル加算		3,200点	4,200点	5,200点	6,200点

＊有料老人ホーム等に入居する患者とは、「1　施設総管の算定対象とされる患者」「2　障害福祉サービスを行う施設
および事業所、福祉ホームに入居する患者」「3　小規模多機能型居宅介護または看護小規模多機能型居宅介護にお
ける宿泊サービスを利用中の患者」のいずれか

在宅ターミナルケア加算の加算

在宅ターミナルケア加算の加算	在支診・在支病以外	在支診・在支病	機能強化型在支診・在支病	
			病床なし	病床あり
在宅緩和ケア充実診療所・病院加算	—	—	1,000点	1,000点
在宅療養実績加算1	—	750点	—	—
在宅療養実績加算2	—	500点	—	—
酸素療法加算	—	—		2,000点

質問 **43** 看取り加算、死亡診断加算とは、どのような報酬ですか?

在宅ターミナルケア加算との併算定は可能です

患 家で看取り、死亡診断を実施した場合に算定します。

　看取り加算とは、療養上の不安などを解消するため、事前に患者や家族などに十分に説明した上で、死亡日当日に往診または訪問診療を行い、患者を患家で看取った場合に算定する診療報酬で、算定には診療内容の要点などをカルテに記載することが求められます。一方、死亡診断加算とは、死亡日当日に往診または訪問診療を行い、死亡診断を実施した場合に算定する診療報酬で、看取り加算を算定する場合は算定不可となります（看取り加算も死亡診断加算も、在宅ターミナルケア加算との併算定は可能）。ある意味、在宅ターミナルケア加算は死亡前までに実施された診療、看取り加算は死亡のタイミングへの立ち合いを含めた死亡前後に実施された診療、そして死亡診断は死亡後の死亡診断を評価したものなのです。

I CTを利用した死亡診断加算が設定されています。

　死亡診断加算には、ICT を利用した死亡診断加算が設定されています。

　ICT を利用した死亡診断加算の算定には、「患者が厚生労働大臣が定める地域に居住（離島、振興山村など）」「患者に対して定期的・計画的な訪問診療を実施」「医師が直接死亡診断などを行うまでに 12 時間以上必要」「連携する他医療機関において在宅患者訪問看護・指導料の在宅ターミナルケアや同一建物居住者訪問看護・指導料の同一建物居住者ターミナルケア加算、あるいは連携する訪問看護ステーションにおいて訪問看護ターミナルケア療養費を算定」「看護師と連携して ICT を利用して死亡診断を実施」「カルテに ICT を利用した看護師との連携による死亡診断を行ったことを記載」などが求められます

看取り加算と死亡診断加算

看取り加算	3,000 点
死亡診断加算	200 点

看取り加算と死亡診断加算の算定要件

看取り加算	療養上の不安などを解消するため、事前に患者や家族などに十分に説明
	死亡日当日に往診または訪問診療を行い、患者を患家で看取った場合
	診療内容の要点などをカルテに記載
死亡診断加算	死亡日当日に往診または訪問診療を行い、死亡診断を実施した場合
	死亡後の死亡診断を評価
	看取り加算を算定する場合は算定不可

ICTを利用した死亡診断加算の算定要件

ICT を利用した死亡診断加算	患者が厚生労働大臣が定める地域に居住（離島、振興山村など）
	患者に対して定期的・計画的な訪問診療を行っていた
	医師が直接死亡診断などを行うまでに 12 時間以上要すると見込まれる
	連携する他医療機関において在宅患者訪問看護・指導料の在宅ターミナルケアや同一建物居住者訪問看護・指導料の同一建物居住者ターミナルケア加算、あるいは連携する訪問看護ステーションにおいて訪問看護ターミナルケア療養費を算定
	看護師と連携して ICT を利用して死亡診断を実施（往診や訪問診療を行わない）
	カルテに ICT を利用した看護師との連携による死亡診断を行ったことを記載

厚生労働大臣が定める特別な管理を要する状態等と在宅における創傷処置などの処理

● 厚生労働大臣が定める特別な管理を要する状態等

別表第八

退院時共同指導料1の注2に規定する特別な管理を要する状態等にある患者並びに退院後訪問指導料、在宅患者訪問看護・指導料及び同一建物居住者訪問看護・指導料に規定する状態等にある患者

一　在宅悪性腫瘍等患者指導管理若しくは在宅気管切開患者指導管理を受けている状態にある者又は気管カニューレ若しくは留置カテーテルを使用している状態にある者

二　在宅自己腹膜灌流指導管理、在宅血液透析指導管理、在宅酸素療法指導管理、在宅中心静脈栄養法指導管理、在宅成分栄養経管栄養法指導管理、在宅自己導尿指導管理、在宅人工呼吸指導管理、在宅持続陽圧呼吸療法指導管理、在宅自己疼痛管理指導管理又は在宅肺高血圧症患者指導管理を受けている状態にある者

三　人工肛門又は人工膀胱を設置している状態にある者

四　真皮を越える褥瘡の状態にある者

五　在宅患者訪問点滴注射管理指導料を算定している者

● 在宅における創傷処置などの処理

i) 創傷処置（重度褥瘡処置以外の褥瘡処置、気管カニューレの交換を含む）

ii) 皮膚科軟膏処置

iii) 留置カテーテル設置

iv) 膀胱洗浄

v) 導尿（尿道拡張を要するもの）

vi) 鼻腔栄養

vii) ストーマ処置

viii) 喀痰吸引

ix) 介達牽引

x) 消炎鎮痛等処置

8章

訪問看護・リハビリのしくみ

訪問看護・リハビリは、
どのように提供しますか？

基本、介護保険が優先です。

医 療保険と介護保険の両方で提供可能です。

訪問看護と訪問リハビリテーションは、医療保険と介護保険の両方で提供可能ですが、介護保険が適用可能な対象（要介護・支援者）には、基本的に介護保険に優先されます。ただし、例外があるため、注意が必要です。

医療保険における訪問看護の対象は、要介護者・要支援者以外の者、もしくは要介護者・要支援者で「厚生労働大臣が定める疾病の者」「特別訪問看護指示書の交付を受けた者」「認知症以外の精神疾患の者」のいずれかに該当する者です。医療保険における訪問介護は、医師が診察で訪問看護の必要性を認めて、訪問看護ステーションや自院や他の医療機関の看護師などに訪問看護指示書を交付します。その上で、看護師が訪問看護を実施して、医師に訪問看護報告書を提出することになります。

医 師への訪問看護・リハビリ報告書の提出が求められます。

医療保険における訪問リハビリテーションの対象は、要介護者・要支援者以外の者、もしくは要介護者・要支援者で「厚生労働大臣が定める疾病の者」「特別訪問看護指示書の交付を受けた者」のいずれかに該当する者です。医療保険における訪問リハビリは、医師が診察で訪問リハビリの必要性を認めて、訪問看護ステーションや自院や他の医療機関の看護師や理学療法士などに**訪問看護・リハビリ指示書**を交付し、看護師や理学療法士などがサービスを提供して、**訪問看護・リハビリ報告書**を提出します。

一方、介護保険における訪問看護・リハビリは、訪問看護ステーションなどがケアマネジャーの**ケアプラン**と医師の**診療情報提供書**に基づいて、要介護者・要支援者に訪問看護・リハビリを実施して**訪問看護・リハビリ報告書**を提出します。

医療保険の訪問看護の流れと対象

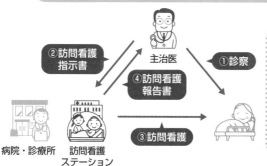

②訪問看護指示書
④訪問看護報告書
①診察
③訪問看護

主治医
病院・診療所
訪問看護ステーション

対象となる患者・疾患

- 要介護者・要支援者以外の者
- 要介護者・要支援者で「厚生労働大臣が定める疾病の者」「特別訪問看護指示書の交付を受けた者」「認知症以外の精神疾患の者」のいずれかに該当する者

医療保険の訪問リハビリの流れと対象

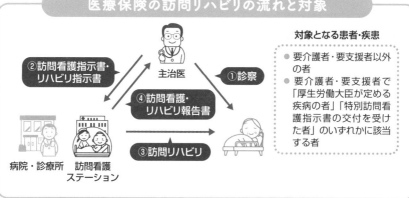

②訪問看護指示書・リハビリ指示書
④訪問看護・リハビリ報告書
①診察
③訪問リハビリ

主治医
病院・診療所
訪問看護ステーション

対象となる患者・疾患

- 要介護者・要支援者以外の者
- 要介護者・要支援者で「厚生労働大臣が定める疾病の者」「特別訪問看護指示書の交付を受けた者」のいずれかに該当する者

介護保険の訪問看護・リハビリの流れと対象

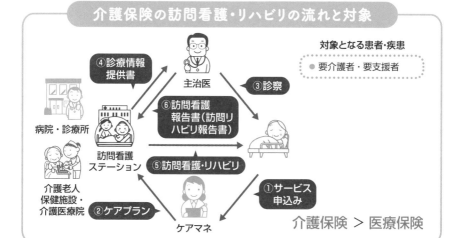

④診療情報提供書
③診察
⑥訪問看護報告書(訪問リハビリ報告書)
⑤訪問看護・リハビリ
①サービス申込み
②ケアプラン

主治医
病院・診療所
訪問看護ステーション
介護老人保健施設・介護医療院
ケアマネ

対象となる患者・疾患

- 要介護者・要支援者

介護保険 ＞ 医療保険

189

訪問看護・リハビリはどのような事業所が提供しますか？

みなし事業所もあります。

提 供できる事業所は、適用される保険によって変わります。

　訪問看護や訪問リハビリを提供できる事業所は、適用される保険によって変わります。**訪問看護ステーション**や病院・診療所（**みなし事業所**）は、医療保険と介護保険で両方のサービス提供が可能なのに対して、介護老人保険施設や介護医療院は介護保険でのみ訪問リハビリの提供が可能なのです。また訪問看護・リハビリを提供する事業所のうち、訪問看護ステーションには通常の訪問看護ステーションのほか、24時間対応や看取りのニーズが高い患者の受け入れを評価する**機能強化型訪問看護ステーション**（⇒**訪問看護・リハビリ編　質問3**）や利用者の自宅に近い場所から効率的にサービスを提供する**サテライト型訪問看護ステーション**があり、機能強化型は施設基準が強化されており、サテライト型は施設基準が緩和されています。

事 業所によって求められる人員などが変わります。

　訪問看護ステーションには、管理者である常勤・専従の保健師または看護師と、常勤換算で2.5人以上の看護職員（看護師、准看護師、保健師）、適当数の理学療法士・作業療法士・言語聴覚士という人員が求められるのに対して、みなし訪問看護事業所には適当数の指定訪問看護の提供に当たる看護職員が、**みなし訪問リハビリテーション事業所**には適当数の理学療法士・作業療法士・言語聴覚士が求められます。また、原則1箇所までとされるサテライト型訪問看護ステーションには、常勤換算で1人以上の看護職員（看護師、准看護師、保健師）の人員と、事業所本体とサテライト事業所の距離が車などで大体20分以内で移動できるような近距離であること（県単位の指定なので、他県への設置は認められない）が求められます。

訪問看護・リハビリ事業所の役割

訪問看護
ステーション

みなし事業所
（病院・診療所）

医療保険と介護
保険の訪問看護
と訪問リハビリ →

← 介護保険の
訪問リハビリ

介護老人保健
施設・
介護医療院

訪問看護・リハビリ事業所の種類

訪問看護

機能強化型
訪問看護
ステーション

訪問看護
ステーション

サテライト型
訪問看護
ステーション

みなし
事業所
（病院・
診療所）

訪問リハビリテーション

訪問看護
ステーション

みなし
事業所
（病院・
診療所）

介護老人保健
施設・
介護医療院

訪問看護・リハビリ事業所の施設基準

	人員	設備
訪問看護ステーション	常勤・専従の保健師または看護師が管理者で、看護職員（看護師、准看護師、保健師）が常勤換算で2.5人以上、理学療法士・作業療法士・言語聴覚士が適当数	事業の運営に必要な面積を有する専用の事務室を設け、利用申込みの受付、相談等に対応するのに適切なスペースを確保し、必要な設備及び備品等を確保
サテライト型訪問看護ステーション	看護職員（看護師、准看護師、保健師）が常勤換算で1人以上	原則1箇所までとし、事業所本体とサテライト事業所の距離は、車などで大体20分以内で移動できるような近距離であること（県単位の指定なので、他県への設置は認められない）
みなし訪問看護事業所	指定訪問看護の提供に当たる看護職員を適当数	事業の運営を行うために必要な広さを有する専ら事業の用に供する区画と必要な設備および備品
みなし訪問リハビリテーション事業所	理学療法士・作業療法士・言語聴覚士が適当数	事業の運営を行うために必要な広さを有する専ら事業の用に供する区画と必要な設備および備品

機能強化型訪問看護ステーションとは、何ですか？

看護職員の割合が
6割以上です。

 計画的な24時間365日訪問看護が求められます。

　機能強化型訪問看護ステーションとは、「機能強化型訪問看護療養費（1〜3)」を算定している訪問看護ステーションです。機能強化型訪問看護ステーションにはいずれも、看護職員の割合6割以上、休日、祝日なども含めた計画的な24時間365日訪問看護体制の確保が求められます。また、機能強化型1には常勤看護職員7人以上で「厚生労働大臣が定める疾病等」に該当する利用者数が月10人以上、機能強化型2には常勤看護職員5人以上で「厚生労働大臣が定める疾病等」に該当する利用者数が月7人以上、機能強化型3には常勤看護職員4人以上で「厚生労働大臣が定める疾病等」「厚生労働大臣が定める状態等」に該当する利用者数が月10人以上という施設基準が求められます。

居宅介護支援事業所の設置などが求められます。

　機能強化型1と2については、「居宅介護支援事業所を同一敷地内に設置＋特に医療的な管理が必要な利用者の1割程度について、介護サービス等計画を作成」もしくは「特定相談事業所 or 障害児相談支援事業所を同一敷地内に設置＋サービス等利用計画 or 障害児支援利用計画の作成が必要な利用者の1割程度について計画を作成」のほか、ターミナルケア・重症児の受入実績、ターミナルケア件数・超重症児の利用者数などの基準が設定されています。

　一方、居宅介護支援事業所などの同一敷地内の設置が求められない機能強化型3については、地域の医療機関や他のステーションを対象とした研修、地域のステーションまたは住民などに対する情報提供や相談対応の実績などが求められます。

3種類の機能強化型訪問看護ステーション

機能強化型 訪問看護 ステーション1	機能強化型 訪問看護 ステーション2	機能強化型 訪問看護 ステーション3
 居宅介護事業所など	 居宅介護事業所など	

機能強化型訪問看護ステーションの施設基準

	人員	設備		運営					
機能強化型訪問看護ステーション1	常勤看護職員7人以上（うち1人は常勤換算可能）	「居宅介護支援事業所を同一敷地内に設置＋特に医療的な管理が必要な利用者の1割程度について、介護サービス等計画を作成」もしくは「特定相談事業所 or 障害児相談支援事業所を同一敷地内に設置＋サービス等利用計画 or 障害児支援利用計画の作成が必要な利用者の1割程度について、計画を作成」	看護職員の割合6割以上	休日、祝日なども含めた計画的な24時間365日訪問看護体制を確保	「厚生労働大臣が定める疾病等」に該当する利用者数が月10人以上	直近1年間に、人材育成のための研修などを実施、地域の保険医療機関、訪問看護ステーションまたは住民などに対する、訪問看護に関する情報提供・相談の実績	他の医療機関との人材交流や退院時共同指導の実績の要件なし	他の医療機関等との連携の要件なし	ターミナルケア・重症児の受入実績が前年度20件以上、ターミナルケア件数・超重症児の利用者数が前年度15件以上＋重症児常時4人以上、超準重症児の利用者数が常時6人以上のいずれか
機能強化型訪問看護ステーション2	常勤看護職員5人以上（うち1人は常勤換算可能）				「厚生労働大臣が定める疾病等」に該当する利用者が月7人以上				ターミナルケア・重症児の受入実績が前年度15件以上、ターミナルケア件数・超準重症児の利用者数が前年度10件以上＋重症児常時3人以上、超準重症児の利用者数が常時5人以上のいずれか
機能強化型訪問看護ステーション3	常勤看護職員4人以上（うち1人は常勤換算可能）	居宅介護支援事業所などの設置の要件なし			「厚生労働大臣が定める疾病等」「厚生労働大臣が定める状態等」に該当する利用者数が月10人以上	直近1年間に地域の医療機関や他のステーションを対象とした研修を2回以上実施、直近1年間に地域のステーションまたは住民などに対する情報提供や相談対応の実績	直近1年間に地域の医療機関の看護員が当該ステーションにおいて一定期間勤務するといった相互交流による勤務の実績、直近3ヶ月間に上記医療機関以外の医療機関との共同指導による退院時共同指導加算の算定実績	直近3ヶ月間の当該医療機関以外の医師を主治医とする利用者（医療保険および介護保険）が1割以上	ターミナルケアまたは重症児の受け入れ実績の要件なし

訪問看護・リハビリで求められる指示・書類は何ですか？

計画書、報告書が必要です。

他 の医療機関との連携が求められます。

　訪問看護ステーションやみなし事業所には、患者や利用者への訪問看護・リハビリの提供において訪問看護ステーションや他の医療機関との連携が求められます。訪問看護ステーション同士は急性増悪時などの対応や専門研修を受けた看護師との共同訪問看護にあたって連携し、訪問看護ステーションと医療機関は在宅患者連携指導や退院時共同指導、褥瘡の管理にあたって連携します。

　訪問看護ステーションやみなし事業所は訪問看護・リハビリの提供にあたり、初回訪問時、あるいはケアプランの短期目標更新時に訪問計画書を作成し、利用者に説明して利用者の同意を得た上で、主治医やケアマネジャーに提出します。また、サービス提供開始以降、月1回を目処に訪問報告書を提出することになります。

実 施内容は、他の公的機関などにも提供されます。

　訪問看護・リハビリ計画書には療養上の目標や目標を達成するためのサービス内容などを、訪問看護・リハビリ報告書には実施した訪問看護・リハビリの内容を記載します。訪問看護・リハビリの実施内容は、他の公的機関などにも提供されます。市町村などに提出される訪問看護情報提供書1には「厚生労働大臣が定める疾病等」や「厚生労働大臣が定める状態等」に該当する者や18歳未満利用者などの情報、幼稚園や学校などに提出される訪問看護情報提供書2には18歳未満で「厚生労働大臣が定める疾病等」や「厚生労働大臣が定める状態等」に該当する者の情報、医療機関や介護老人保険施設などに提出される訪問看護情報提供書3には医療機関や介護老人保健施設に入院・入所する利用者の情報が記載されます。

訪問看護・リハビリで求められる連携

病院・
診療所

・訪問計画書
・訪問報告書
・在宅患者連携指導
・退院時共同指導
・褥瘡の管理

訪問看護
ステーション

・急性増悪時など
の対応
・専門研修を受け
た看護師との共
同訪問看護

訪問看護
ステーション

訪問看護・
リハビリ

・訪問看護情
報提供書

・看護・介護
職員連携

・訪問看護情
報提供書

・訪問看護情
報提供書

医療機関、介護老人保健
施設、介護医療院

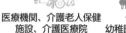
保育所、
幼稚園、学校など

市町村・
都道府県

介護事業所

訪問看護・リハビリ計画書・報告書

	情報提供先	記載内容	提供のタイミング
訪問看護計画書	主治医、ケアマネジャー	療養上の目標や、目標を達成するための具体的なサービス内容などを記載	初回訪問時、ケアプランの短期目標更新時
訪問看護報告書	主治医	訪問看護を提供した後に実施した内容を記載	月に1回
訪問リハビリテーション計画書	主治医、ケアマネジャー	療養上の目標や、目標を達成するための具体的なサービス内容などを記載	初回訪問時、ケアプランの短期目標更新時
訪問リハビリテーション報告書	主治医	訪問リハビリを提供した後に実施した内容を記載	月に1回

訪問看護情報提供書

	情報提供先	対象者	目的
訪問看護情報提供書1	市町村、都道府県、指定特定相談支援事業者、指定障害児相談支援事業者	「厚生労働大臣が定める疾病等」に該当する者、「厚生労働大臣が定める状態等」に該当する者、精神障害を有する利用者またはその家族など、18歳未満の利用者	保健福祉サービスの有効な提供
訪問看護情報提供書2	保育所等、幼稚園、小学校、中学校、高等学校、義務教育学校、中等教育学校、特別支援学校、高等専門学校、専修学校	18歳未満の超・準重症児、18歳未満で「厚生労働大臣が定める疾病等」に該当する者、18歳未満で「厚生労働大臣が定める状態等」に該当する者	ステーションと学校などとの連携
訪問看護情報提供書3	医療機関、介護老人保健施設、介護医療院	医療機関、介護老人保健施設、介護医療院に入院・入所する利用者	切れ目ない支援と継続した看護の実施

訪問看護の利用回数や提供時間に制限はありますか？

医療保険と介護保険で
考え方が違います。

利 用可能な回数や時間数などが決められています。

　訪問看護は、適用される保険に応じて、利用可能な回数や時間数などが決められています。

　医療保険の場合、利用可能な回数は1日に1回、週3回まで、利用可能な時間数は1回につき30分以上90分未満であり、利用可能な訪問看護ステーションは1箇所に限られます。ただし、医療保険で週4回以上の訪問看護を受けられる例外が設定されています。一方、介護保険の場合、利用回数の制限はなく（ケアプランによって利用回数を設定）、1回の訪問時間（看護師・准看護師の場合）は、20分未満、20分以上30分未満、30分以上60分未満、60分以上90分未満のいずれかで、複数の訪問看護ステーションを利用することも可能です（ケアプランで設定する必要あり）。

医 療保険で週4回以上の訪問看護を受けられます。

　医療保険で週4回以上の訪問看護を受けられるのは、厚生労働大臣が定める状態等の者、厚生労働大臣が定める疾病等の者、特別訪問看護指示書の交付を受けた者のいずれかに該当する者です。厚生労働大臣が定める状態等や疾病等の者には利用回数の制限がなく、特別訪問看護指示書の交付を受けた者には指示書の交付が月1回までですが、「気管カニューレを使用している状態にある者」「真皮を越える褥瘡の状態にある者」には月2回まで交付可能です。また1回の訪問時間は原則90分未満ですが、15歳未満の超重症児又は準超重症児や厚生労働大臣が定める状態等の者には週3回まで、厚生労働大臣が定める状態等の者、特別訪問看護指示書の交付を受けた者には週1回まで90分以上の長時間の訪問看護を提供可能です。

訪問看護の利用回数と時間数

利用の制限	医療保険の場合	介護保険の場合
利用可能な回数	1日1回まで 週に3回まで	利用回数の制限なし ケアプランによって利用回数を設定
利用可能な時間数	1回の訪問時間は30分 以上90分未満	1回の訪問時間は以下のいずれか ① 20分未満 ② 20分以上30分未満 ③ 30分以上60分未満 ④ 60分以上90分未満 （看護師・准看護師の場合）
利用可能な訪問看護 ステーション	1ヶ所に限る	ケアプランに盛り込まれれば、何箇所でも可能

医療保険で週4回以上の訪問看護を受けられる者*

該当者		利用可能な回数	利用可能な時間数
厚生労働大臣が定める状態等（特掲診療料・別表第8）の者		週4回以上可能 （制限なし）	1回の訪問時間は90分未満
厚生労働大臣が定める疾病等（特掲診療料・別表第7）の者			
特別訪問看護指示書の交付を受けた者（急性増悪、終末期、退院直後など）	通常の場合	週4回以上可能 （診療日から14日以内、指示書は月1回まで）	
	「気管カニューレを使用している状態にある者」「真皮を越える褥瘡の状態にある者」の場合	週4回以上可能 （診療日から14日以内、指示書は月2回まで）	

* そのほか、「1日に複数回の訪問看護」「2箇所以上のステーションの併用」「複数名の訪問看護」「退院時・外泊時の訪問看護」も可能

週1回まで1回90分を越える長時間の利用が可能な者

厚生労働大臣が定める長時間の訪問を要する者	利用可能な回数	利用可能な時間数
15歳未満の超重症児又は準超重症児	週3回まで	1回の訪問時間は90分以上
15歳未満の厚生労働大臣が定める状態等の者		
厚生労働大臣が定める状態等の者	週1回まで	
特別訪問看護指示書の交付を受けた者		

訪問リハビリの利用回数や提供時間に制限はありますか？

単位と回数の違いには、
注意が必要です。

利 用可能な回数や時間数などが決められています。

　訪問リハビリテーションも、適用される保険に応じて、利用可能な回数や時間数などが決められています。

　医療保険の場合、利用可能な回数は1日に1回、週6単位まで（1単位は1回あたり20分の訪問リハビリテーション）、利用可能な時間数は1回につき30分以上90分未満であり、利用可能な訪問看護ステーションは1ヶ所に限られます。ただし、医療保険で週4回以上の訪問リハビリテーションを受けられる例外が設定されています。

　一方、介護保険の場合、利用可能な回数は週6回まで、1回の訪問時間は20分以上週に2時間までで、複数の訪問看護ステーションを利用することも可能です（ケアプランで設定する必要あり）。

医 療保険で週4回以上の訪問リハビリを受けられます。

　医療保険で週4回以上の訪問リハビリを受けられるのは、厚生労働大臣が定める状態等の者、厚生労働大臣が定める疾病等の者、特別訪問看護指示書の交付を受けた者のいずれかに該当する者です。厚生労働大臣が定める状態等や疾病等の者には利用回数の制限があります。一方、特別訪問看護指示書の交付を受けた者には指示書の交付が月1回までで、末期がん患者には制限はなく、退院直後には週12単位まで、急性増悪時には1日4単位までという制限があります。なお訪問リハビリの提供には、「主治医と理学療法士などが属する医療機関が同一の場合」「主治医と理学療法士などが属する医療機関が異なる場合」という2つのパターンがあり、後者の場合、主治医が訪問リハビリ事業所に診療情報提供書によって情報を提供する必要があります。

訪問リハビリの利用回数と時間数

利用の制限	医療保険の場合	介護保険の場合
利用可能な回数	1日1回まで 週6単位*まで	週6回まで
利用可能な時間数	1回の訪問時間は30分以上 90分未満	1回の訪問時間は20分以上 週に2時間まで
利用可能な訪問看護 ステーション	1ヶ所に限る	ケアプランに盛り込まれれ ば、何ヶ所でも可能

* 1単位は1回あたり20分の訪問リハビリテーション

医療保険で週4回以上の訪問リハビリを受けられる者*1

該当者		利用可能な回数
要介護・支援認定を受けておらず、厚生労働大臣が定める状態等（特掲診療料・別表第8）の者		週4回以上可能（制限なし）
厚生労働大臣が定める疾病等（特掲診療料・別表第7）の者（訪問看護ステーションのみ）		
特別訪問看護指示の交付を受けた者（終末期、急性増悪、退院直後など）	末期の悪性腫瘍	週4回以上可能（制限なし）（診療日から14日以内、指示書は月1回まで）
	退院直後	週12単位まで（診療日から14日以内、指示書は月1回まで）
	急性増悪時*2	1日4単位まで（診療日から14日以内、指示書は月1回まで）

*1 そのほか、「1日に複数回の訪問リハビリ」「毎日の訪問リハビリ」も可能
*2 1ヶ月にバーセル指数またはFIMが5点以上悪化し、一時的に頻回の訪問リハビリテーションが必要

訪問リハビリテーションの2パターン

●主治医と理学療法士などが属する医療機関が同一の場合

●主治医と理学療法士などが属する医療機関が異なる場合

外泊時、退院日の訪問看護は どのように評価されますか?

訪問看護ステーション、入院
医療機関が算定します。

訪 問看護基本療養費(Ⅲ)などで評価します。

　外泊時、退院日の支援を評価する訪問看護の報酬として、**訪問看護基本療養費（Ⅲ）**や**退院支援指導加算**、**退院前訪問指導料**が設定されています。

　訪問看護基本療養費（Ⅲ）とは、訪問看護ステーションにおいて訪問看護指示書の交付を受けた看護師が退院後の在宅療養に備えて一時的に外泊した「厚生労働大臣が定める疾病等」や「厚生労働大臣が定める状態等」に該当する患者や「その他、外泊にあたり訪問看護が必要」と認められた患者に対して、訪問看護を提供した場合に算定する報酬です。

　なお、「厚生労働大臣が定める疾病等・状態等」に該当する患者は入院中に2回、その他は1回だけ算定可能ですが、同一日に訪問看護管理療養費は算定できません。

訪 問看護ステーションや入院医療機関が算定します。

　退院支援指導加算とは、訪問看護指示書の交付を受けた看護師（准看護師を除く）が退院後の在宅療養に備えて一時的に外泊した「厚生労働大臣が定める疾病等」や「厚生労働大臣が定める状態等」に該当する患者や「その他、外泊にあたり訪問看護が必要」と認められた患者に対して、訪問看護を提供した場合に算定する報酬です。

　一方、退院前訪問指導料とは、入院医療機関において医師の指示を受けた看護師や理学療法士などが退院後の在宅療養に備えて一時的に外泊した長期入院患者に対して、療養上の指導を実施した場合に算定する報酬です。入院後14日以内に訪問指導を実施する退院前訪問指導料は1回の入院につき1回を限度として、退院日に算定しますが、最終調整のために再度実施した場合には、退院日に2回分を算定します。

訪問看護基本療養費（Ⅲ）の対象と算定要件

訪問看護ステーション
機能強化型訪問看護ステーション

訪問看護指示書の交付を受けた看護師

「厚生労働大臣が定める疾病等・状態等」に該当する患者は入院中に2回、その他は1回だけ算定可
同一日に訪問看護管理療養費は算定不可

対象となる患者・疾患

- 「厚生労働大臣が定める疾病等」に該当する患者
- 「厚生労働大臣が定める状態等」に該当する患者
- 「その他、外泊に当たり訪問看護が必要」と認められた患者

退院後の在宅療養に備えて一時的に外泊

退院支援指導加算の対象と算定要件

訪問看護ステーション
機能強化型訪問看護ステーション

訪問看護指示書の交付を受けた看護師など（准看護師を除く）

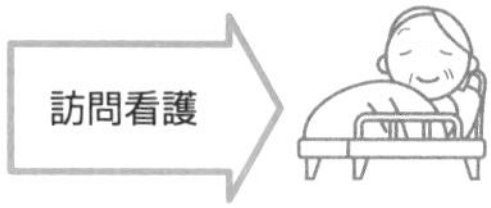

「厚生労働大臣が定める疾病等・状態等」に該当する患者は入院中に2回、その他は1回だけ算定可
同一日に訪問看護管理療養費は算定不可

対象となる患者・疾患

- 「厚生労働大臣が定める疾病等」に該当する患者
- 「厚生労働大臣が定める状態等」に該当する患者
- 「その他、外泊に当たり訪問看護が必要」と認められた患者

退院後の在宅療養に備えて一時的に外泊

退院前訪問指導料の対象と算定要件

（入院中の）医療機関

医師の指示を受けた看護師や理学療法士など

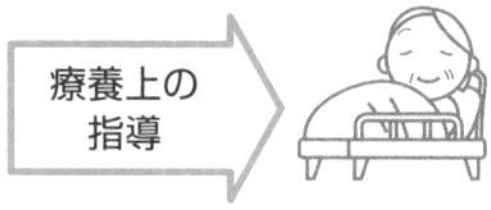

1回の入院につき1回を限度として、退院日に算定。入院後14日以内に訪問指導を実施し、最終調整のために再度実施した場合は退院日に2回分を算定

対象となる患者・疾患

- 継続して1ヶ月以上入院すると見込まれる入院患者

退院後の在宅療養に備えて一時的に外泊

訪問看護基本療養費（Ⅲ）と退院支援指導加算と退院前訪問指導料

訪問看護基本療養費	8,500円
退院支援指導加算	6,000円
退院前訪問指導料	580点

訪問看護の報酬は、どのように決まりますか？

事業所や適用保険で
算定方法が変わります。

医 療保険では、サービス提供元で算定方法が異なります。

患者の訪問や管理、連携や看取りなどを評価する医療保険における訪問看護の報酬は、サービス提供元が訪問看護ステーションと診療所・病院（みなし訪問看護事業所）とでは、算定方法が異なります。

訪問看護ステーションの場合、訪問を評価する**訪問看護基本療養費**または**精神科訪問看護基本療養費**など、管理を評価する**訪問看護管理療養費**、連携を評価する**訪問看護情報提供療養費**など、看取りを評価する**訪問看護ターミナルケア療養費**などを足し合わせ、診療所・病院の場合、訪問と管理を評価する**在宅患者訪問看護・指導料**または**同一建物居住訪問看護・指導料**など、連携を評価する在宅患者連携指導加算や在宅患者緊急時等カンファレンス加算などを足し合わせることになります。

介 護保険にも、**訪問看護**などがあります。

介護保険における訪問看護は、サービスにより訪問看護、定期巡回・随時対応訪問介護看護、複合型サービスに分けられます。訪問看護の介護報酬は、訪問や管理を評価する訪問看護費または介護予防訪問看護費、連携を評価する退院時共同指導加算や看護・介護職員連携強化加算、看取りを評価するターミナルケア加算を足し合わせ、**定期巡回・随時対応訪問介護看護**の介護報酬は、訪問や管理を包括評価する**定期巡回・随時対応型訪問介護看護費**に、退院時共同指導加算、ターミナルケア加算などを加算します。そして、訪問や管理や宿泊などを一体的に提供する**複合型サービス**は、**看護小模多機能型居宅介護費**や短期利用居宅介護費に、各種加算を足し合わせることになります。

訪問看護の診療・介護報酬の考え方

●医療保険

	患者の訪問	患者の管理	連携関連	看取り関連
訪問看護ステーション	**訪問看護基本療養費** or **精神科訪問看護基本療養費** + **各種加算**	+ **訪問看護管理療養費** + **各種加算**	+ **訪問看護情報提供療養費**	+ **訪問看護ターミナルケア療養費**
みなし訪問看護事業所《診療所・病院》	**在宅患者訪問看護・指導料** or **同一建物居住者訪問看護・指導料** or **精神訪問看護・指導料** + **各種加算**		+ **在宅患者連携指導加算 在宅患者緊急時等カンファレンス加算 など**	+ **在宅ターミナルケア加算**

●介護保険

	患者の訪問	患者の管理	連携関連	看取り関連
訪問看護	**訪問看護費** or **介護予防訪問看護費** + **各種加算**		+ **退院時共同指導加算 看護・介護職員連携強化加算 など**	+ **ターミナルケア加算**
定期巡回・随時対応型訪問介護看護	**定期巡回・随時対応型訪問介護看護費** + **各種加算**		+ **退院時共同指導加算 など**	+ **ターミナルケア加算**
複合型サービス	**看護小規模多機能型居宅介護費** + **短期利用居宅介護費** + **各種加算**		+ **退院時共同指導加算 褥瘡マネジメント加算 など**	+ **ターミナルケア加算**

訪問リハビリの報酬は、どのように決まりますか？

> 訪問看護Stは、訪問看護と同じ算定方法です。

医 療保険では、提供元で算定方法が変わります。

患者の訪問や管理、連携や看取りなどを評価する医療保険における訪問リハビリの報酬は、サービス提供元が訪問看護ステーションと診療所・病院（みなし訪問看護事業所）では算定方法が異なります。

訪問看護ステーションの場合、訪問看護を提供した場合と同様に、訪問を評価する**訪問看護基本療養費**または**精神科訪問看護基本療養費**など、管理を評価する**訪問看護管理療養費**、連携を評価する**訪問看護情報提供療養費**など、看取りを評価する**訪問看護ターミナルケア療養費**などを足し合わせます。一方、診療所・病院の場合、加算が設定されていないため、訪問と管理を評価する**在宅患者訪問リハビリテーション指導費**のみを算定します。

介 護保険でも、提供元で算定方法が変わります。

介護保険における訪問リハビリの報酬はまた、サービス提供元が訪問看護ステーションと診療所・病院（みなし訪問看護事業所）では算定方法が変わってきます。

訪問看護ステーションの場合、訪問看護を提供した場合と同様に、訪問や管理を評価する**訪問看護費**または**介護予防訪問看護費**、連携を評価する**退院時共同指導加算**や**看護・介護職員連携強化加算**、看取りを評価する**ターミナルケア加算**を足し合わせます。

一方、診療所・病院の場合、訪問と管理を評価する**訪問リハビリテーション費**または**介護予防訪問リハビリテーション費**に、連携を評価する**リハビリテーションマネジメント加算**や**移行支援加算**などを足し合わせることになります。

訪問リハビリの診療・介護報酬の考え方

●医療保険

	患者の訪問	患者の管理	連携関連	看取り関連
訪問看護ステーション	**訪問看護基本療養費** or **精神科訪問看護基本療養費** + **各種加算**	**訪問看護管理療養費** + **各種加算**	**訪問看護情報提供療養費**	**訪問看護ターミナルケア療養費**
みなし訪問看護事業所（診療所・病院）	在宅患者訪問リハビリテーション指導料		加算なし	

「訪問看護基本療養費 or 精神科訪問看護基本療養費 + 各種加算」 ＋ 「訪問看護管理療養費 + 各種加算」 ＋ 「訪問看護情報提供療養費」 ＋ 「訪問看護ターミナルケア療養費」

●介護保険

	患者の訪問	患者の管理	連携関連	看取り関連
訪問看護ステーション	**訪問看護費** or **介護予防訪問看護費** + **各種加算**		退院時共同指導加算 看護・介護職員連携強化加算 など	ターミナルケア加算
みなし訪問リハビリ事業所（診療所・病院・介護医療院・介護老人保健施設）	訪問リハビリテーション費 or 介護予防訪問リハビリテーション費 + 各種加算		リハビリテーションマネジメント加算 移行支援加算	

「訪問看護費 or 介護予防訪問看護費 + 各種加算」 ＋ 「退院時共同指導加算 看護・介護職員連携強化加算 など」 ＋ 「ターミナルケア加算」

「訪問リハビリテーション費 or 介護予防訪問リハビリテーション費 + 各種加算」 ＋ 「リハビリテーションマネジメント加算 移行支援加算」

医療保険で訪問看護・リハビリは、同一月・日に併算定できますか？

一定の制限があります。

 複 数事業所が診療報酬を算定する上での制限があります。

医療保険において複数の事業所が同一月や同一日に訪問看護や訪問リハビリを提供する場合、両方が診療報酬を算定する上での制限が設けられています。複数の訪問看護ステーションが訪問看護・リハビリを提供する場合、同一月に算定可能なのは「厚生労働大臣が定める疾病・状態等」に該当する患者、特別訪問看護指示書の交付を受けた患者、専門研修を修了した看護師と共同で行う訪問看護であり、同一日の算定は専門研修を修了した看護師と共同で行う訪問看護、緊急訪問看護加算を算定する訪問看護で可能です。また複数の医療機関が訪問看護を提供する場合、同一月あるいは同一日に算定可能なのは、専門研修を修了した看護師と共同で行う訪問看護、退院後1ヶ月以内の患者（入院医療機に限る）です。

 患 者の状態、訪問看護の種類などで、算定可能になります。

訪問看護ステーションが訪問看護・リハビリを提供し、医療機関が訪問看護を提供する場合、同一月の算定が可能なのは「厚生労働大臣が定める疾病・状態等」に該当する患者、特別訪問看護指示書の交付を受けた患者、退院後1ヶ月以内の患者と専門研修を修了した看護師と共同で行う訪問看護で、このうち退院後1ヶ月以内の患者と専門研修を修了した看護師と共同で行う訪問看護は、同一日の算定も可能です。また、複数の医療機関が訪問看護と訪問リハビリを提供する場合、あるいは医療機関が訪問リハビリを提供し、訪問看護ステーションが訪問看護を提供する場合、同一月の算定に制限はなく、同一日の算定、同一あるいは特別な関係にある医療機関・事業所との算定も可能です。

医療保険における同一月・日の訪問看護と訪問リハビリの併算定

事業所 1	事業所 2	同一月の併算定を可能にする要件	同一日の併算定を可能にする要件
訪問看護ステーションによる訪問看護や訪問リハビリ	訪問看護ステーションによる訪問看護や訪問リハビリ	・「厚生労働大臣が定める疾病等」「厚生労働大臣が定める状態等」に該当する患者 ・特別訪問看護指示書の交付を受けた者 ・がん患者に対する緩和ケア、褥瘡ケア、人工肛門ケア、人工膀胱ケアの専門研修を修了した看護師と共同で行う訪問看護	・がん患者に対する緩和ケア、褥瘡ケア、人工肛門ケア、人工膀胱ケアの専門研修を修了した看護師と共同で行う訪問看護 ・緊急訪問看護加算を算定する訪問看護
訪問看護ステーションによる訪問看護や訪問リハビリ	医療機関による訪問看護	・「厚生労働大臣が定める疾病等」「厚生労働大臣が定める状態等」に該当する患者 ・特別訪問看護指示書の交付を受けた者 ・退院後1ヶ月以内の患者・利用者（入院医療機関に限る） ・がん患者に対する緩和ケア、褥瘡ケア、人工肛門ケア、人工膀胱ケアの専門研修を修了した看護師と共同で行う訪問看護	・退院後1ヶ月以内の患者・利用者（入院医療機関に限る） ・がん患者に対する緩和ケア、褥瘡ケア、人工肛門ケア、人工膀胱ケアの専門研修を修了した看護師と共同で行う訪問看護
医療機関による訪問看護	医療機関による訪問看護	・がん患者に対する緩和ケア、褥瘡ケア、人工肛門ケア、人工膀胱ケアの専門研修を修了した看護師と共同で行う訪問看護 ・退院後1ヶ月以内の患者・利用者（入院医療機関に限る）	・がん患者に対する緩和ケア、褥瘡ケア、人工肛門ケア、人工膀胱ケアの専門研修を修了した看護師と共同で行う訪問看護 ・退院後1ヶ月以内の患者・利用者（特別な関係にある場合を除く）
医療機関による訪問看護	医療機関による訪問リハビリ	・併算定の要件なし	・同一医療機関、特別な関係にある医療機関の場合は併算定不可
医療機関による訪問リハビリ	訪問看護ステーションによる訪問看護	・併算定の要件なし	・特別な関係にある医療機関の場合は併算定不可（退院後1ヶ月以内の患者・利用者などは併算定可）
医療機関による訪問リハビリ	訪問看護ステーションによる訪問リハビリ	・併算定の要件なし	・併算定不可
医療機関による訪問リハビリ	医療機関による訪問リハビリ	・併算定不可	・併算定不可

● 在宅患者訪問診療料(I)の場合

ケアプラン第1表には

利用者や家族の意向と現在の心身状況、それに対する総合的な援助の方針などがまとめられる。

ケアプラン第2表には

個々の具体的な課題とそれに対する短期・長期の目標、それを実現するための介護サービスの内容と種類が記述される。

ケアプラン第3表には

第2表で記述した介護サービスの内容と種類が週間スケジュール表の形で表現される。

● 在宅患者訪問診療料(II)の場合

課題分析	サービス担当者会議	ケアプラン作成	介護サービスの開始	モニタリング	再課題分析

 → → → → →

9章

訪問看護・リハビリ
（医療保険で訪問看護ステーションの場合）
の報酬と算定要件

訪問看護基本療養費とは、どのような報酬ですか?

サービス提供者で分類されます。

在 宅療養中の患者に対して、訪問看護を実施します。

訪問看護基本療養費とは、訪問看護が必要であると判断された要介護・要支援以外の在宅療養患者に対して、訪問看護ステーションが訪問看護を実施した場合に算定する報酬です。訪問看護基本療養費は、同一建物居住者以外の患者を対象とする（Ⅰ）、同一日に同一建物居住者の患者を対象とする（Ⅱ）、在宅療養に向けて外泊している訪問看護が必要な「①厚生労働大臣が定める疾病等」「②厚生労働大臣が定める状態等」「③その他」のいずれかに該当する入院患者を対象とする（Ⅲ）に分けられ、①②は入院中2回、③は入院中1回提供可能です。訪問看護基本療養費はまた、「イ」保健師・助産師・看護師、「ロ」准看護師、「ハ」専門研修を受けた看護師、「ニ」理学療法士・作業療法士・言語聴覚士という提供者によって分類されます。

同 一日に2人以下と3人以上という区分もあります。

基本療養費（Ⅰ）は週の訪問回数で、基本療養費（Ⅱ）は同一日の訪問人数や週の訪問回数で報酬が設定されています。ただし、訪問看護基本療養費（Ⅰ）ハ、（Ⅱ）ハ、（Ⅲ）では特別地域訪問看護加算以外の加算や同一日の訪問看護管理療養費は算定できません。なおハの専門研修は「悪性腫瘍の鎮痛療法や化学療法を行っている利用者に対する緩和ケアに係る専門研修（2022年の診療報酬改定で特定行為研修（創傷管理関連）という基準が追加）」「真皮を越える褥瘡の状態にある利用者に対する褥瘡ケアに係る専門研修」「人工肛門や人工膀胱周囲の皮膚にびらん等の皮膚障害が継続・反復している利用者や、人工肛門や人口膀胱のその他の合併症がある利用者に対する人工肛門ケア・人口膀胱ケアに係る専門研修」のいずれかです。

訪問看護基本療養費の患者と算定要件

訪問看護ステーション
機能強化型訪問看護ステーション

「イ」保健師・助産師・看護師
「ロ」准看護師
「ハ」専門研修＊を受けた看護師
「ニ」理学療法士・作業療法士・言語聴覚士が提供

訪問看護基本療養費（Ⅰ）イ
訪問看護基本療養費（Ⅰ）ロ
訪問看護基本療養費（Ⅰ）ハ
訪問看護基本療養費（Ⅰ）ニ
訪問看護基本療養費（Ⅱ）イ
訪問看護基本療養費（Ⅱ）ロ
訪問看護基本療養費（Ⅱ）ハ
訪問看護基本療養費（Ⅱ）ニ
訪問看護基本療養費（Ⅲ）

対象となる患者・疾患

- 主治医により訪問看護が必要であると判断された在宅療養中の患者
- 要介護・要支援以外の者

（Ⅰ）同一建物居住者以外
（Ⅱ）同一日に同一建物居住者
（Ⅲ）在宅療養に向けて外泊している訪問看護が必要な「①厚生労働大臣が定める疾病等」「②厚生労働大臣が定める状態等」「③その他」のいずれか（①②は2回まで、③は1回）

＊ 「悪性腫瘍の鎮痛療法や化学療法を行っている利用者に対して、緩和ケアに係る専門研修」「真皮を越える褥瘡の状態にある利用者に対して褥瘡ケアに係る専門研修（2022年の診療報酬改定で特定行為研修（創傷管理関連）という基準が追加）」、「人工肛門や人工膀胱周囲の皮膚にびらん等の皮膚障害が継続・反復している利用者や、人工肛門や人口膀胱のその他の合併症がある利用者に対して、人工肛門ケア・人口膀胱ケアに係る専門研修」のいずれか

訪問介護基本療養費

訪問看護基本療養（Ⅰ）（1回につき）	イ	週3日目まで	5,550円	訪問看護基本療養（Ⅱ）（1回につき）	イ	同一日に2人まで週3日目まで	5,550円	訪問看護基本療養（Ⅱ）	ロ	同一日に3人以上週4日目以降	3,030円
	イ	週4日目以降	6,550円		イ	同一日に2人まで週4日目以降	6,550円		ハ		12,850円
	ロ	週3日目まで	5,050円		イ	同一日に3人以上週3日目まで	2,780円		ニ	同一日に2人まで週3日目まで	5,550円
	ロ	週4日目以降	6,050円		イ	同一日に3人以上週4日目以降	3,280円		ニ	同一日に2人まで週4日目以降	5,550円
	ハ		12,850円		ロ	同一日に2人まで週3日目まで	5,050円		ニ	同一日に3人以上週3日目まで	2,780円
	ニ	週3日目まで	5,550円		ロ	同一日に2人まで週4日目以降	6,050円		ニ	同一日に3人以上週4日目以降	2,780円
	ニ	週4日目以降	5,550円		ロ	同一日に3人以上週3日目まで	2,530円	訪問看護基本療養費（Ⅲ）			8,500円

＊ 訪問看護基本療養費（Ⅰ）ハ、（Ⅱ）ハ、（Ⅲ）では、特別地域訪問看護加算以外の加算、同一日に訪問看護管理療養費の算定が不可

訪問介護基本療養費に算定可能な加算

緊急訪問看護加算、夜間・早朝訪問看護加算、深夜訪問看護加算、長時間訪問看護加算、乳幼児加算、特別地域訪問看護加算、専門管理加算、複数名訪問看護加算、難病等複数回訪問加算

訪問看護基本療養費の加算には、何がありますか？①

様々な加算があります。

29 時間の訪問看護体制が必要です。

　訪問看護基本療養費には、緊急訪問看護加算、夜間・早朝訪問看護加算、深夜訪問看護加算、長時間訪問看護加算、乳幼児加算、特別地域訪問看護加算、専門管理加算、複数名訪問看護加算、難病等複数回訪問加算が設定されています。

　緊急訪問看護加算は在宅療養中の患者などの緊急の求めに応じて、主治医の指示により訪問看護を実施した場合に算定する加算です。緊急訪問看護加算の算定には、24 時間の訪問看護の体制を確保し、連絡先の医師または看護職員の情報を文書で提供することが求められます。なお、24 時間対応体制の算定を届け出て、利用者に対して 1 ヶ月以内に訪問看護基本診療料を算定している場合には、2 ヶ所目の訪問看護ステーションも加算のみ算定可能です。

夜 間・早朝や深夜や長時間の訪問看護なども評価されます。

　夜間・早朝訪問看護加算は早朝あるいは夜間に、深夜訪問看護加算は深夜に訪問した場合に算定可能であり、いずれも緊急訪問看護加算との併算定可能です。また、長時間訪問看護加算は「特別訪問看護指示書の交付を受けた者」「厚生労働大臣が定める状態等の者」のいずれかに 90 分を超える訪問看護を実施した場合に週 1 回算定し、「15 歳未満の超重症児・準超重症児や厚生労働大臣が定める状態等の者」には週 3 回算定可能です。そのほか、訪問看護ステーションや利用者宅が離島などの特別地域（⇒**付録 9**）に所在し、ステーションから利用者宅まで片道 1 時間以上かかる場合に算定する特別地域訪問看護加算、専門研修を受けたまたは特定行為研修を修了した看護師が計画的な管理を実施する専門管理加算があります。

緊急、夜間・早朝、深夜、乳幼児、特別地域などの加算

緊急訪問看護加算（1日1回まで）		2,650円
夜間・早朝訪問看護加算（1日1回まで）	早朝（6：00〜8：00）	2,100円
	夜間（18：00〜22：00）	2,100円
深夜訪問看護加算（1日2回まで）		4,200円
乳幼児加算（1日につき）		1,500円
長時間訪問看護加算（週1回まで、または週3回まで）		5,200円
特別地域訪問看護加算（1回につき）		訪問看護基本療養費の50%
専門管理加算（1月に1回）		2,500円

緊急、夜間・早朝、深夜、乳幼児、特別地域などの加算の算定要件

緊急訪問看護加算	・24時間の往診や訪問看護の体制を確保し、連絡先の医師または看護職員の情報を文書で提供 ・24時間対応体制の算定を届け出て、利用者に対して1ヶ月以内に訪問看護基本診療料を算定している場合には、2ヶ所目の看護ステーションも加算のみ算定可
夜間・早朝訪問看護加算	・早朝：利用者やその家族の求めに応じて早朝（6：00〜8：00）に訪問した場合に算定 ・夜間：利用者やその家族の求めに応じて18：00〜22：00）に訪問した場合に算定
深夜訪問看護加算	・利用者やその家族の求めに応じて深夜（22：00〜6：00）に訪問した場合に算定
乳幼児加算	・6歳未満の乳幼児に訪問看護を実施した場合に算定
長時間訪問看護加算	・90分を超える訪問看護を実施 ・「特別訪問看護指示書の交付を受けた者（終末期、急性増悪、退院直後など）」「厚生労働大臣が定める状態等の者」のいずれかに該当 ・「15歳未満の超重症児・準超重症児」「15歳未満の厚生労働大臣が定める状態等の者」には週3回算定可
特別地域訪問看護加算	・訪問看護ステーションもしくは利用者宅が離島などの特別地域（厚生労働省が定める地域）に所在し、利用者宅まで片道1時間以上かかる場合に算定
専門管理加算	・緩和ケア、褥瘡ケア、人工肛門ケア、人工膀胱ケアに係る専門研修を受けた看護師が「悪性腫瘍の鎮痛療法もしくは化学療法を行っている利用者」「真皮を越える褥瘡の状態にある利用者」「人工肛門もしくは人工膀胱を造設している者で管理が困難な利用者」に計画的な管理を実施 ・特定行為研修を修了した看護師が「手順書加算を算定する利用者」に計画的な管理を実施

訪問看護基本療養費の加算には、何がありますか？②

いずれも対象者が限定されます。

① 日に何度も訪問看護を実施します。

難病等複数回訪問加算は、重度の疾患のため1日複数回の訪問看護が必要な患者に、訪問看護を実施した場合に算定する加算です。難病等複数回訪問加算の算定には、対象者が「厚生労働大臣が定める状態等・疾病等の者」「特別訪問看護指示の交付を受けた者（終末期、急性増悪、退院直後など）」のいずれかに該当することが求められます。また訪問看護基本療養費（Ⅱ）については、同一建物内で難病等複数回訪問加算と複数名訪問看護加算（1日あたりの回数の区分が同じ場合に限る）を同一日に算定する場合、その利用者数に応じて算定することになります。難病等複数回訪問加算は、同一日に2人以下と3人以上、週3日以内と週4日以上という区分で1日あたりの報酬が設定されています。

① 人で看護が困難な患者に、複数名で実施します。

複数名訪問看護加算は、1人で看護を実施するのが困難な患者に、同時に複数名で訪問看護を実施した場合に算定する加算です。複数名訪問看護加算の算定には、利用者や家族などが同意すること、1人以上は看護職員（保健師、助産師、看護師、准看護師）であること、対象者が「厚生労働大臣が定める状態等・疾病等の者」「特別訪問看護指示書の交付を受けた者」「暴力行為、著しい迷惑行為、器物破損行為などが認められる者」「利用者の身体的理由で1人の看護師等による訪問看護が困難と認められる者」「いずれかに準じる者」のいずれかに該当することが求められます。複数名訪問看護加算は、看護師、准看護師、その他職員（2022年度の改定で変更）という2人目のスタッフで、1日あたりの報酬が設定されています。

難病等複数回訪問加算と複数名訪問看護加算

難病等複数回訪問加算（1日につき）	1日に2回の場合	同一建物内2人以下	4,500円
		同一建物内3人以上	4,000円
	1日に3回以上の場合	同一建物内2人以下	8,000円
		同一建物内3人以上	7,200円
複数名訪問看護加算（1日につき）	イ 看護師の場合	同一建物内2人以下	4,500円
		同一建物内3人以上	4,000円
	ロ 准看護師の場合	同一建物内2人以下	3,800円
		同一建物内3人以上	3,400円
	ハ その他職員* の場合	同一建物内2人以下	3,000円
		同一建物内3人以上	2,700円
	ニ その他職員* の場合（「厚生労働大臣が定める状態等・疾病等の者」「特別訪問看護指示書の交付を受けた者」への提供）	(1) 1日1回の場合　同一建物内2人以下	3,000円
		(1) 1日1回の場合　同一建物内3人以上	2,700円
		(2) 1日2回の場合　同一建物内2人以下	6,000円
		(2) 1日2回の場合　同一建物内3人以上	5,400円
		(3) 1日3回の場合　同一建物内2人以下	10,000円
		(3) 1日3回の場合　同一建物内3人以上	9,000円

* その他職員：看護師等または看護助手

難病等複数回訪問加算と複数名訪問看護加算の算定要件

難病等複数回訪問加算

・「厚生労働大臣が定める状態等の者」「厚生労働大臣が定める疾病等の者」「特別訪問看護指示の交付を受けた者（終末期、急性増悪、退院直後など）」のいずれかに該当
・訪問看護基本療養費（Ⅱ）のみ：同一建物内で難病等複数回訪問加算または複数名精神科訪問看護加算（1日あたりの回数の区分が同じ場合に限る）を同一日に算定する利用者の人数に応じて算定

複数名訪問看護加算

・1人以上は看護職員（保健師、助産師、看護師、准看護師）である
・「①厚生労働大臣が定める状態等の者」「②厚生労働大臣が定める疾病等の者」「③特別訪問看護指示書の交付を受けた者（終末期、急性増悪、退院直後など）」「④暴力行為、著しい迷惑行為、器物破損行為などが認められる者」「⑤利用者の身体的理由で1人の看護師等による訪問看護が困難と認められる者（その他職員の場合のみ）」「⑥①〜⑤のいずれかに準じる者（その他職員の場合のみ）」のいずれかに該当
・訪問看護基本療養費（Ⅱ）のみ：同一建物内で難病等複数回訪問加算または複数名精神科訪問看護加算（1日あたりの回数の区分が同じ場合に限る）を同一日に算定する利用者の人数に応じて算定

精神科訪問看護基本療養費とは、どのような報酬ですか？

> サービス提供者で分類されます。

精 神疾患を有する患者に、訪問看護を実施します。

精神科訪問看護基本療養費とは、訪問看護が必要であると判断された要介護・要支援以外の精神疾患患者に対して、訪問看護ステーションが訪問看護を実施した場合に算定する報酬です。精神科訪問看護基本療養費は、同一建物居住者以外の患者を対象とする（Ⅰ）、同一日に同一建物居住者の患者を対象とする（Ⅱ）、在宅療養に向けて外泊している訪問看護が必要な「①厚生労働大臣が定める疾病等」「②厚生労働大臣が定める状態等」「③その他」のいずれかに該当する入院患者を対象とする（Ⅲ）に分けられ、①②は入院中2回、③は入院中1回提供可能です。精神科訪問看護基本療養費の提供は「イ」保健師・助産師・看護師、「ロ」准看護師が担い、いずれも精神疾患を有するものに対する看護について相当の経験が求められます。

看 護職員には、相当の経験が求められます。

基本療養費（Ⅰ）はイ・ロ・ハのほか週3日以内と週4日以上という区分で、基本療養費（Ⅱ）はイ・ロのほか、同一日に2人以下と3人以上、週3日以内と週4日以上という区分で報酬が設定されています。ただし、精神科訪問看護基本療養費（Ⅰ）ハ、（Ⅱ）ハ、（Ⅲ）では特別地域訪問看護加算以外の加算や同一日の訪問看護管理療養費は算定できません。なお看護職員に求められる相当の経験は「精神科を標榜する保険医療機関において、精神病棟又は精神科外来に勤務した1年以上の経験」「精神疾患を有する者に対する訪問看護の1年以上の経験」「精神保健福祉センター又は保健所等における精神保健に関する業務の1年以上の経験」「国、都道府県又は医療関係機関団体等が主催する精神保健に関する研修修了」のいずれかです。

精神科訪問看護基本療養費の患者と算定要件

訪問看護ステーション
機能強化型訪問看護ステーション

「イ」保健師・助産師・作業療法士
「ロ」准看護師
精神疾患を有するものに対する
看護について、相当の経験 * を
有する

精神科訪問看護基本療養費（Ⅰ）イ
精神科訪問看護基本療養費（Ⅰ）ロ
精神科訪問看護基本療養費（Ⅲ）イ
精神科訪問看護基本療養費（Ⅲ）ロ
精神科訪問看護基本療養費（Ⅳ）

対象となる患者・疾患

● 主治医により訪問看護
が必要であると判断さ
れた精神疾患を有する
在宅療養中の患者
● 要介護・要支援以外の者

（Ⅰ）同一建物居住者以外
（Ⅲ）同一日に同一建物居住者
（Ⅳ）在宅療養に向けて外泊して
いる訪問看護が必要な「①厚生
労働大臣が定める疾病等」「②
厚生労働大臣が定める状態等」
「③その他」のいずれか（①②
は２回まで、③は１回）

* 相当の経験：「精神科を標榜する保険医療機関において、精神病棟又は精神科外
来に勤務した経験を１年以上有する者」「精神疾患を有する者に対する訪問看護
の経験を１年以上有する者」「精神保健福祉センター又は保健所等における精神
保健に関する業務の経験を１年以上有する者」「国、都道府県又は医療関係機関
団体等が主催する精神保健に関する研修を修了している者」のいずれかに該当

精神科訪問介護基本療養費*

精神科訪問看護基本療養費（Ⅰ）（1日につき）	イ	週3日目まで　30分以上	5,550円	精神科訪問看護基本療養費（Ⅱ）（1日につき）	イ	同一日に3人以上 週3日目まで　30分未満	2,130円
	イ	週3日目まで　30分未満	4,250円		イ	同一日に3人以上 週4日目以降　30分以上	3,280円
	イ	週4日目以降　30分以上	6,550円		イ	同一日に3人以上 週4日目以降　30分未満	2,550円
	イ	週4日目以降　30分未満	5,100円		ロ	同一日に2人まで 週3日目まで　30分以上	5,050円
	ロ	週3日目まで　30分以上	5,050円		ロ	同一日に2人まで 週3日目まで　30分未満	3,870円
	ロ	週3日目まで　30分未満	3,870円		ロ	同一日に2人まで 週4日目以降　30分以上	6,050円
	ロ	週4日目以降　30分以上	6,050円		ロ	同一日に2人まで 週4日目以降　30分未満	4,720円
	ロ	週4日目以降　30分未満	4,720円		ロ	同一日に3人以上 週3日目まで　30分以上	2,530円
精神科訪問看護基本療養費（Ⅱ）（1日につき）	イ	同一日に2人まで 週3日目まで　30分以上	5,550円		ロ	同一日に3人以上 週3日目まで　30分未満	1,940円
	イ	同一日に2人まで 週4日目以降　30分以上	4,250円		ロ	同一日に3人以上 週4日目以降　30分以上	3,030円
	イ	同一日に2人まで 週4日目以降　30分以上	6,550円		ロ	同一日に3人以上 週4日目以降　30分未満	2,360円
	イ	同一日に2人まで 週4日目以降　30分未満	5,100円	精神科訪問看護基本療養費（Ⅳ）			8,500円
	イ	同一日に3人以上 週3日目まで　30分以上	2,780円				

* 精神科訪問看護基本療養費（Ⅰ）ハ、（Ⅱ）ハ、（Ⅲ）では、
特別地域訪問看護加算以外の加算、同一日に訪問看護
管理療養費の算定が不可

精神科訪問介護基本療養費に算定可能な加算

精神科緊急訪問看護加算、夜間・早朝訪問看護加算、深夜訪問看護加算、長時
間精神科訪問看護加算、特別地域訪問看護加算、複数名精神科訪問看護加算

精神科訪問看護基本療養費の加算には、何がありますか？

基本は訪問看護基本療養費と同様です

夜 間・早朝・深夜・長時間精神科の加算はほぼ同じです。

精神科訪問看護基本療養費には、精神科緊急訪問看護加算、夜間・早朝訪問看護加算、深夜訪問看護加算、長時間精神科訪問看護加算、特別地域訪問看護加算、複数名精神科訪問看護加算が設定されています。精神科緊急訪問看護加算は精神疾患を有する在宅療養中の患者などの求めに応じて、主治医の指示により訪問看護を実施した場合に算定する加算です。

緊急訪問看護加算の算定には、24時間の訪問看護の体制を確保し、連絡先の医師または看護職員の情報を文書で提供することが求められます。なお、24時間対応体制の算定を届け出て、利用者に対して1ヶ月以内に訪問看護基本診療料を算定している場合には、2ヶ所目のステーションも加算のみ算定可能です。

複 数回訪問、複数名訪問の加算もあります。

精神科複数回訪問加算は、精神疾患のため1日複数回の訪問看護が必要な患者に、訪問看護を実施した場合に算定する加算です。精神科複数回訪問加算の算定には、対象者が「精神科在宅患者支援管理料1　イ・ロ」または「精神科在宅患者支援管理料2」を算定し、精神科複数回訪問加算に係る届出書を提出することが求められます。

また**複数名精神科訪問看護加算**は、1人で看護を実施するのが困難な精神疾患の患者に、同時に複数名で訪問看護を実施した場合に算定する加算です。複数名訪問看護加算の算定には、利用者などが同意し、30分を超える訪問看護を実施し、精神科訪問看護指示書に複数名訪問の必要性を記載し、1人以上は保健師または看護師であり、保健師または看護師と看護助手が一定時間同時に滞在することが求められます。

精神科訪問看護基本療養費の加算

精神科緊急訪問看護加算（1日につき1回限り）			2,650円
長時間精神科訪問看護加算（週1回まで、週3回まで）			5,200円
精神科複数回訪問加算（1日につき）	1日に2回の場合	同一建物内2人以下	4,500円
		同一建物内3人以上	4,000円
	1日に3回以上の場合	同一建物内2人以下	8,000円
		同一建物内3人以上	7,200円
複数名精神科訪問看護加算（1日につき）	イ 保健師、看護師、作業療法士の場合	(1) 1日1回の場合　同一建物内2人以下	4,500円
		(1) 1日1回の場合　同一建物内3人以上	4,000円
		(2) 1日2回の場合　同一建物内2人以下	9,000円
		(2) 1日2回の場合　同一建物内3人以上	8,100円
		(3) 1日3回の場合　同一建物内2人以下	14,500円
		(3) 1日3回の場合　同一建物内3人以上	13,000円
	ロ 准看護師の場合	(1) 1日1回の場合　同一建物内2人以下	3,800円
		(1) 1日1回の場合　同一建物内3人以上	3,400円
		(2) 1日2回の場合　同一建物内2人以下	7,600円
		(2) 1日2回の場合　同一建物内3人以上	6,800円
		(3) 1日3回の場合　同一建物内2人以下	12,400円
		(3) 1日3回の場合　同一建物内3人以上	11,200円
	ハ 看護補助者、精神保健福祉士の場合（週1回まで）	同一建物内2人以下	3,000円
		同一建物内3人以上	2,700円

* 夜間・早朝、深夜、乳幼児、特別地域訪問看護加算については、訪問看護基本療養費と共通

精神科訪問看護基本療養費の加算の算定要件

精神科緊急訪問看護加算	・24時間の往診や訪問看護の体制を確保し、連絡先の医師または看護職員の連絡先などを文書で提供 ・24時間対応体制の算定を届け出て、利用者に対して1ヶ月以内に訪問看護基本診療料を算定している場合には、2ヶ所目の看護ステーションも加算のみ算定可
長時間精神科訪問看護加算	・90分を超える訪問看護を実施 ・「精神科特別訪問看護指示書の交付を受けた者（終末期、急性増悪、退院直後など）」「厚生労働大臣が定める状態等の者」のいずれかに該当 ・「15歳未満の超重症児・準超重症児」「15歳未満の厚生労働大臣が定める状態等の者」に対しては週3回算定可
精神科複数回訪問加算	・「精神科在宅患者支援管理料1　イ・ロ」または「精神科在宅患者支援管理料2」を算定し、主治医が必要を認める ・精神科複数回訪問加算に係る届出書を届出
複数名精神科訪問看護加算	・1人以上は保健師または看護師 ・30分を超える訪問看護を実施 ・精神科訪問看護指示書に複数名訪問の必要性を記載 ・保健師または看護師と看護助手が一定時間同時に滞在

* 精神科在宅患者支援管理料1を算定する医療機関と連携する訪問看護ステーションが、同一日に複数回の訪問看護を行った場合、医療機関が精神科複数回訪問加算を算定（訪問看護ステーションは算定不可）し、精神科在宅患者支援管理料2を算定する医療機関と連携する訪問看護ステーションのそれぞれが、同一日に複数回の訪問看護を行った場合は、訪問看護ステーションが精神科複数回訪問加算を算定（医療機関は算定不可）

訪問看護管理療養費とは、
どのような報酬ですか?

> 月の初日と2日目以降で
> 料金が異なります。

訪 問看護実施に関する計画的な管理を継続実施します。

　訪問看護管理療養費とは、訪問看護が必要であると判断された要介護・要支援以外の在宅療養患者に対して、主治医との連携の下、訪問看護ステーションが利用者に関わる訪問看護実施に関する計画的な管理を継続実施した場合に算定する報酬です。訪問看護管理療養費の算定には、安全な提供体制や営業時間内における利用者・家族との電話連絡体制が整備されていること、主治医と連携して訪問看護計画書・訪問看護報告書を文書または電子で提出していることが求められます。

　訪問看護管理療養費は、月の初日は施設基準に応じた4つの料金、月の2日目以降は均一の料金が設定されており、機能強化型訪問看護ステーション（⇒**訪問看護・リハビリ編　質問3**）による提供が評価されます。

安 全な提供体制の構築が求められます。

　訪問看護ステーションには、安全な提供体制の構築に向けて、安全管理に関する基本的な考え方、事故発生時の対応方法等が文書化されていること、訪問先等で発生した事故やインシデント等が報告されてその分析を通した改善策が実施される体制が整備されていること、日常生活の自立度が低い利用者に対して褥瘡に関する危険因子の評価を行って必要に応じて適切な褥瘡対策の看護計画を作成・実施・評価を行うこと、毎年7月において褥瘡を有する利用者数などについて地方厚生（支）局長へ報告を行うことが求められます。

　なお、衛生材料を使用している利用者については、衛生材料などを適切に管理し、使用実績などを訪問看護報告書に記載し、主治医に報告しなくてはなりません。

訪問看護管理療養費の患者と算定要件

訪問看護ステーション
機能強化型訪問看護ステーション

安全な提供体制を整備
地方厚生（支）局長へ届け出
主治医との連携（計画書・報告書）

訪問看護の実施に関する
計画的な管理を継続実施

訪問看護基本療養費（Ⅰ）ハ、（Ⅱ）ハ、（Ⅲ）と精神科訪問看護基本療養費（Ⅰ）ハ、（Ⅱ）ハ、（Ⅲ）とは、同一日の算定不可

対象となる患者・疾患

● 主治医により訪問看護が必要であると判断された在宅療養中の患者
● 要介護・要支援以外の者

衛生材料などの適切な管理
機能強化型：「厚生労働大臣が定める疾病等」「厚生労働大臣が定める状態等」の該当者など

訪問介護基本療養費

	月の初日	2日目以降
訪問看護管理療養費	7,440円	
機能強化型訪問看護管理療養費1	12,830円	3,000円
機能強化型訪問看護管理療養費2	9,800円	
機能強化型訪問看護管理療養費3	8,470円	

訪問看護管理療養費に求められる「安全な提供体制」

● 安全管理に関する基本的な考え方、事故発生時の対応方法等が文書化されていること
● 訪問先等で発生した事故、インシデント等が報告されその分析を通した改善策が実施される体制が整備されていること
● 日常生活の自立度が低い利用者に対して、褥瘡に関する危険因子の評価を行い、必要に応じて適切な褥瘡対策の看護計画を作成、実施、評価を行うこと
● 毎年7月において、褥瘡を有する利用者数等について地方厚生（支）局長へ報告を行うこと

訪問介護管理療養費に算定可能な加算

特別管理加算、24時間対応体制加算、在宅患者連携指導加算、在宅患者緊急時等カンファレンス加算、退院時共同指導加算、退院支援指導加算、看護・介護職連携強化加算

質問 **17**

訪問看護管理療養費の加算には、何がありますか?

管理や体制、連携などを評価します。

4章
5章
6章
7章

特 別管理、在宅患者連携指導、退院時共同指導などです。

　訪問看護管理療養費には、特別な管理を必要とする利用者に対する計画的管理の実施を評価する特別管理加算、電話などでの常時問い合わせ対応と必要に応じた緊急時の訪問看護の実施を評価する24時間対応体制加算、訪問診療・歯科診療などを実施する医療機関や薬局と共有した情報に基づく指導を評価する在宅患者連携指導加算、状態急変時などにおけるカンファレンス実施と診療方針の変更情報の共有を評価する在宅患者緊急時等カンファレンス加算、退院・退所する利用者への入院医療機関の医師やスタッフとの共同指導を評価する退院時共同指導加算、退院する利用者に対する退院日の指導を評価する退院支援指導加算、訪問介護事業所と連携した利用者に係る計画作成の支援などを評価する看護・介護職連携強化加算があります。

9章

加 算の算定には様々な要件を満たすことが求められます。

　特別管理加算には重症度が高い場合とそれ以外の場合があり、退院時共同指導加算にはさらに特別管理指導加算が設定されています。重症度が高い特別管理加算の対象は「在宅悪性腫瘍等患者指導管理、在宅気管切開患者指導管理を受けている状態」の者であるのに対して、特別管理加算の対象はそれ以外の「厚生労働大臣が定める状態等」に該当する者です。また退院時共同指導加算の特別管理指導加算の対象は「厚生労働大臣が定める状態等」に該当する者です。

11章

　なお、**在宅患者緊急時等カンファレンス加算**の算定には、看護師など(准看護師を除く)が主治医の求めに応じて医師、歯科医師、薬剤師、ケアマネジャー、相談支援専門員などとのカンファレンスに参加しなくてはなりません。

12章

訪問看護管理療養費の加算

特別管理加算（月1回まで）	重症度の高い場合	5,000円
	それ以外の場合	2,500円
24時間対応体制加算（月1回まで、1ヶ所のステーションのみ）		6,400円
在宅患者連携指導加算（月1回まで）		3,000円
在宅患者緊急時等カンファレンス加算（月2回まで）		2,000円
退院時共同指導加算（月1回まで、厚生労働大臣が定める疾病等、厚生労働大臣が定める状態等に該当する場合は月2回まで）		8,000円
	特別管理指導加算	2,000円
退院支援指導加算（退院また退所1回につき）		6,000円（8,400円）
看護・介護職員連携強化加算（月1回まで、1ヶ所のステーションのみ）		2,500円

訪問看護管理療養費の加算の算定要件

特別管理加算	重症度の高い場合	・24時間対応で「在宅悪性腫瘍等患者指導管理、在宅気管切開患者指導管理を受けている状態」の者に対して訪問看護に関する計画的な管理を実施
	それ以外の場合	・24時間対応で上記以外の「厚生労働大臣が定める状態等」に該当する者に対して訪問看護に関する計画的な管理を実施
24時間対応体制加算		・利用者やその家族などからの電話などに常時対応し、緊急時訪問看護を実施できる体制を構築 ・時間外・緊急時の連絡先など、緊急時の連絡方法を記載した文書を交付 ・業務継続計画を策定した上で自然災害などの発生に備えた地域の相互支援ネットワークに参画
在宅患者連携指導加算		・利用者またはその家族などの同意 ・看護師（准看護師を除く）が月2回以上、医療関係職種間で文書などにより共有された診療情報に基づいて指導
在宅患者緊急時等カンファレンス加算		・利用者の状態の急変などに伴い、看護師など（准看護師を除く）が主治医の求めに応じて医師、歯科医師、薬剤師、ケアマネジャー、相談支援専門員などとカンファレンスに参加して共同で指導
退院時共同指導加算		・医療機関、介護老人保険施設、介護医療院からの退院・退所にあたり、看護師等（准看護師を除く）が主治医または医療機関などの職員とともに利用者本人やその看護者に対して在宅療養に必要な指導を実施（初日の訪問看護実施時に算定） ・原則対面だが、ビデオ通話による場合も算定可
特別管理指導加算		・利用者が「厚生労働大臣が定める状態等」に該当
退院支援指導加算		・「厚生労働大臣が定める状態等」「厚生労働大臣が定める疾病等」「退院日の訪問看護が必要であると認められた者」のいずれかに該当（厚生労働大臣が定める長時間の訪問を要する者に長時間にわたる療養指導を実施した場合は8,400円） ・訪問看護ステーションの看護師等（准看護師を除く）が実施 ・退院時に訪問看護指示書の交付
看護・介護職員連携強化加算		・24時間対応体制加算の体制の届け出 ・介護職員等に対し、看護師または准看護師が喀痰吸引等の計画書・報告書の作成や緊急時の対応について助言 ・介護職員等に同行して利用者の居宅において業務の実施状況を確認

訪問看護情報提供療養費とは、どのような報酬ですか?

福祉サービスや医療ケア
などに必要です。

訪 問看護の状況を必要とする機関に、情報提供します。

　訪問看護情報提供療養費とは、訪問看護の状況を必要とする各種機関に対して、情報を提供することを評価する報酬です。訪問看護情報提供療養費は、情報提供先によって、市町村や都道府県に提供する1、保育所や学校などに提供する2、医療機関や介護老人保健施設などに提供する3に分けられます。1の対象は「厚生労働大臣が定める疾病等」に該当する者、「厚生労働大臣が定める状態等」に該当する者、精神障害を有する利用者またはその家族、15歳未満の利用者であり、2の対象は15歳未満の超・準重症児、15歳未満で「厚生労働大臣が定める疾病等」に該当する者、15歳未満で「厚生労働大臣が定める状態等」に該当する者であり、3の対象は医療機関、介護老人保健施設、介護医療院に入院・入所する利用者です。

訪 問看護情報提供療養費1・2・3には、算定要件があります。

　訪問看護情報提供療養費では利用者の同意を得て訪問看護の状況を提供するほか、1の算定にあたり、訪問看護実施日から2週間以内に所定様式の文書で実施すること、2の算定にあたり、情報提供は訪問看護実施日から2週間以内に所定様式の文書で実施すること、情報提供前6ヶ月以内に訪問看護を実施しているステーションのみが算定すること、前回の算定年月日などの情報を明細書に記載すること、3の算定にあたり主治医に訪問看護の状況を提供すること、文書の写しを求めに応じて入院・入所先の医療機関などと共有することなどが求められます。なお、入院・入所する医療機関と訪問看護ステーションが特別の関係あるいは同一の場合は算定不可ですが、主治医の医療機関と訪問看護ステーションが特別の関係にある場合は算定可です。

訪問看護情報提供療養費の情報提供先と算定要件

情報提供

訪問看護ステーション
**機能強化型訪問看護
ステーション**

算定可能な訪問看護ス
テーションは1つのみ

訪問看護情報提供
療養費(1)
訪問看護情報提供
療養費(2)
訪問看護情報提供
療養費(3)

1
2
3

情報提供先

- 情報提供療養費1：
  市町村および都道府県
- 情報提供療養費2：
  保育所等、幼稚園、小学校、
  中学校、義務教育学校、中等
  教育学校の前期課程または特
  別支援学校の小学部、中学部
- 情報提供療養費3：
  医療機関、介護老人保健施設、
  介護医療院

訪問看護情報提供療養費

訪問看護情報提供療養費1（月1回まで）	1,500円
訪問看護情報提供療養費2（月1回まで）	1,500円
訪問看護情報提供療養費3（月1回まで）	1,500円

訪問看護情報提供療養費の算定対象

訪問看護情報提供療養費1	「厚生労働大臣が定める疾病等」に該当する者、「厚生労働大臣が定める状態等」に該当する者、精神障害を有する利用者またはその家族、15歳未満の利用者
訪問看護情報提供療養費2	15歳未満の超・準重症児、15歳未満で「厚生労働大臣が定める疾病等」に該当する者、15歳未満で「厚生労働大臣が定める状態等」に該当する者
訪問看護情報提供療養費3	医療機関、介護老人保健施設、介護医療院に入院・入所する利用者

訪問介護情報提供療養費の算定要件

訪問看護情報提供療養費1	・利用者の同意を得て、市町村等が保険・福祉サービスを提供するために必要となる訪問看護の状況を提供 ・情報提供は訪問看護実施日から2週間以内に所定様式の文書で実施
訪問看護情報提供療養費2	・利用者の同意を得て、保育所等、幼稚園、小学校、中学校などが医療的ケアを提供するために必要となる訪問看護の状況を提供 ・情報提供は訪問看護実施日から2週間以内に所定様式の文書で実施 ・情報提供前6ヶ月以内に訪問看護を実施しているステーションのみが算定 ・前回の算定年月日、入園、入学、転園などによる算定などの情報を明細書に記載
訪問看護情報提供療養費3	・利用者の同意を得て、主治医に訪問看護の状況を提供 ・文書の写しを求めに応じて入院・入所先の医療機関などと共有 ・入院・入所医療機関とステーションが特別の関係あるいは同一の場合は算定不可 ・主治医の医療機関と訪問看護ステーションが特別の関係にある場合は算定可

訪問看護ターミナルケア療養費とは、どのような報酬ですか?

看取り介護加算などの
算定で分かれます。

 治医との連携の下、ターミナルケアを実施します。

　訪問看護ターミナルケア療養費とは、終末期の在宅療養患者に対して、主治医との連携の下に訪問看護ステーションがターミナルケアを実施した場合に算定する報酬です。訪問看護ターミナルケア療養費の対象は、死亡日および死亡日前14日以内の計15日間に2回以上訪問看護基本療養費（精神科訪問看護基本療養費）を算定している患者（ターミナルケア実施後、24時間以内に在宅等以外で死亡した場合も算定可）です。訪問看護ターミナルケア療養費には、在宅で死亡した利用者や介護老人福祉施設などで死亡した看取り介護加算などを算定する利用者を対象とする訪問看護ターミナルケア療養費1と、介護老人福祉施設などで死亡した看取り介護加算などを算定する利用者を対象とする訪問看護ターミナルケア療養費2が設定されています。

 思決定の支援、支援体制の事前説明が必要です。

　訪問看護ターミナルケア療養費の算定にあたっては、厚生労働省「**人生の最終段階における医療・ケアの決定プロセスに関するガイドライン**」に基づく、話し合いと本人の意思決定（他の関係者との連携が必要）の支援、利用者やその家族などに対するターミナルケアの支援体制（連絡先の電話番号、連絡担当、緊急時の注意事項など）の事前説明が求められます。また訪問看護ターミナルケア療養費は利用者の死亡月に算定し、他の訪問看護ステーションが訪問看護ターミナルケア療養費を算定している場合や医療機関が在宅患者訪問看護・指導料の在宅ターミナルケア加算などを算定している場合は算定できず、医療保険または介護保険の訪問看護をそれぞれ1日以上実施した場合は、最後に実施した保険制度で算定します。

訪問看護ターミナルケア療養費の患者

訪問看護ステーション
機能強化型訪問看護
ステーション

算定可能な訪問看護ステーションは1つのみ

本人の意思決定

ターミナルケア

厚生労働省「人生の最終段階における医療・ケアの決定プロセスに関するガイドライン」に基づく、話し合いと本人の意思決定支援体制を事前に説明

対象となる患者・疾患

● 終末期の在宅療養中の患者

死亡日および死亡日前14日以内の計15日間に2回以上訪問看護を実施した患者（24時間以内に在宅など以外で死亡した場合も算定可）

訪問看護ターミナルケア療養費

訪問看護ターミナルケア療養費1	25,000円
訪問看護ターミナルケア療養費2	10,000円
遠隔死亡診断補助加算（1回につき）	1,500円

訪問看護ターミナルケア療養費の算定要件

共通	・厚生労働省「人生の最終段階における医療・ケアの決定プロセスに関するガイドライン」に基づく、話し合いと本人の意思決定（他の関係者と連携） ・死亡日および死亡日前14日以内の計15日間に2回以上訪問看護（退院支援指導加算の算定に係る療養上必要な指導を含む。ただし、1回を退院支援指導加算とする場合は、退院日にターミナルケアに係る療養指導を実施）を実施した患者（24時間以内に在宅など以外で死亡した場合も算定可）
訪問看護ターミナルケア療養費1	・在宅で死亡した利用者、介護老人福祉施設などで死亡した利用者（施設が看取り介護加算を算定する場合を除く）
訪問看護ターミナルケア療養費2	・介護老人福祉施設などで死亡した利用者（施設が看取り介護加算等を算定する場合に限る）
遠隔死亡診断補助加算	・情報通信機器を用いた在宅での看取りに係る研修を受けた看護師が、厚生労働大臣が定める地域に居住する死亡診断加算を算定する利用者ついて主治医の指示に基づいて情報通信機器を用いて医師の死亡診断の補助を実施

訪問看護ターミナルケア療養費2の対象施設

有料老人ホーム、軽費老人ホーム、養護老人ホーム、グループホーム、介護老人福祉施設、特定施設

特別地域加算の対象地域と中山間地域等 小規模事業所加算の対象地域等

● 特別地域加算の算定要件

特別地域加算は、下記1〜5の地域に事業所がある場合に特別地域加算が算定できます。なお、6については、別に厚生労働大臣が定める地域に事業所がある場合に算定できます。
算定に当たっては、都道府県知事（政令市及び中核市は市長）に体制状況等一覧の届出が必要です。

1　離島振興法第2条第1項の規定により指定された離島振興対策実施地域
2　奄美群島振興開発特別措置法第1条に規定する奄美群島
　　奄美群島（鹿児島県奄美市及び大島郡の区域）
3　山村振興法第7条第1項の規定により指定された振興山村
4　小笠原諸島振興開発特別措置法第4条第1項に規定する小笠原諸島嫡婦岩の南の南方諸島（小笠原群島、西之島及び火山列島を含む）
　　並びに沖の鳥島及び南鳥島
5　沖縄振興特別措置法第3条第3号に規定する離島
6　豪雪地帯対策特別措置法第2条第1項の規定により指定された豪雪地帯及び同条第2項の規定により指定された特別豪雪地帯、辺
　　地に係る公共的施設の総合整備のための財政上の特別措置等に関する法律第2条第1項に規定する辺地、過疎地域自立促進特別措置
　　法第2条第1項に規定する過疎地域その他の地域のうち、人口密度が希薄であること、交通が不便であること等の理由により、介護
　　保険法第41条第1項に規定する指定居宅サービス及び同法第42条第1項第2号に規定する基準該当居宅サービス並びに同法第
　　46条第1項に規定する指定居宅介護支援及び同法第47条第1項第1号に規定する基準該当居宅介護支援並びに同法第53条第1
　　項に規定する指定介護予防サービス及び同法第54条第1項第2号に規定する基準該当介護予防サービスの確保が著しく困難である
　　と認められる地域であって、厚生労働大臣が別に定めるもの

● 中山間地域等小規模事業所加算の算定要件

中山間地域等小規模事業所加算は、下記1の施設基準を満たし、2、3の要件を満たした上で、4に掲げる地域に事業所がある場合に中山間地域等小規模事業所加算が算定できます。
算定に当たっては、都道府県知事（政令市及び中核市は市長）に体制状況等一覧の届出が必要です。

1　厚生労働大臣が定める施設基準（加算を届出・算定ができる事業所）
　　1月当たりの延べ訪問回数（又は実利用者人数）要支援者への1月当たりの訪問要介護者への1月当たりの訪問
　　居宅療養管理指導延べ訪問回数月5回以下延べ訪問回数月50回以下
　　訪問看護延べ訪問回数月5回以下延べ訪問回数月100回以下
　　訪問介護実利用者数月5人以下延べ訪問回数月200回以下
　　訪問入浴介護延べ訪問回数月5回以下延べ訪問回数月20回以下
2　厚生労働大臣が定める一単位の単価（平成12年厚生省告示第22号）第2号のその他の地域
　　訪問介護などを算定する場合の介護報酬単位数の級地区分が10円の地域であること。
3　厚生労働大臣が定める地域（平成12年厚生省告示第24号）に規定する地域及び下記4を除いた地域
　　下記4から、1頁〜10頁に掲げる特別地域加算の対象地域を除いた地域であること。
4　下記の地域
　　イ　豪雪地帯対策特別措置法（昭和37年法律第73号）第2条第1項の規定により指定された豪雪地帯及び同条第2項の規定によ
　　　　り指定された特別豪雪地帯
　　　　※1　道・県の全域が豪雪地帯又は特別豪雪地帯
　　　　　　　北海道、青森県、岩手県、秋田県、山形県、新潟県、富山県、石川県、福井県、鳥取県
　　　　※2　県内の一部が豪雪地帯又は特別豪雪地帯
　　　　　　　宮城県、福島県、栃木県、群馬県、山梨県、長野県、岐阜県、静岡県、滋賀県、京都府、兵庫県、島根県、岡山県、広島県
　　ロ　辺地に係る公共的施設の総合整備のための財政上の特別措置に関する法律（昭和37年法律第88号）第2条第1項に規定する
　　　　辺地
　　　　第2条第1項に規定する住民の数その他について政令で定める要件は、当該地域の総務省令で定める中心を含む5k㎡以内の面積
　　　　の区域の人口（法第3条第1項の規定により総合整備計画を定める日の属する年度の初日において住民基本台帳法（昭和42年
　　　　法律第81号）に基づき住民基本台帳に記録されている住民の数をいう）が50人以上であり、かつ、そのへんぴな程度が総務
　　　　省令で定める基準に該当している地域である。
　　ハ　半島振興法（昭和60年法律第63号）第2条第1項の規定により指定された半島振興対策実施地域
　　ニ　特定農山村地域における農林業等の活性化のための基盤整備の促進に関する法律第2条第1項に規定する特定農山村地域
　　ホ　過疎地域自立促進特別措置法第2条第1項の規定により指定する過疎地域

10章

訪問看護・リハビリ
（医療保険で病院・診療所の場合と
介護保険の場合）の報酬と算定要件

在宅患者（同一建物居住者）訪問看護・指導料とは、どのような診療報酬ですか？

定期的な訪問看護が求められます。

護師等が定期的に訪問看護を実施します。

　在宅患者訪問看護・指導料とは、主治医により訪問看護が必要であると判断された在宅療養中の要介護・要支援以外の患者に対して、患者の病状に基づく訪問看護・指導計画を作成し、診療所や病院の看護師等が定期的に訪問看護を実施した場合に算定する診療報酬です。**同一建物居住者訪問看護・指導料**では、同一日に同一の建物に居住する複数の患者が、助産師による訪問看護では、在宅療養する通院困難な妊婦および乳幼児が対象となります。訪問看護・指導料の算定にあたっては、訪問看護・指導計画は1ヶ月に1回見直すこと、患者の基本的な病態・状態・指導・看護の内容、看護・指導の目標、実施すべき内容・頻度を記述することが求められます。なお、医師や看護師の配置義務がある施設の入所者については、例外を除いて算定できません。

供者や訪問回数で報酬が設定されています。

　在宅患者訪問看護・指導料、同一建物居住者訪問看護・指導料はいずれも、「1」保健師・助産師・看護師、「2」准看護師、「3」専門研修（悪性腫瘍の患者に対する緩和ケア、褥瘡ケア、または人工肛門ケアおよび人工膀胱ケア）を受けた看護師というサービス提供者のほか、「イ」週3日目まで、「ロ」週4日目以降という訪問回数ごとに、同一建物居住者訪問看護・指導料については同一日に2人と同一日に3人以上という訪問人数ごとに、設定されています。

　なお、同一建物居住者の人数は、同一日に同一建物居住者訪問看護・指導料を算定する患者数と精神科訪問看護・指導料（Ⅲ）を算定する患者数の合算であり、週3日目までの週は日〜土で1週と考えます。

在宅患者・同一建物居住者訪問看護・指導料の患者と算定要件

みなし訪問看護事業所
（診療所、病院）

1 保健師、助産師、看護師
2 准看護師
3 専門研修を受けた看護師
　が提供

患者の病状に基づいた
訪問看護・指導計画

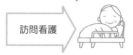

訪問看護

在宅患者・同一建物居住者訪問
看護・指導料 1
在宅患者・同一建物居住者訪問
看護・指導料 2
在宅患者・同一建物居住者訪問
看護・指導料 3

対象となる患者・疾患

● 主治医により訪問看護
　が必要であると判断さ
　れた在宅療養中の患者
● 要介護・要支援以外の者

在宅患者：自宅に居住する患者
同一建物居住者：同一日に同一
の建物に居住する複数の患者
助産師による訪問看護の対象：
在宅療養する通院困難な妊婦お
よび乳幼児

訪問介護基本療養費

				点
在宅患者訪問看護・指導料（1日につき）	1 保健師・助産師・看護師による場合（3を除く）	イ	週3日目まで	580点
		ロ	週4日目以降	680点
	2 准看護師による場合	イ	週3日目まで	530点
		ロ	週4日目以降	630点
	3 悪性腫瘍の患者に対する緩和ケア、褥瘡ケア、または人工肛門ケアおよび人工膀胱ケアの専門研修を受けた看護師による場合（月1回）			1,285点
同一建物居住者訪問看護・指導料（1日につき）	1 保健師・助産師・看護師による場合（3を除く）	イ	同一日に2人　週3日目まで	580点
		イ	同一日に2人　週4日目以降	680点
		ロ	同一日に3人以上　週3日目まで	293点
		ロ	同一日に3人以上　週4日目以降	343点
	2 准看護師による場合	イ	同一日に2人　週3日目まで	530点
		イ	同一日に2人　週4日目以降	630点
		ロ	同一日に3人以上　週3日目まで	268点
		ロ	同一日に3人以上　週4日目以降	318点
	3 悪性腫瘍の患者に対する緩和ケア、褥瘡ケア、または人工肛門ケアおよび人工膀胱ケアの専門研修を受けた看護師による場合（月1回）			1,285点

在宅患者・同一建物居住者訪問看護・指導料に算定可能な加算

緊急訪問看護加算、夜間・早朝訪問看護加算、深夜訪問看護加算、長時間訪問看護・指導加算、乳幼児加算、難病等複数回訪問加算、複数名訪問看護加算在宅患者（同一建物居住者）連携指導加算、在宅患者（同一建物居住者）緊急時等カンファレンス加算、在宅（同一建物居住者）ターミナルケア加算、在宅移行管理加算、特別地域訪問看護加算、看護・介護職員連携強化加算、訪問看護・指導体制充実加算

在宅患者（同一建物居住者）訪問看護・指導料の加算には何がありますか？①

加算の考え方は似ています。

多 くの加算は、訪問看護基本療養費の加算と同様です。

在宅患者（同一建物居住者）訪問看護・指導料には、緊急訪問看護加算、夜間・早朝訪問看護加算、深夜訪問看護加算、長時間訪問看護・指導加算、乳幼児加算、難病等複数回訪問加算、複数名訪問看護加算、在宅患者（同一建物居住者）連携指導加算、在宅患者（同一建物居住者）緊急時等カンファレンス加算、在宅（同一建物居住者）ターミナルケア加算、在宅移行管理加算、特別地域訪問看護加算、看護・介護職員連携強化加算、訪問看護・指導体制充実加算という加算が設定されています。緊急訪問加算、夜間・早朝訪問看護加算、深夜訪問看護加算、長時間訪問看護・指導加算、乳幼児加算、特別地域訪問看護加算、看護・介護職員連携強化加算については基本的に、訪問看護基本療養費における同様の加算と算定要件や報酬が同じです。

連 携・看取り・在宅移行関連の加算も用意されています。

在宅患者（同一建物居住者）連携指導加算には、看護師等（准看護師を除く）が月2回以上、医療関係職種間で文書などにより共有された診療情報に基づいて患者を指導することが、在宅患者（同一建物居住者）緊急時等カンファレンス加算には、状態急変時などにおいて医療関係職種間でカンファレンス実施と診療方針の変更情報を共有し、共同で指導することが求められます。また在宅（同一建物居住者）ターミナルケア加算の算定には、主治医との連携の下に死亡日及び死亡日前14日以内の計15日間に2回以上の訪問看護を実施した上でターミナルケアを実施し、在宅移行管理加算の算定には、特別な管理を必要とする患者に対して訪問看護・指導に関する計画的な管理を実施し、患者などに24時間対応できる体制を整備しなくてはなりません。

緊急訪問看護、夜間・早朝・深夜訪問看護などの加算

緊急訪問看護加算（1日につき1回限り）		265点
夜間・早朝訪問看護加算 （1日1回まで）	早朝（6：00〜8：00）	210点
	夜間（18：00〜22：00）	210点
深夜訪問看護加算（1日2回まで）		420点
長時間訪問看護・指導加算（週1回まで、週3回まで）		520点
乳幼児加算（1日につき）		150点

緊急訪問看護、夜間・早朝・深夜訪問看護などの加算の算定要件

緊急訪問看護加算	・24時間の往診や訪問看護の体制を確保し、連絡先の医師または看護職員の情報を文書で提供 ・24時間対応体制の算定を届け出て、利用者に対して1ヶ月以内に訪問看護基本診療料を算定している場合 には、2ヶ所目の看護ステーションも加算のみ算定可
夜間・早朝訪問看護加算	・早朝：利用者などの求めに応じて早朝（6：00〜8：00）に訪問 ・夜間：利用者などの求めに応じて18：00〜22：00）に訪問 ・緊急訪問看護加算との併算定が可能
深夜訪問看護加算	・利用者やその家族の求めに応じて深夜（22：00〜6：00）に訪問 ・緊急訪問看護加算との併算定が可能
長時間訪問看護・指導加算	・90分を超える訪問看護を実施 ・「特別訪問看護指示書の交付を受けた者（終末期、急性増悪、退院直後など）」「厚生労働大臣が定める状態等の者」には週1回、「15歳未満の超重症児・準超重症児」「15歳未満の厚生労働大臣が定める状態等の者」には週3回算定可
乳幼児加算	・6歳未満の乳幼児に訪問看護を実施

在宅患者（同一建物居住者）訪問看護・指導料の加算には何がありますか？②

いずれも対象者が限定されます。

日に何度も必要な患者に、訪問看護を実施します。

在宅患者（同一建物居住者）訪問看護・指導料の**難病等複数回訪問加算**は、重度の疾患のため1日複数回の訪問看護が必要な患者に、訪問看護を実施した場合に算定する加算です。難病等複数回訪問加算の算定には、対象者が「厚生労働大臣が定める状態等・疾病等の者」「特別訪問看護指示の交付を受けた者」のいずれかに該当することが求められます。在宅患者訪問看護・指導料の難病等複数回訪問加算は1日の訪問回数で、同一建物居住者訪問看護・指導料の難病等複数回訪問加算は1日の訪問回数と訪問人数で、1日あたりの報酬が設定されています。なお、同一建物居住者訪問看護・指導料で難病等複数回訪問加算を算定する場合、同一日に複数名精神科訪問看護加算を算定する人数に応じて報酬を算定します。

人で看護が困難な患者に、複数名で実施します。

在宅患者（同一建物居住者）訪問看護・指導料の**複数名訪問看護加算**は、1人で看護を実施するのが困難な患者に、同時に複数名で訪問看護を実施した場合に算定する加算です。複数名訪問看護加算の算定には、利用者またはその家族などが同意すること、1人以上は看護職員であること、対象者が「厚生労働大臣が定める状態等・疾病等の者」「特別訪問看護指示書の交付を受けた者」「暴力行為、著しい迷惑行為、器物破損行為などが認められる者」「利用者の身体的理由で1人の看護師等による訪問看護が困難と認められる者」「いずれかに準じる者」のいずれかに該当することが求められます。複数名訪問看護加算は、2人目の訪問看護スタッフと訪問人数などで、報酬が設定されています。

在宅患者訪問看護・指導料の難病等複数回訪問加算と複数名訪問看護加算

難病等複数回訪問加算（1日につき）	1日に2回の場合		450点
	1日に3回以上の場合		800点
複数名訪問看護加算（1日につき）	イ 看護師の場合		450点
	ロ 准看護師の場合		380点
	ハ 看護助手の場合（別に厚生労働大臣が定める場合を除く）		380点
	ニ 看護助手の場合（別に厚生労働大臣が定める場合）	(1) 1日1回の場合	300点
		(2) 1日2回の場合	600点
		(3) 1日3回の場合	1,000点

同一建物居住者訪問看護・指導料の難病等複数回訪問加算と複数名訪問看護加算

難病等複数回訪問加算（1日につき）	1日に2回の場合	同一建物内2人以下	450点
		同一建物内3人以上	400点
	1日に3回以上の場合	同一建物内2人以下	800点
		同一建物内3人以上	720点
複数名訪問看護加算（1日につき）	イ 看護師の場合	同一建物内2人以下	450点
		同一建物内3人以上	400点
	ロ 准看護師の場合	同一建物内2人以下	380点
		同一建物内3人以上	340点
	ハ 看護助手の場合（別に厚生労働大臣が定める場合を除く）	同一建物内2人以下	300点
		同一建物内3人以上	270点
	ニ 看護助手の場合（別に厚生労働大臣が定める場合）	(1) 1日1回の場合　同一建物内2人以下	300点
		(1) 1日1回の場合　同一建物内3人以上	270点
		(2) 1日2回の場合　同一建物内2人以下	600点
		(2) 1日2回の場合　同一建物内3人以上	540点
		(3) 1日3回の場合　同一建物内2人以下	1,000点
		(3) 1日3回の場合　同一建物内3人以上	900点

難病等複数回訪問加算と複数名訪問看護加算の算定要件

難病等複数回訪問加算	・「厚生労働大臣が定める状態等の者」「厚生労働大臣が定める疾病等の者」「特別訪問看護指示の交付を受けた者（終末期、急性増悪、退院直後など）」のいずれかに該当
複数名訪問看護加算	・利用者またはその家族などが同意 ・1人以上は看護職員（保健師、助産師、看護師、准看護師）である ・「①厚生労働大臣が定める状態等の者」「②厚生労働大臣が定める疾病等の者」「③特別訪問看護指示の交付を受けた者（終末期、急性増悪、退院直後など）」「④暴力行為、著しい迷惑行為、器物破損行為などが認められる者」「⑤利用者の身体的理由で1人の看護師等による訪問看護が困難と認められる者（看護助手の場合のみ）」「⑥①～⑤のいずれかに準じる者（看護助手の場合のみ）」のいずれかに該当 ・イ、ロは週1回、ハは週3回まで算定可

235

在宅患者・同一建物居住者訪問看護・指導料の加算には何がありますか？③

訪問看護・指導体制充実加算は新設加算です。

連 携や看取りなどを評価する加算が設定されています。

　在宅患者（同一建物居住者）連携指導加算とは訪問診療・歯科診療などを実施する医療機関などと共有した情報に基づく療養指導を実施した場合、在宅患者（同一建物居住者）緊急時等カンファレンス加算とは状態急変時などにカンファレンスを実施して診療方針の変更情報を共有した場合、在宅（同一建物居住者）ターミナルケア加算とは終末期の在宅療養患者にターミナルケアを実施した場合に算定する診療報酬です。連携指導加算の算定には看護師等が2回以上実施すること、緊急時等カンファレンス加算の算定には2者以上のカンファレンスを実施すること、ターミナルケア加算の算定には、死亡日および死亡日前14日以内に2回以上訪問看護を実施することが求められます。

在 宅移行、訪問看護体制を評価する加算もあります。

　在宅移行管理加算とは退院日から1ヶ月以内に「厚生労働大臣が定める状態等」の患者に対して訪問看護・指導に関する計画的な管理を実施した場合、訪問看護・指導体制充実加算とは看護師等との連携で24時間訪問看護の提供体制を確保して、担当機関の名称などを文書で患家に提供した場合に算定する診療報酬です。在宅移行管理加算の算定には患者やその家族からの相談などに24時間対応可能な体制を整備すること、訪問看護・指導体制充実加算の算定には前年度実績が右表の算定項目のうち2つ以上満たすこと（許可病床400床以上の病院はアを含めた2つ以上）が求められます。また在宅移行管理加算については、重症度の高い場合（在宅悪性腫瘍等患者指導管理、在宅気管切開患者指導管理を受けている者）が設定されております。

在宅移行管理、在宅ターミナルケア、在宅患者連携指導などの加算

在宅移行管理加算（1 回に限り）	重症度の高い場合	500 点
	それ以外の場合	250 点
在宅ターミナルケア加算（1 回に限り）		2,500 点
同一建物居住者ターミナルケア加算（1 回に限り）		1,000 点
在宅患者連携指導加算（月 1 回に限り）		300 点
在宅患者緊急時等カンファレンス加算（月 2 回に限り）		200 点
訪問看護・指導体制充実加算（月 1 回に限り）		150 点

在宅移行管理、在宅ターミナルケア、在宅患者連携指導などの加算の算定要件

在宅患者（同一建物居住者）連携指導加算	・患者の同意を得て、看護師等（准看護師を除く）が 2 回以上実施 ・医療関係職種間で文書などで共有された診療情報に基づいて患者に指導 ・主治医との間のみでの情報共有では算定不可 ・提供された情報の内容、情報提供日、提供された情報に基づく指導日を訪問看護記録に記載
在宅患者（同一建物居住者）緊急時等カンファレンス加算	・患者の状態急変などに伴って、看護師（准看護師を除く）が主治医の求めにより、医師等、歯科医師等、薬局の薬剤師、ケアマネジャー、相談支援専門員とカンファレンスに参加して共同で指導（主治医と看護師（医師と異なる医療機関に所属）の 2 者でカンファレンスを実施した場合に算定可 ・カンファレンスは原則、患者宅で実施するが、患者やその家族が希望すればそれ以外の場所でも実施可（要件を満たせばビデオ通話によるカンファレンス参加も可能）*1
在宅（同一建物居住者）ターミナルケア加算	・厚生労働大臣「人生の最終段階における医療・ケアの決定プロセスに関するガイドライン」などの内容を踏まえた話し合いと患者本人の意思決定に基づく、他の関係者と連携の上で対応 ・在宅で死亡した患者に対して、死亡日および死亡日前 14 日以内に 2 回以上訪問看護を実施 ・患者やその家族に緊急時の連絡先・注意事項を説明の上、ターミナルケアを実施 ・1 人の患者に在宅患者訪問診療料と在宅患者訪問看護・指導料を算定している場合、それぞれが在宅ターミナルケア加算を算定可 ・在宅患者：在宅で死亡した患者または介護老人福祉施設等で死亡した患者（看取り介護加算等を算定している患者を除く）*2 ・同一建物居住者：介護老人福祉施設で死亡した患者であって、看取り介護加算等を算定している者
在宅移行管理加算	・重症度の高い場合：在宅悪性腫瘍等患者指導管理、在宅気管切開患者指導管理を受けている者 ・退院日から 1 ヶ月以内に「厚生労働大臣が定める状態等」の患者に対して訪問看護・指導に関する計画的な管理を実施 ・患者やその家族からの相談などに 24 時間対応可能な体制を整備
訪問看護・指導体制充実加算	・看護師等との連携で、24 時間訪問看護の提供体制を確保 ・訪問看護を担当する機関の名称、担当日などを文書で患者に提供 ・前年度の実績が以下の項目の2つ以上を満たす（許可病床400床以上の病院はアを含めた2つ以上） 　ア 在宅患者訪問看護・指導料 3、同一建物居住者訪問看護・指導料 3 の算定回数が計 5 回以上 　イ 在宅患者訪問看護・指導料、同一建物居住者訪問看護・指導料の乳幼児加算の算定回数が計 25 回以上 　ウ「厚生労働大臣が定める疾病等」の患者に対する在宅患者訪問看護・指導料、同一建物居住者訪問看護・指導料の算定回数が計 25 回以上 　エ 在宅患者訪問看護・指導料、同一建物居住者訪問看護・指導料の在宅ターミナルケア加算の算定概数が計 4 回以上 　オ 退院時共同指導料 1 または 2 の算定回数が計 25 回以上 　カ 開放型病院共同指導料（I）または（II）の算定回数が計 40 回以上

*1　電子カルテなどを含む医療情報システムと共通のネットワーク上の端末でカンファレンスを実施する場合、厚生労働省「医療情報システムの安全管理に関するガイドライン」に対応
*2　ターミナルケア後、24 時間以内に在宅・介護老人福祉施設等以外で死亡した者を含む

精神訪問看護・指導料とは、どのような診療報酬ですか？

精神科訪問看護・指導料（Ⅱ）は廃止です。

精 神疾患患者や家族に、看護または療養指導を実施します。

　精神科訪問看護・指導料とは、訪問看護が必要であると判断された在宅療養中の精神疾患を有する患者や家族に対して、保健師、看護師、准看護師、作業療法士、精神保健福祉士が看護または療養指導を実施した場合に算定する診療報酬です。精神科訪問看護・指導料には、同一患家居住者を対象とする精神科訪問看護・指導料（Ⅰ）と同一建物居住者を対象とする精神科訪問看護・指導料（Ⅲ）が設定されています（精神科訪問看護・指導料（Ⅱ）は廃止）。精神科訪問看護・指導料は在宅患者訪問看護・指導料と同一建物居住者訪問看護・指導料と合わせて、週3回に限り算定します。ただし、退院後3ヶ月以内は週5回、服薬中断等により急性増悪した場合は急性増悪時から7日以内は1日1回算定可能です。

在 宅患者訪問看護・指導料などとは併算定できません。

　精神科訪問看護・指導料（Ⅰ）は、保健師または看護師、准看護師、作業療法士、精神保健福祉士という訪問スタッフ、週3日目までと週4日以降という訪問回数、30分未満と30分以上（90分未満）という区分で、**精神科訪問看護・指導料（Ⅲ）**は、保健師または看護師、准看護師、作業療法士、精神保健福祉士という訪問スタッフ、同一日に2人と同一日に3人以上という訪問人数、週3日目までと週4日以降という訪問回数、30分未満と30分以上という区分で報酬が設定されています。

　なお、医師は保健師や看護師などに指示した内容の要点を診療録に記載し、保健師や看護師などは指導内容の要点、開始時刻、終了時刻を記録しておかなくてはなりません。また、在宅患者（同一建物居住者）訪問看護・指導料との併算定はできません。

看護または
療養指導

在宅患者訪問看護・指導料と同
一建物居住者訪問看護・指導料
と合わせて、週3回に限り算定
（退院後3ヶ月以内は週5回）

**みなし訪問看護事業所
（診療所、病院）**

保健師、看護師、准看護師、
作業療法士、精神保健福祉士

対象となる患者・疾患

● 主治医に訪問看護が必
要であると判断された
在宅療養中の精神疾患
を有する患者と家族

服薬中断等により急性増悪した
場合：1月1回
急性増悪から7日以内：1日1回

精神訪問看護・指導料

イ 保健師又は看護師による場合	週3日目まで 30分以上の場合	580点
	週3日目まで 30分未満の場合	445点
	週4日目以降 30分以上の場合	680点
	週4日目以降 30分未満の場合	530点
ロ 准看護師による場合	週3日目まで 30分以上の場合	530点
	週3日目まで 30分未満の場合	405点
	週4日目以降 30分以上の場合	630点
	週4日目以降 30分未満の場合	490点
ハ 作業療法士による場合	週3日目まで 30分以上の場合	580点
	週3日目まで 30分未満の場合	445点
	週4日目以降 30分以上の場合	680点
	週4日目以降 30分未満の場合	530点
ニ 精神保健福祉士による場合	週3日目まで 30分以上の場合	580点
	週3日目まで 30分未満の場合	445点
	週4日目以降 30分以上の場合	680点
	週4日目以降 30分未満の場合	530点

精神科訪問看護・指導料（I）（1日につき）

イ 保健師又は看護師による場合	同一日に2人 週3日目まで30分以上の場合	580点
	同一日に2人 週3日目まで30分未満の場合	445点
	同一日に2人 週4日目以降30分以上の場合	680点
	同一日に2人 週4日目以降30分未満の場合	530点
	同一日に3人以上 週3日目まで30分以上の場合	293点
	同一日に3人以上 週3日目まで30分未満の場合	225点
	同一日に3人以上 週4日目以降30分以上の場合	343点
	同一日に3人以上 週4日目以降30分未満の場合	268点
ロ 准看護師による場合	同一日に2人 週3日目まで30分以上の場合	530点
	同一日に2人 週3日目まで30分未満の場合	405点
	同一日に2人 週4日目以降30分以上の場合	630点
	同一日に2人 週4日目以降30分未満の場合	490点
	同一日に3人以上 週3日目まで30分以上の場合	490点
	同一日に3人以上 週3日目まで30分未満の場合	205点
	同一日に3人以上 週4日目以降30分以上の場合	318点
	同一日に3人以上 週4日目以降30分未満の場合	248点

精神科訪問看護・指導料（III）（1日につき）

ハ 作業療法士による場合	同一日に2人 週3日目まで30分以上の場合	580点
	同一日に2人 週3日目まで30分未満の場合	445点
	同一日に2人 週4日目以降30分以上の場合	680点
	同一日に2人 週4日目以降30分未満の場合	530点
	同一日に3人以上 週3日目まで30分以上の場合	293点
	同一日に3人以上 週3日目まで30分未満の場合	225点
	同一日に3人以上 週4日目以降30分以上の場合	343点
	同一日に3人以上 週4日目以降30分未満の場合	268点
ニ 精神保健福祉士による場合	同一日に2人 週3日目まで30分以上の場合	580点
	同一日に2人 週3日目まで30分未満の場合	445点
	同一日に2人 週4日目以降30分以上の場合	680点
	同一日に2人 週4日目以降30分未満の場合	530点
	同一日に3人以上 週3日目まで30分以上の場合	293点
	同一日に3人以上 週3日目まで30分未満の場合	225点
	同一日に3人以上 週4日目以降30分以上の場合	343点
	同一日に3人以上 週4日目以降30分未満の場合	268点

精神科訪問看護・指導料（III）

精神訪問看護・指導料に算定可能な加算

精神科緊急訪問看護加算、夜間・早朝訪問看護加算、深夜訪問看護加算、長時間精神科訪問看護・指導加算、複数名精神科訪問看護・指導加算、精神科複数回訪問加算、特別地域訪問看護加算、看護・介護職員連携強化加算

精神訪問看護・指導料の加算には、何がありますか？

医師が必要性を認める
必要があります。

在 宅患者訪問看護・指導料の加算と同様です。

　精神訪問看護・指導料には、精神科緊急訪問看護加算、夜間・早朝訪問看護加算、深夜訪問看護加算、長時間精神科訪問看護・指導加算、複数名精神科訪問看護・指導加算、精神科複数回訪問加算、特別地域訪問看護加算、看護・介護職員連携強化加算という加算が設定されています。夜間・早朝訪問看護加算、深夜訪問看護加算、特別地域訪問看護加算、看護・介護職員連携強化加算は、在宅患者訪問看護・指導料における同様の加算と算定要件や報酬が同じです。また複数名精神科訪問看護・指導加算は、訪問スタッフの組み合わせ、同一日の訪問回数、同一建物内2人以下、3人以上という訪問人数という区分で、精神科複数回訪問加算は同一日の訪問回数、同一建物内2人以下、3人以上という訪問人数という区分で、報酬が設定されています。

急 変時の対応、長時間対応、複数回の訪問を評価します。

　精神科緊急訪問看護加算には24時間の往診や訪問看護の体制を確保し、連絡先の医師・看護職員の連絡先などを文書で提供して緊急訪問を実施することが求められ、「精神科特別訪問看護指示書の交付を受けた者（終末期、急性増悪、退院直後など）」「厚生労働大臣が定める状態等の者」のいずれかに該当する者（週1回）や、「15歳未満の超重症児・準超重症児」「15歳未満の厚生労働大臣が定める状態等の者」（週3回）を対象とする長時間精神科訪問看護・指導加算には90分を超える訪問看護を実施することが求められます。また複数名精神科訪問看護加算の対象は「精神科在宅患者支援管理料1 イ・ロ」または「精神科在宅患者支援管理料2」を算定する者で、事業所には精神科複数回訪問加算に係る届出書の届出などが求められます。

精神科訪問看護・指導料の加算

精神科緊急訪問看護加算（1日につき1回限り）				265点
長時間精神科訪問看護・指導加算（週1回まで、週3回まで）				520点
複数名精神科訪問看護・指導加算（1日につき）	イ 保健師または看護師が他の保健師、看護師、作業療法士、精神保健福祉士と同時に行う場合	1日1回の場合	同一建物内2人以下	450点
		1日1回の場合	同一建物内3人以上	400点
		1日2回の場合	同一建物内2人以下	900点
		1日2回の場合	同一建物内3人以上	810点
		1日3回以上の場合	同一建物内2人以下	1,450点
		1日3回以上の場合	同一建物内3人以上	1,300点
	ロ 保健師または看護師が准看護師と同時に行う場合	1日1回の場合	同一建物内2人以下	380点
		1日1回の場合	同一建物内3人以上	340点
		1日2回の場合	同一建物内2人以下	760点
		1日2回の場合	同一建物内3人以上	680点
		1日3回以上の場合	同一建物内2人以下	1,240点
		1日3回以上の場合	同一建物内3人以上	1,120点
	ハ 保健師または看護師が看護補助者と同時に行う場合		同一建物内2人以下	300点
			同一建物内3人以上	270点
精神科複数回訪問加算（1日につき）	イ 1日に2回の場合		同一建物内2人以下	450点
			同一建物内3人以上	400点
	ロ 1日に3回以上の場合		同一建物内2人以下	800点
			同一建物内3人以上	720点

精神科訪問看護・指導料の加算の算定要件

精神科緊急訪問看護加算	・24時間の往診や訪問看護の体制を確保し、連絡先の医師または看護職員の連絡先などを文書で提供 ・精神疾患を有する患者やその家族の求めに応じて主治医の指示により緊急訪問を実施
長時間精神科訪問看護・指導加算	・90分を超える訪問看護を実施 ・「精神科特別訪問看護指示書の交付を受けた者（終末期、急性増悪、退院直後など）」「厚生労働大臣が定める状態等の者」には週1回、「15歳未満の超重症児・準超重症児」「15歳未満の厚生労働大臣が定める状態等の者」には週3回算定可
複数名精神科訪問看護加算	・「精神科在宅患者支援管理料1　イ・ロ」または「精神科在宅患者支援管理料2」を算定し、主治医が必要を認める ・精神科複数回訪問加算に係る届出書を届出
精神科複数回訪問加算	・利用者またはその家族などが同意 ・30分を超える訪問看護を実施 ・精神科訪問看護指示書に複数名訪問の必要性を記載 ・看護補助者を訪問看護ステーションに雇用

（介護予防）訪問看護費とは、どのような介護報酬ですか？

理学療法士なども
提供可能です。

要 介護・支援者に、介助や診療の補助を実施します。

　（介護予防）訪問看護費とは、主治医により訪問看護が必要であると判断された要介護者や要支援者に対して、訪問看護ステーションや診療所・病院の看護師や理学療法士などが療養上の介助（入浴の介助、食事の援助、排泄の援助など）や診療の補助（病状の観察、身体の清潔、褥瘡の予防や処置、点滴の管理など）を実施した場合に算定する介護報酬です。（介護予防）訪問看護費は、保健師や看護師といった訪問スタッフ、20未満や20分以上30分未満といった訪問時間、訪問看護ステーションやみなし訪問看護事業所といった事業所という区分で報酬が設定されています。ただし、理学療法士・作業療法士・言語聴覚士による訪問看護は、訪問看護ステーションのみが提供可能であり、1日2回以上提供する場合は-50%を算定することになります。

訪 問時間、地域、看取り、体制などの加算があります。

　（介護予防）訪問看護費には、早朝・夜間・深夜の加算、複数名訪問加算、長時間（介護予防）訪問看護加算、特別地域（介護予防）訪問看護加算、中山地域等の加算、緊急時（介護予防）訪問看護加算、特別管理加算、ターミナルケア加算、初回加算、退院時共同指導加算、看護体制強化加算、サービス提供体制強化加算という加算が設定されています。ただし、ターミナルケア加算は訪問看護費のみで算定可能であり（介護予防訪問看護費は算定不可）、退院時共同指導加算は訪問看護ステーションのみが算定可能です。なお特定施設やグループホームの入居者に対して、（介護予防）訪問看護費は算定不可ですが、「厚生労働大臣が定める疾病等の者」「特別訪問看護指示の交付を受けた者（終末期、急性増悪、退院直後など）」に該当する場合は算定可能です。

（介護予防）訪問看護費の利用者と算定要件

訪問看護ステーション
機能強化型訪問看護
ステーション
みなし訪問看護事業所
（診療所、病院）

訪問看護
介護予防
訪問看護

療養上の介助（入浴の介助、食事の援助、排泄の援助など）
診療の補助（病状の観察、身体の清潔、褥瘡の予防や処置、点滴の管理など）

対象となる患者・疾患

● 主治医により訪問看護が必要であると判断された在宅療養者
● 要介護・要支援者

特定施設やグループホームの入居者に対しては算定不可（「厚生労働大臣が定める疾病等の者」「特別訪問看護指示の交付を受けた者」に該当する場合は算定可）

（介護予防）訪問看護費

保健師、看護師による場合 20分未満 （1回につき）	訪問看護ステーションによる場合	要介護者	313点
		要支援者	302点
	みなし訪問看護事業所（診療所・病院）による場合	要介護者	265点
		要支援者	255点
保健師、看護師による場合 20分以上30分未満 （1回につき）	訪問看護ステーションによる場合	要介護者	470点
		要支援者	450点
	みなし訪問看護事業所（診療所・病院）による場合	要介護者	398点
		要支援者	381点
保健師、看護師による場合 30分以上60分未満 （1回につき）	訪問看護ステーションによる場合	要介護者	821点
		要支援者	792点
	みなし訪問看護事業所（診療所・病院）による場合	要介護者	573点
		要支援者	552点
保健師、看護師による場合 60分以上90分未満 （1回につき）	訪問看護ステーションによる場合	要介護者	1,125点
		要支援者	1,087点
	みなし訪問看護事業所（診療所・病院）による場合	要介護者	842点
		要支援者	812点
理学療法士、作業療法士、言語聴覚士による場合（訪問看護ステーションのみ） （1回につき） *		要介護者	293点
		要支援者	283点

* 1日に2回を超えて実施する場合は、-50%を算定

（介護予防）訪問看護費に算定可能な加算

早朝・夜間・深夜の加算、複数名訪問加算、長時間（介護予防）訪問看護加算、特別地域（介護予防）訪問看護加算、中山間地域等の加算、緊急時（介護予防）訪問看護加算、特別管理加算、ターミナルケア加算、初回加算、退院時共同指導加算、看護体制強化加算、サービス提供体制強化加算

訪問看護・リハビリ編

10章　訪問看護・リハビリ（医療保険による病院・診療所と介護保険の場合）の報酬と算定要件❼

（介護予防）訪問看護費の
加算には、何がありますか？①

医療保険の訪問看護
と似ています。

准 看護師や同一建物居住者の場合、減算されます。

　（介護予防）訪問看護日の夜間・早朝訪問看護加算は患者などの求めに応じて早朝
あるいは夜間に訪問した場合、深夜訪問看護加算は患者などの求めに応じて深夜に訪
問した場合に算定可能であり、いずれも緊急訪問看護加算との併算定可能です。また、
複数名訪問加算は1人で看護を行うことが困難な利用者（身体的理由、暴力行為な
ど）を訪問した場合、長時間訪問看護加算は「厚生労働大臣が定める状態等」に該当
する者に90分を超えて訪問した場合、特別管理加算は24時間対応で特別な管理を
必要とする者を訪問する場合、ターミナルケア加算は死亡日、死亡日前14日以内に
2日以上ターミナルケアを実施した場合に算定します。なお、特別地域訪問看護加算、
中山間地域の加算も用意されています（⇒**付録9**）。

特 別地域や中山間地域の場合、報酬が変わります。

　（介護予防）訪問看護日の夜間・早朝・深夜訪問看護加算の算定には、ケアプラン
上でサービス開始時間が夜間、深夜、早朝に設定されていること、複数名訪問加算（Ⅰ）
の算定には同時に2人の看護師等による訪問、複数名訪問加算（Ⅱ）の算定には同
時に1人の看護師と1人の看護助手による訪問が必要です。また緊急時訪問看護加
算の算定には相談や連絡や緊急時の訪問に24時間対応可能な体制（書面で説明）、
特別管理加算（Ⅰ）の算定には「在宅悪性腫瘍等患者指導管理や在宅気管切開患者指
導管理」などに該当する者への訪問、特別管理加算（Ⅱ）の算定には上記以外の「厚
生労働大臣が定める状態等」に該当する者への訪問、ターミナルケア加算には相談や
連絡、必要に応じた訪問に24時間対応可能な体制が求められます。

緊急、夜間・早朝、深夜、乳幼児、特別地域などの加算

准看護師の場合の減算（1回につき）			訪問看護費の-10%
早朝・夜間の訪問看護の加算（1回につき）			訪問看護費の25%
深夜の訪問看護の加算（1回につき）			訪問看護費の50%
複数名訪問加算（1回につき）	複数名訪問加算（Ⅰ）	30分未満の場合	254点
		30分以上の場合	402点
	複数名訪問加算（Ⅱ）	30分未満の場合	201点
		30分以上の場合	317点
長時間の訪問看護の加算（1回につき）			300点
同一建物居住者に提供する場合の減算（1回につき）	事業所と同一建物の利用者又はこれ以外の同一建物の利用者20人以上		訪問看護費の-10%
	事業所と同一建物の利用者50人以上		訪問看護費の-15%
特別地域訪問看護加算（1回につき）			訪問看護費の15%
中山間地域等における小規模事業所加算（1回につき）			訪問看護費の10%
中山間地域等に居住する者へのサービス提供加算（1回につき）			訪問看護費の5%
緊急時訪問看護加算（1月につき）	訪問看護ステーションの場合		574点
	見なし訪問看護事業所（診療所・病院）		315点
特別管理加算（1月につき）	特別管理加算（Ⅰ）		500点
	特別管理加算（Ⅱ）		250点
ターミナルケア加算（1回につき）			2000点

緊急、夜間・早朝、深夜、乳幼児、特別地域などの加算の算定要件

定期巡回事業所と連携する場合		・准看護師が訪問看護を提供
早朝・夜間・深夜の訪問看護の加算		・夜間、深夜、早朝の時間帯に訪問看護を提供 ・ケアプラン上でサービス開始時間が夜間、深夜、早朝に設定
複数名訪問加算	複数名訪問加算（Ⅰ）	・同時に2人の看護師等による訪問
	複数名訪問加算（Ⅱ）	・同時に1人の看護師等と1人の看護助手による訪問
長時間の訪問看護の加算		・「厚生労働大臣が定める状態等」に該当する者 ・90分以上の訪問看護を提供
同一建物居住者に提供する場合の減算		・事業所と同一建物の利用者又はこれ以外の同一建物の利用者20人以上に訪問看護を提供 ・事業所と同一建物の利用者50人以上に訪問看護を提供
特別地域訪問看護加算		・事務所が「厚生労働大臣の定める特別地域」に所在
中山間地域等における小規模事業所加算		・事務所が「厚生労働大臣の定める中山間地域等」に所在 ・1月あたりの延べ訪問回数が100回以下
中山間地域等に居住する者へのサービス提供加算		・「厚生労働大臣の定める中山間地域等」に居住する利用者に訪問看護を提供 ・通常のサービス実施地域を越えて訪問看護を提供
緊急時訪問看護加算		・利用者やその家族からの相談や連絡、緊急時の訪問看護に24時間対応可能な体制 ・利用者やその家族に緊急時訪問看護加算の算定について書面で説明
特別管理加算	特別管理加算（Ⅰ）	・「在宅悪性腫瘍等患者指導管理」「在宅気管切開患者指導管理」「気管カニューレの使用」「留置カテーテルの使用」のいずれかに該当する者に提供
	特別管理加算（Ⅱ）	・上記以外の「厚生労働大臣が定める状態等」に該当する者に提供
ターミナルケア加算		・利用者やその家族からの相談や連絡、必要に応じた訪問に24時間対応可能な体制 ・主治医との連携の下に、ターミナルケアに係る計画、支援体制について利用者とその家族に説明 ・死亡日、死亡日前14日以内に2日以上ターミナルケアを実施＊ ・ターミナルケアの提供について必要な事項を適切に記録

訪問看護・リハビリ編

質問28

（介護予防）訪問看護費の加算には、何がありますか？②

訪問介護看護事業所との連携も評価されます。

（介護予防）訪問看護日の初回加算は新規の利用者や要支援から要介護への区分変更の利用者などに訪問した場合、退院時共同指導加算は病院や診療所、介護老人保健施設や介護医療院から退院・退所する利用者を訪問した場合に算定可能です。また、看護・介護職員連携強化加算は安全なサービス提供体制整備・連携体制確保のための会議に出席した場合、看護体制強化加算は看護職員の占める割合が 60% 以上の場合、サービス提供体制強化加算は個別の研修計画を作成して研修を実施し、看護師等の技術指導を目的とした会議を約 1 月に 1 回以上開催して概要を記録した場合に算定します。

なお、定期巡回・随時対応訪問介護看護事業所との連携も評価されます。

連携や体制強化なども重視されています。

（介護予防）訪問看護費の退院時共同指導加算の算定には、主治医などと共同で療養上の指導を実施して実施内容を文書によって提供していること、看護・介護職員連携強化加算の算定には喀痰吸引等に係る計画書と報告書を作成して緊急時の対応について助言し、安全なサービス提供体制整備・連携体制確保のための会議への出席が必要です。また看護体制強化加算（Ⅰ）の算定には 12 ヶ月間にターミナルケア加算算定者が 5 人以上、看護体制強化加算（Ⅱ）の算定には 12 ヶ月間にターミナルケア加算算定者が 1 人以上、サービス提供体制強化加算（Ⅰ）の算定には勤続年数 7 年以上の看護師等の占める割合が 30%以上、サービス提供体制強化加算（Ⅱ）の算定には勤続年数 3 年以上の看護師等の占める割合が 30%以上が求められます。

初回、退院時共同指導、看護・介護職員連携強化などの加算

定期巡回・随時対応訪問介護看護事業所と連携する場合（1月につき）*1	要介護5の者の場合	3754点
	准看護師による訪問が1回でもある場合	2895点
	それ以外の場合	2954点
初回加算（1月につき）		300点
退院時共同指導加算（1回につき）*2		600点
看護・介護職員連携強化加算（1月につき）		250点
看護体制強化加算（1月につき）	看護体制強化加算（Ⅰ）	550点
	看護体制強化加算（Ⅱ）	200点
サービス提供体制強化加算	定期巡回・随時対応訪問介護看護事業所と連携する場合	サービス提供体制強化加算（Ⅰ）（1月につき） 50点
		サービス提供体制強化加算（Ⅱ）（1月につき） 25点
	それ以外の場合	サービス提供体制強化加算（Ⅰ）（1回につき） 6点
		サービス提供体制強化加算（Ⅱ）（1回につき） 3点

*1　訪問看護費のみ算定可（要介護者のみ）
*2　「厚生労働省の定めた状態等」に該当する者については2回算定可（複数の訪問看護ステーションで行う場合、1回ずつの算定可）

初回、退院時共同指導、看護・介護職員連携強化などの加算の算定要件

定期巡回・随時対応訪問介護看護事業所と連携する場合		・保健師、看護師、准看護師を合わせて2.5以上、うち1名以上は常勤の保健師又は看護師 ・常時オンコール体制を確保
初回加算		・新規の利用者 ・過去2ヶ月間利用がなく、新たに訪問看護計画書を作成する利用者 ・要支援から要介護への区分変更の利用者
退院時共同指導加算		・病院、診療所、介護老人保健施設、介護医療院から退院・退所する利用者 ・病院等の主治医などと共同で療養上の指導を実施 ・退院時共同指導の内容を文書によって提供し、訪問看護記録書に記録
看護・介護職員連携強化加算		・喀痰吸引等に係る計画書と報告書を作成し、緊急時の対応について助言 ・安全なサービス提供体制整備・連携体制確保のための会議に出席
看護体制強化加算	共通	・6ヶ月間、利用者総数のうち、緊急時訪問看護加算を算定した利用者の割合が50%以上で、特別管理加算を算定した利用者の割合が20%以上 ・看護職員の占める割合が60%以上
	看護体制強化加算（Ⅰ）	・12ヶ月間、ターミナルケア加算を算定した利用者が5人以上
	看護体制強化加算（Ⅱ）	・12ヶ月間、ターミナルケア加算を算定した利用者が1人以上
サービス提供体制強化加算	共通	・看護師等に対して、個別の研修計画を作成し、計画に沿った研修を実施 ・看護師等の技術指導を目的とした会議を約1ヵ月に1回以上開催し、概要を記録 ・少なくても1年に1回以上健康診断等を実施
	サービス提供体制強化加算（Ⅰ）	・看護師等の総数のうち、勤続年数7年以上の者の占める割合が30%以上
	サービス提供体制強化加算（Ⅱ）	・看護師等の総数のうち、勤続年数3年以上の者の占める割合が30%以上

在宅患者訪問リハビリ指導料とは、どのような診療報酬ですか？

週6単位、1日1回が限度です。

医 師の診療に基づき、療養上必要な指導を実施します。

在宅患者訪問リハビリ指導料とは、診療に基づく計画的な医学管理の下、在宅など（医師が定期的に訪問していない老人施設を含む）で療養している通院が困難で訪問診療を受けている要介護・要支援以外の患者（急性増悪時を除く）に対して、医師の診療に基づき、医療機関の理学療法士、作業療法士、言語聴覚士が病状や療養環境などを踏まえた療養上必要な指導を実施（20分以上）した場合に週3回を限度として算定する診療報酬です。

なお、在宅患者訪問リハビリ指導料による訪問リハビリは、訪問診療から1ヶ月以内に週6単位（1単位は1回あたり20分の訪問リハビリテーション）、1日1回という限度も設定されています。

週 3回の提供という限度にも、例外があります。

在宅患者訪問リハビリ指導料は、同一建物居住者以外の場合と同一建物居住者の場合という2区分で設定されており、週3回の提供という限度にも例外があります。まず、特別訪問看護指示の交付を受けた者については、「末期の悪性腫瘍の場合は週4回以上可能（制限なし）（診療日から14日以内、指示書は月1回まで）」「退院直後の場合は週12単位まで（診療日から14日以内、指示書は月1回まで）」「急性増悪時の場合は1日4単位まで（診療日から14日以内、指示書は月1回まで）」提供可能です（⇒訪問看護・リハビリ　質問6）。なお、訪問リハビリテーションでは通常、体位変換、起座または離床訓練、起立・食事・排泄訓練、生活適応訓練や基本的対人関係訓練、言語機能または聴覚機能などに関する指導が実施されます。

在宅患者訪問リハビリテーション指導料の患者と算定要件

みなし訪問リハビリ事業所（病院・診療所）

医師の診療に基づき、医療機関の理学療法士、作業療法士、言語聴覚士が訪問

訪問リハビリ

診療に基づく計画的な医学管理 病状や療養環境などを踏まえて療養上必要な指導を週3回を限度に実施（20分以上）

訪問診療から1ヶ月以内に実施 週6単位、1日1回まで

対象となる患者・疾患

- 在宅など（医師が定期的に訪問していない老人施設）で療養している通院が困難な患者
- 要介護・要支援以外の者（急性増悪時を除く）
- 訪問診療を受けている患者

在宅患者訪問リハビリテーション指導料

同一建物居住者以外の場合（1単位 *1 につき、1日1回・週6単位まで *2）	300点
同一建物居住者の場合（1単位 *1 につき、1日1回・週6単位まで *2）	255点

*1　1単位は1回あたり20分の訪問リハビリテーション
*2　特別訪問看護指示の交付を受けた者については、「末期の悪性腫瘍の場合、週4回以上可能（制限なし）（診療日から14日以内、指示書は月1回まで）」「退院直後の場合、週12単位まで（診療日から14日以内、指示書は月1回まで）」「急性増悪時の場合、1日4単位まで（診療日から14日以内、指示書は月1回まで）」提供可能

訪問リハビリテーションの指導内容

- ・体位変換
- ・起座または離床訓練
- ・起立訓練
- ・食事訓練
- ・排泄訓練
- ・生活適応訓練
- ・基本的対人関係訓練
- ・言語機能または聴覚機能などに関する指導

要介護・支援者への訪問リハビリに算定される報酬

要介護・支援者に医療機関が提供する場合	特別訪問看護指示書の交付を受けた者	在宅患者訪問リハビリテーション指導料
	厚生労働大臣が定める疾病等に該当する者	訪問リハビリテーション費
	それ以外の場合	訪問リハビリテーション費
要介護・支援者に訪問看護ステーションが提供する場合	特別訪問看護指示書の交付を受けた者	訪問看護基本療養費など
	厚生労働大臣が定める疾病等に該当する者	訪問看護基本療養費など
	それ以外の場合	訪問リハビリテーション費

（介護予防）訪問リハビリ費とは、どのような介護報酬ですか？

リハビリテーション計画書を作成します。

 体機能の維持・向上に向けたリハビリを実施します。

（介護予防）訪問リハビリテーション費とは、病状が安定期にあり、通院が困難で訪問リハビリが必要と医師が認めた要介護・要支援者に対して、診療所や病院、介護老人保険施設や介護医療院の理学療法士や作業療法士などが、症状の観察と助言、身体機能の維持・向上に向けたリハビリを実施した場合に算定する報酬です。（介護予防）訪問リハビリテーション費は、特定施設やグループホームの入居者に対しては算定できませんが、「特別訪問看護指示の交付を受けた者」は算定可能です。

（介護予防）訪問リハビリテーション費の算定では、利用者ごとのリハビリテーション計画書の情報などを厚生労働省に提出し、リハビリの提供にあたってはその情報や実施に必要な情報を活用していることが評価されます。

地 **域、短期集中、職員配置などが評価されます。**

訪問リハビリテーション費には、介護サービスの確保が困難な地域でのサービス提供を評価する特定地域加算や中山間地域等における小規模事業所加算や中山間地域等に居住する者へのサービス提供加算、医療機関や老人施設からの退院・退所直後に実施する複数回のリハビリを評価する短期集中リハビリテーション実施加算、通所介護などへの移行を評価する移行支援加算、専門職や経験豊富な職員を手厚く配置していることを評価するサービス提供体制強化加算のほか、リハビリテーションの継続的な管理を評価するリハビリテーションマネジメント加算が設定されています。

なお、事業所医師が診療しない場合、同一建物の利用者の多くにサービスを実施する場合、長期利用を提供する場合（介護予防のみ）には減算されます。

（介護予防）訪問リハビリテーション費の患者と算定要件

みなし事業所
（病院・診療所）
介護老人保健施設
介護医療院

訪問リハビリ

リハビリ専門職が、症状の観察と助言、身体機能の維持・向上に向けたリハビリを実施

対象となる患者・疾患

● 病状が安定期にあり、通院が困難な者
● 訪問リハビリが必要と医師が認めた要介護・要支援者

特定施設やグループホームの入居者に対しては算定不可（「特別訪問看護指示の交付を受けた者」は算定可）

（介護予防）訪問リハビリテーション費と加算

訪問リハビリテーション費（1回につき）	病院・診療所		307 点
	介護老人保健施設		
	介護医療院		
特別地域加算（1回につき）			訪問リハビリテーション費の +15%
中山間地域等における小規模事業所加算（1回につき）			訪問リハビリテーション費の +10%
中山間地域等に居住する者へのサービス提供加算（1回につき）			訪問リハビリテーション費の +5%
短期集中リハビリテーション実施加算（1日につき）			200 点
リハビリテーションマネジメント加算（A）（1月につき）		イ	180 点
		ロ	213 点
リハビリテーションマネジメント加算（B）（1月につき）		イ	450 点
		ロ	483 点
移行支援加算（1日につき）			17 点
サービス提供体制強化加算（1回につき）		（I）	6 点
		（II）	3 点
事業所医師が診療しない場合の減算（1月につき）			− 50 点
同一建物の利用者 20 人以上にサービスを実施			訪問リハビリテーション費の−10%
同一建物の利用者 50 人以上にサービスを実施			訪問リハビリテーション費の−15%
介護予防訪問リハビリテーションの長期利用の減算（1回につき）			5 点

訪問看護・リハビリ編

10章　訪問看護・リハビリ（医療保険による病院・診療所と介護保険の場合）の報酬と算定要件 ⑪

（介護予防）訪問リハビリ費の加算の算定要件は、何ですか？

科学的介護推進体制が
求められます。

頻 回の実施、状態の改善、スタッフなどが求められます。

（介護予防）訪問リハビリ費の**短期集中リハビリ実践加算**の算定には退院（所）日から3ヶ月以内に週2日以上1日20分以上のリハビリ実施やリハビリテーションマネジメント加算の算定、移行支援加算の算定にはリハビリ終了者のうち通所介護実施者の割合が100分の5以上であることなどが必要です。またサービス提供体制強化加算（Ⅰ）の算定にはサービススタッフのうち勤続7年以上の者が1人以上、サービス提供体制強化加算（Ⅱ）の算定にはサービススタッフのうち勤続3年以上の者が1人以上が求められます。

なお、特別地域加算や中山間地域の加算は「厚生労働省が定める特別地域」や「厚生労働省が定める中山間地域等」の事業者や利用者が対象となります。

リ ハビリテーションマネジメント加算は4種類あります。

（介護予防）訪問リハビリ費の**リハビリテーションマネジメント加算**には、リハビリ専門職がリハビリを実施して医師に報告してリハビリ計画書の情報を国に提出しない（A）イ、リハビリ専門職がリハビリを実施して医師に報告してリハビリ計画書の情報を国に提出・活用する（A）ロ、医師がリハビリを実施して医師に報告してリハビリ計画書の情報を国に提出しない（B）イ、医師がリハビリを実施して医師に報告してリハビリ計画書の情報を国に提出・活用する（B）ロの4つがあります。

なお、LIFEは利用者の状態やサービスの内容などの情報を幅広く蓄積していくデータベースであり、国はこのデータベースを活用することで「科学的介護推進体制」の構築を図っています。

（介護予防）訪問リハビリテーション費の加算の算定要件

特別地域加算	・事業所が「厚生労働省が定める特別地域」に所在する場合に算定
中山間地域等における小規模事業所加算	・小規模事業所が「厚生労働大臣が定める中山間地域等の地域に所在する場合に算定
中山間地域等に居住する者へのサービス提供加算	・厚生労働大臣が定める中山間地域等の地域に所在する利用者に、通常事業の実施地域を越えてサービス提供した場合に算定
短期集中リハビリテーション実施加算	・退院（所）日から3ヶ月以内に、週2日以上、1日20分以上のリハビリ実施 ・リハビリテーションマネジメント加算を算定
移行支援加算	・リハビリ終了者のうち、通所介護実施者の割合が100分の5以上で、終了日から14-44日以内に電話などで実施状況を確認・記録 ・移行先の通所介護事業所などにリハビリ計画書を提供 ・リハビリ利用の回転率が25%以上
サービス提供体制（Ⅰ）強化加算	・直接サービスを提供するスタッフのうち、勤続7年以上の者が1人以上
（Ⅱ）	・直接サービスを提供するスタッフのうち、勤続3年以上の者が1人以上
事業所医師が診療しない場合の減算	・リハビリテーション計画の作成の際、事業所医師が診療せず、事業所外の医師が診療
同一建物の利用者20人以上にサービスを実施	・事業所と同一建物の利用者またはこれ以外の同一建物の利用者20人以上にサービスを実施
同一建物の利用者50人以上にサービスを実施	・事業所と同一建物の利用者またはこれ以外の同一建物の利用者50人以上にサービスを実施
介護予防訪問リハビリテーションの長期利用の減算	・介護予防訪問リハビリテーション費を算定する利用者に利用開始月から12ヶ月超えてサービス提供

リハビリテーションマネジメント加算の算定要件

算定要件	リハビリテーションマネジメント加算(A)イ	リハビリテーションマネジメント加算(A)ロ	リハビリテーションマネジメント加算(B)イ	リハビリテーションマネジメント加算(B)ロ
リハビリ計画を利用者、家族に説明し、同意を得る	理学療法士、作業療法士、言語聴覚士が実施し、医師に報告	医師が実施		
リハビリテーション会議の実施	内容や目標を共有するためにリハビリ会議を実施、内容を記録（医師はテレビ電話での参加も可）			
リハビリテーション会議の開催	利用開始月から6ヶ月以内は月に1回、6ヶ月以降は3月に1回のリハビリ会議を開催し、計画を適宜見直す			
ケアマネジャーへの情報提供	理学療法士、作業療法士、言語聴覚士がケアマネジャーに対して、リハビリの観点から情報を提供			
リハビリ専門職からのアドバイス	理学療法士、作業療法士、言語聴覚士が利用者宅を訪問し、介護職員や家族にリハビリの観点から日常生活の留意点、介護のアドバイスを実施			
医師からの指示	医師から理学療法士、作業療法士、言語聴覚士に対して、リハビリの目的と実施に伴う指示を実施			
記録	上記要件を記録			
LIFE の活用	×	○	×	○

業務継続ガイドラインと交付金事業の流れ

● **介護施設・事業所における新型コロナウイルス感染症発生時の業務継続ガイドライン**

ポイント

☑ 各施設・事業所において、新型コロナウイルス感染症が発生した場合の対応や、それらを踏まえて平時から準備・検討しておくべきことを、サービス類型に応じた業務継続ガイドラインとして整理。

☑ ガイドラインを参考に、各施設・事業所において具体的な対応を検討し、それらの内容記載することでBCPが作成できるよう、参考となる「ひな形」を用意。

主な内容

・BCPとは
・新型コロナウイルス感染症BCPとは（自然災害BCPとの違い）
・介護サービス事業者に求められる役割
・BCP作成のポイント
・新型コロナウイルス感染（疑い）者発生時の対応等（入所系・通所系・訪問系）等

● **介護施設・事業所における自然災害発生時の事業継続ガイドライン**

ポイント

☑ 各施設・事業所において、自然災害に備え、介護サービスの業務継続のために平時から準備・検討しておくべきことや発生時の対応について、サービス類型に応じた業務継続ガイドラインとして整理。

☑ ガイドラインを参考に、各施設・事業所において具体的な対応を検討し、それらの内容記載することでBCPが作成できるよう、参考となる「ひな形」を用意。

主な内容

・BCPとは
・防災計画と自然災害BCPの違い
・介護サービス事業者に求められる役割
・BCP作成のポイント
・自然災害発生に備えた対応、発生時の対応（書くService共通事項、通所固有、訪問固有、居宅介護支援固有事項）等

●**「新型コロナウイルス感染症緊急包括支援交付金」事業の流れ**

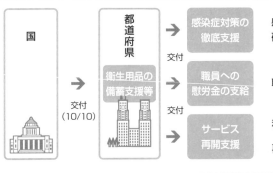

11章

歯科訪問診療、口腔リハビリ・ケア、薬剤管理・栄養食事指導、療養管理指導のしくみ

歯科訪問診療、口腔リハビリ・ケアは、どのように提供しますか?

医療保険で提供します。

たきりで通院困難な患者などが対象です。

医療保険で提供される歯科訪問診療や口腔リハビリの対象患者・疾患は、「自宅で療養している患者」「医師の配置が義務付けられていない施設の入所者」「寝たきり・準寝たきりで通院が困難な患者」です。歯科訪問診療や口腔リハビリを提供する歯科医療機関と患者所在地との距離が 16 キロ以内と決められています。ただし、「患者所在地から 16 キロ以内に往診などに対応可能な医療機関がない」場合には算定可能です。歯科訪問診療では、歯牙喪失防止・咬合回復とそれに伴う生活習慣病予防、口腔リハビリでは、栄養の改善による ADL の維持や生活機能の改善などに向けた取り組みが求められます。なお口腔リハビリは、歯科訪問診療点数表における在宅医療とリハビリテーションの項目で提供されます。

科医師への口腔ケア実施報告書の提出が求められます。

口腔ケアは、医療保険と介護保険の両方で提供可能ですが、介護保険が適用可能な対象（要介護・支援者）には、基本的に介護保険に優先されます。医療保険における訪問看護の対象は、要介護者・要支援者以外で、自宅で療養していて、医師の配置が義務付けられていない施設の入所者で、寝たきり・準寝たきりで通院困難な者です。口腔ケアは、歯科医師が診察で口腔ケアの必要性を認めて歯科衛生士に指示し、居宅療養管理指導計画書を作成の上で、歯科衛生士が口腔ケアを実施して、歯科医師に居宅療養管理指導報告書を提出します。

なお、医療保険における口腔ケアでは訪問歯科衛生指導料が、介護保険における口腔ケアは居宅療養管理指導費が算定されます。

歯科訪問診療・口腔リハビリの対象患者・疾患

歯科医師

歯科訪問診療
口腔リハビリテーション

対象となる患者・疾患

- 自宅で療養している患者
- 医師の配置が義務付けられていない施設の入所者
- 寝たきり・準寝たきりで通院困難

患者所在地との距離 ≦ 16km

医療保険と介護保険における口腔ケアの流れと対象

②指示　歯科医師　①診察

④報告

歯科衛生士

③訪問歯科衛生指導
（医療保険）
居宅療養管理指導
（介護保険）

対象となる患者・疾患

- 要介護者・要支援者以外の者
- 自宅で療養している患者
- 医師の配置が義務付けられていない施設の入所者
- 寝たきり・準寝たきりで通院困難

対象となる患者・疾患

- 要介護者・要支援者

歯科訪問診療と口腔ケア・リハビリの役割

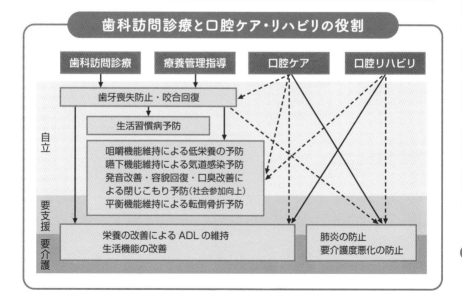

歯科訪問診療　療養管理指導　口腔ケア　口腔リハビリ

自立

歯牙喪失防止・咬合回復

生活習慣病予防

咀嚼機能維持による低栄養の予防
嚥下機能維持による気道感染予防
発音改善・容貌回復・口臭改善による閉じこもり予防（社会参加向上）
平衡機能維持による転倒骨折予防

要支援
要介護

栄養の改善による ADL の維持
生活機能の改善

肺炎の防止
要介護度悪化の防止

その他編

11章　歯科訪問診療、口腔ケア・リハビリ、薬剤管理・栄養食事指導、療養管理指導のしくみ ❶

質問 2 薬剤管理指導や栄養食事指導は、どのように提供しますか?

介護保険が優先です。

医 療保険と介護保険で提供されます。

　薬剤管理指導や栄養食事指導は、医療保険と介護保険の両方で提供可能ですが、介護保険が適用可能な対象（要介護・支援者）には、基本的に介護保険に優先されます。

　医療保険における薬剤管理指導の対象患者・疾患は要介護者・要支援者以外の在宅療養患者や寝たきり・準寝たきりで通院が困難な患者であり、栄養食事指導の対象は要介護者・要支援者以外の在宅療養患者で、「特掲診療料の施設基準等で定めた特別食（⇒**その他編　質問6**）」の提供が必要と医師が認めた患者やがん患者や摂食機能や嚥下機能が低下した患者や低栄養状態にある患者です。いずれも診療報酬の算定には、主治医が診察で必要性を認めて薬剤師や管理栄養士に指示書を提供し、薬剤師や管理栄養士が実施の上で医師に報告書を提出する必要があります。

対 象患者・疾患は要介護・支援者です。

　介護保険における薬剤管理指導の対象患者・疾患は要介護・支援者であり、介護保険における栄養食事指導の対象患者・疾患は要介護・支援者で、「厚生労働大臣が定めた特別食（⇒**その他編　質問6**）」の提供が必要と医師が認めた患者、低栄養状態にあると医師が認めた患者です。

　介護保険における薬剤管理指導や栄養食事指導は通常、利用者がケアマネジャーにサービスを申し込み、ケアマネジャーから連絡を受けた主治医が診察を実施し、主治医からの情報に基づいてケアマネジャーがケアプランを立てた後、薬局や病院や栄養ケアステーションがサービスを提供します。なお、介護保険における薬剤管理指導や栄養食事指導は（介護予防）居宅療養管理指導によって提供されます。

医療保険における薬剤管理指導の流れと対象

②訪問薬剤管理指示書

主治医

①診察

④訪問薬剤管理指導報告書

③在宅患者訪問薬剤管理指導

病院　薬局

対象となる患者・疾患
- 要介護者・要支援者以外の在宅療養患者
- 寝たきり・準寝たきりで通院困難

患者所在地との距離 ≦ 16km

医療保険における栄養食事指導の流れと対象

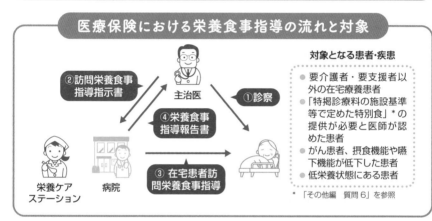

②訪問栄養食事指導指示書

主治医

①診察

④栄養食事指導報告書

③在宅患者訪問栄養食事指導

栄養ケアステーション　病院

対象となる患者・疾患
- 要介護者・要支援者以外の在宅療養患者
- 「特掲診療料の施設基準等で定めた特別」＊の提供が必要と医師が認めた患者
- がん患者、摂食機能や嚥下機能が低下した患者
- 低栄養状態にある患者

＊「その他編　質問6」を参照

介護保険における薬剤管理・栄養食事指導の流れと対象

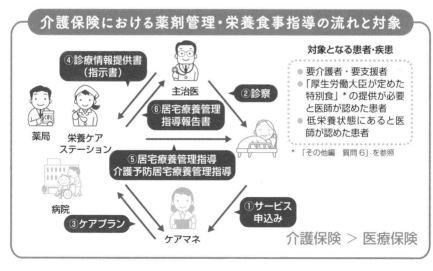

④診療情報提供書（指示書）

主治医

②診察

⑥居宅療養管理指導報告書

薬局　栄養ケアステーション

⑤居宅療養管理指導
介護予防居宅療養管理指導

病院

③ケアプラン

ケアマネ

①サービス申込み

対象となる患者・疾患
- 要介護者・要支援者
- 「厚生労働大臣が定めた特別食」＊の提供が必要と医師が認めた患者
- 低栄養状態にあると医師が認めた患者

＊「その他編　質問6」を参照

介護保険 ＞ 医療保険

訪問看護・リハビリはどのような事業所が提供しますか?

医師との連携が必要です。

その他の在宅サービスは、様々な事業所が提供します。

在宅医療や訪問看護・リハビリ以外の在宅関連のサービスは、様々な事業所が提供します。

歯科訪問診療や口腔リハビリや口腔ケアを提供するのは歯科診療所であり、歯科訪問診療や口腔リハビリは**歯科医師**が担っており、口腔ケアは**歯科衛生士**が担っています。また薬剤管理指導を実施するのは薬局や病院の**薬剤師**であり、栄養食事指導を実施するのは病院や栄養ケアステーションの**管理栄養士**です。

なお、薬剤管理指導の提供にあたっては薬局や病院が計画書を作成し、栄養食事指導の提供にあたっては病院や栄養ケアステーションが計画書を作成した上で、主治医に報告書を提出する必要があります。

医療、介護、あるいは医療と介護保険の両方で提供されます。

在宅医療や訪問看護・リハビリ以外の在宅関連のサービスは、医療保険、介護保険、あるいは医療保険と介護保険の両方で提供されています。医療保険で提供されるのは歯科訪問診療(歯科訪問診療料など)と口腔リハビリ(在宅患者訪問口腔リハビリテーション指導管理料など)であり、口腔ケア(訪問歯科衛生指導料と居宅療養管理指導費など)、薬剤管理指導(在宅患者訪問薬剤管理指導料と居宅療養管理指導費など)、栄養食事指導(在宅患者訪問栄養食事指導料と居宅療養管理指導費など)は介護保険と介護保険の両方で提供されます。そして、医師が通院困難な要介護・支援者を訪問して状況や環境を把握した上で療養上の管理・指導・助言などを提供する**療養管理指導(居宅療養管理指導費)**は、介護保険のみで提供されています。

歯科訪問診療、口腔リハビリ・ケア、薬剤管理・栄養食事指導の事業所

歯科訪問診療、口腔リハビリ・ケア

歯科診療所
在宅医療支援歯科診療所
（1・2）
かかりつけ歯科医
機能強化型歯科診療所

薬剤管理指導

薬局　　病院
（薬剤師）

栄養食事指導

病院　　栄養ケア
（管理栄養士）ステーション

歯科訪問診療、口腔リハビリ・ケア、薬剤管理指導、栄養食事指導などの報酬

歯科
訪問診療

口腔リハビリ

口腔ケア

薬剤管理
指導

栄養食事
指導

療養管理
指導

医療保険

歯科訪問
診療料
など

在宅患者訪問口腔
リハビリ
テーション
指導管理料
など

訪問歯科
衛生指導料

在宅患者訪問
薬剤管理
指導料
など

在宅患者訪問
栄養食事
指導料
など

介護保険

（介護予防）
居宅療養
管理指導費

（介護予防）
居宅療養
管理指導費

（介護予防）
居宅療養
管理指導費

（介護予防）
居宅療養
管理指導費

在宅医療支援歯科診療所には、どのような基準が求められますか？

在宅療養を歯科医療面から支援します。

歯 科訪問診療を担うのは、「歯援診」と「か強診」です。

　歯科訪問診療を提供する医療機関に、**在宅医療支援歯科診療所（歯援診）**やかかりつけ**歯科医機能強化型歯科診療所（か強診）**があります。歯援診とは、在宅療養を歯科医療面から支援する歯科診療所で、所定の施設基準を満たして届け出るとより高額の診療報酬が適用されます。歯援診は、高齢者の心身特性などの研修を終了した常勤の歯科医師1名以上と歯科衛生士の配置のほか、歯科訪問診療が可能な体制の確保、後方支援機能を有する別の医療機関との連携体制構築、過去1年間に在宅医療を担う他医療機関などからの依頼による歯科訪問診療料の算定回数5回以上が求められます（1・2がある）。なお、届出の直近1ヶ月の診療患者のうち、歯科訪問診療を提供した患者数の割合が9割5分以上だと**在宅歯科医療専門**の歯援診となります。

む し歯や歯周病の防止を目的として実施します。

　か強診とは、むし歯や歯周病の重症化を防ぐための定期管理を実施する医療機関で、所定の施設基準を満たして届け出ると、むし歯や歯周病の再発防止を目的とした処置を月1回実施できます。か強診には、歯科医師を複数名配置または歯科医師と歯科衛生士を1名以上配置、歯科疾患の重症化予防に資する継続管理に関する研修、高齢者の心身特性及び緊急時対応などの適切な研修を修了した歯科医師が1名以上在籍、自動体外式除細動器・パルスオキシメーター・酸素供給装置・血圧計・救急蘇生キット・歯科用吸引装置といった設備、過去1年間に歯科訪問診療1もしくは歯科訪問診療2の算定回数、または連携する**在宅療養支援歯科診療所1**や**在宅療養支援歯科診療所2**への歯科訪問診療の依頼回数が合わせて5回以上などが求められます。

在宅医療支援歯科診療所の施設基準

		人員	運営	
在宅医療支援歯科診療所	診療所1	・高齢者の心身特性（認知症に関する内容を含むもの）などの研修を終了した常勤の歯科医師を1名以上配置 ・歯科衛生士を配置	・歯科訪問診療が可能な体制を確保し、患者に情報提供 ・後方支援機能を有する別の医療機関との連携体制を構築 ・過去1年間に、在宅医療を担う他の医療機関（薬局）などからの依頼による歯科訪問診療料の算定回数が5回以上	・過去1年間に、歯周病安定期治療または歯周病重症化予防治療を合わせて18回以上算定 ・「地域ケア会議、在宅医療・介護に関するサービス担当者会議または病院・介護保険施設等で実施される多職種連携に係る会議に年1回以上出席」「過去1年に、病院・介護保険施設などの職員への口腔管理に関する技術的助言や研修などの実施または口腔管理への協力」「歯科訪問診療に関する他の歯科医療機関との連携実績が年1回以上」のいずれか1つに該当 ・過去1年間に、「栄養サポートチーム等連携加算1または栄養サポートチーム等連携加算2の算定」「在宅患者訪問口腔リハビリテーション指導管理料または小児在宅患者訪問口腔リハビリテーション指導管理料の算定」「退院時共同指導料1、退院前在宅療養指導管理料、在宅患者連携指導料、または在宅患者緊急時等カンファレンス料の算定」のいずれか1つを算定
	診療所2			・過去1年間に歯科訪問診療1または歯科訪問診療2を合わせて4回以上算定 ・当該地域において、医療機関、介護・福祉施設などと必要な連携の実績あり

かかりつけ歯科医機能強化型歯科診療所の施設基準

	人員	設備	運営
かかりつけ歯科医機能強化型歯科診療所	・歯科医師を複数名配置、または歯科医師および歯科衛生士をそれぞれ1名以上配置・歯科疾患の重症化予防に資する継続管理に関する研修（口腔機能の管理を含む）、高齢者の心身特性及び緊急時対応などの適切な研修を修了した歯科医師が1名以上在籍	・歯科用吸引装置などにより、歯科ユニットごとに歯の切削や義歯の調整、歯冠補綴物の調整時などに飛散する細かな物質を吸引できる環境を確保 ・安心で安全な歯科医療環境を提供するため、「自動体外式除細動器」「パルスオキシメーター」「酸素供給装置」「血圧計」「救急蘇生キット」「歯科用吸引装置」を有する	・「過去1年間に歯周病安定期治療(I)または歯周病安定期治療(I)を合わせて30回以上算定」「過去1年間にフッ化物歯面塗布処理、または歯科疾患管理料のエナメル質初期う蝕管理加算を合わせて10回以上算定」「クラウン・ブリッジ維持管理料算定の届け出」「歯科点数表の初診料の注1に規定する施設基準を届け出」のいずれかに該当 ・過去1年間に、歯科訪問診療1もしくは歯科訪問診療2の算定回数、または連携する在宅療養支援歯科診療所1もしくは在宅療養支援歯科診療所2への歯科訪問診療の依頼回数が合わせて5回以上 ・過去1年間に、診療情報提供料または診療情報連携共有料を合わせて5回以上算定 ・緊急時の円滑な対応のため、他の医療機関との連携体制を確保 ・歯科訪問診療が可能な歯科医師をあらかじめ指定し、担当医名、診療可能日、緊急時の注意事項などを事前に文書で提供 ・担当歯科医師が「過去1年間に、居宅療養管理指導を提供」「過去1年間に、居宅療養管理指導を提供」「地域ケア会議に年1回以上出席」「介護認定審査会の委員の経験」「在宅医療に関するサービス担当者会議や病院、介護保険施設等で実施される多職種連携に係る会議等に年に1回以上出席」「過去1年間に、栄養サポートチーム等連携加算1または栄養サポートチーム連携加算2を算定」「在宅医療または介護に関する研修を受講」「過去1年間に福祉型障害児入所施設、医療型障害児入所施設、介護老人福祉施設、介護老人保健施設等における定期的な歯科健診に協力」「自治体が実施する事業への協力」「学校校医等に就任」「過去1年間に、歯科診療特別対応加算または初診時歯科診療導入加算を算定」のいずれか3つに該当

質問 **5**

歯科訪問診療、薬剤管理・栄養食事指導で、どのような指示・書類が求められますか？

連携も指示も、書類も必要です。

実 施の指示では、指示書が必要となります。

口腔ケア、薬剤管理、栄養食事指導などでは、関係職種間での連携が必要になります。口腔ケアの提供にあたっては、在宅療養患者の主治医との診療情報の共有や患者の指導、緊急時の**カンファレンス開催**などが求められ、薬剤管理・栄養食事指導の提供にあたっては、在宅療養患者の主治医との診療情報の共有、薬剤管理指導や栄養食事指導の指示などが必要になります。

また口腔ケア、薬剤管理指導、栄養食事指導などの実施の指示では、指示書が必要となります。それぞれ、口腔ケアでは**診療情報提供書（指示書）**、薬剤管理指導では**訪問薬剤管理指示書**、栄養食事指導では**訪問栄養指導管理指示書**の提供が主治医に求められ、事業所は指示書の有効期限内にサービスを提供することになります。

実 施にあたっては、計画書や報告書が必要になります。

口腔ケア、薬剤管理指導、栄養食事指導の実施にあたっては、計画書や報告書も必要になります。

介護保険における居宅療養管理指導（口腔ケア、薬剤管理指導、栄養食事指導、療養管理指導）の実施前には**居宅療養管理指導計画書**、実施後には**居宅療養管理指導報告書**を、医療保険における薬剤管理指導の実施前には訪問薬剤管理計画書、実施後には訪問薬剤管理報告書を、医療保険における栄養食事指導の実施前には訪問栄養指導管理計画書、実施後には訪問栄養指導管理報告書を作成し、主治医に提出することになります。なお、各種計画書は初回訪問時やケアプランの短期目標更新時に、各種報告書は月1回を目処に提出します。

口腔ケア、薬剤管理・栄養食事指導などで求められる連携

訪問歯科衛生指導

歯科医療機関 ⟷ 歯科衛生士

歯科訪問診療
口腔リハビリ・ケア

薬剤管理指導
栄養食事指導

診療所　薬局　栄養士

・診療情報連携共有
・在宅患者緊急時等カンファレンス
・在宅患者連携指導

・薬剤管理指導
・栄養食事指導

診療所・病院　　　　　　　　　　　診療所・病院

口腔ケア、薬剤管理、栄養食事指導などで求められる指示書

指示書	指示書を出す先	目的	有効期限	適用
診療情報提供書（指示書）	薬局、訪問看護ステーション、栄養ケアステーション、診療所・病院	居宅療養管理指導、医科歯科連携	指示書作成日から3ヶ月以内	介護保険
訪問薬剤管理指示書	薬局	訪問薬剤管理、居宅療養管理指導	指示書作成日から3ヶ月以内	医療保険、介護保険
訪問栄養指導管理指示書	病院、栄養ケアステーション	訪問栄養指導管理、居宅療養管理指導	指示書作成日から6ヶ月以内	医療保険、介護保険

口腔ケア、薬剤管理、栄養食事指導などで求められる計画書・報告書

計画書・報告書	提出先	記載内容	提出のタイミング
訪問薬剤管理計画書	主治医	利用者の個人情報、心身の特性、訪問回数、注目すべき問題・課題、指導内容、計画の追加・変更項目	初回訪問時、ケアプランの短期目標更新時
訪問薬剤管理報告書	主治医	薬剤管理を提供した後に実施した内容を記載	月に1回
訪問栄養指導管理計画書	主治医	療養上の目標や、目標を達成するための具体的なサービス内容などを記載	初回訪問時、ケアプランの短期目標更新時
訪問栄養指導管理報告書	主治医	薬剤管理を提供した後に実施した内容を記載	月に1回
居宅療養管理指導計画書	主治医	療養上の目標や、目標を達成するための具体的なサービス内容などを記載	初回訪問時、ケアプランの短期目標更新時
居宅療養管理指導報告書	主治医	薬剤管理や栄養指導を提供した後に実施した内容を記載	月に1回

その他編

質問 6 口腔ケア・リハビリや薬剤管理・栄養食事指導に、制限はありますか?

特別食が設定されています。

口腔リハビリ・ケアなどの利用回数は制限されます。

　口腔リハビリ・ケア、薬剤管理指導、栄養食事指導、(歯科)医師による療養管理指導には、利用回数が設定されています。口腔リハビリにおける**摂食機能療法**や(**小児)在宅患者訪問口腔リハビリテーション指導管理**は月4回まで、歯科口腔リハビリテーションは有床義歯の場合には月1回まで、舌接触補助床や顎義歯などの場合には月4回まで、口腔ケアは医療保険でも介護保険でも月4回までです。一方、医療保険でも介護保険でも、薬剤管理指導は末期悪性腫瘍患者・中心静脈栄養患者の場合には月8回まで(週2回まで)、それ以外の場合には月4回まで(6日以上あける)ですが、介護保険で病院の薬剤師が提供する場合には月2回までとなります。そして、栄養管理指導は医療保険でも介護保険でも、月2回までと決められています。

歯科訪問診療料の算定には、施設基準の届出が必要です。

　歯科訪問診療を提供する歯科診療所が**歯科訪問診療料1-3**を算定するには、施設基準の届出が必要です(未届出の場合、歯科訪問診療料引き下げ)。また、届出の直近1か月の診療患者のうち、歯科訪問診療を提供した患者数の割合が9割5分以上の歯科訪問診療を行う歯科診療所として届け出ると、歯援診でなくてもより高い診療報酬が適用されます。さらに、在宅歯科診療を提供する歯科診療所には、ポータブルのユニットやX線装置、タービン・エンジン訪問診療用の特別な医療機器が求められます。一方、栄養食事指導を提供する病院や栄養ケアステーションについては、医療保険では「特掲診療料の施設基準等で定めた特別食」を、介護保険では「厚生労働大臣が定めた特別食」を提供することになります。

口腔リハビリテーションの利用回数

摂食機能療法	（小児）在宅患者訪問口腔リハビリテーション指導管理	歯科口腔リハビリテーション
月4回まで	月4回まで	有床義歯の場合は月1回まで、舌接触補助床や顎義歯などの場合は月4回まで

薬剤管理指導の利用回数

医療保険の場合		介護保険の場合		
末期悪性腫瘍患者・中心静脈栄養患者の場合	それ以外の場合	末期悪性腫瘍患者・中心静脈栄養患者の場合	それ以外の場合	
			薬局の薬剤師の場合	病院の薬剤師の場合
月に8回まで（週2回まで）	月4回まで（6日以上あける）	月に8回まで（週2回まで）	月4回まで（6日以上あける）	月2回まで（6日以上あける）

口腔ケア、栄養食事指導、療養管理指導の利用回数

歯科衛生士による口腔ケア		管理栄養士による栄養食事指導		療養管理指導（介護保険）	
医療保険の場合	介護保険の場合	医療保険の場合	介護保険の場合	医師の場合	歯科医師の場合
月4回まで	月4回まで	月2回まで	月2回まで	月2回まで	月2回まで

歯科訪問診療で必要となる主な医療機器

- ・パルスオキシメータ
- ・血圧計
- ・ポータブルタービン
- ・吸引器
- ・ポータブルレントゲン

- ・携帯型デンタルユニット
- ・ポータブルエンジン
- ・光CR重合器
- ・聴診器
- ・ミラー

- ・スケーラー
- ・エクスプローラ（プローブ）
- ・エクスカベーター
- など

医療保険と介護保険による栄養食事指導の適用対象となる特別食

特掲診療料の施設基準等で定めた特別食
- ・てんかん食　・無菌食　・楓糖尿症食
- ・尿素サイクル異常症食　・プロピオン酸血症食
- ・極長鎖アシル-CoA脱水素酵素欠損食
- ・糖尿病食　・治療乳　・フェニールケトン尿症食
- ・ホモシスチン尿症食　・メチルマロン酸血症食
- ・ガラクトース血症食

- ・腎臓（病）食　・胃潰瘍食
- ・脂質異常症食
- ・特別な場合の検査食（単なる流動食や軟食を除く）
- ・肝臓（病）食　・貧血食
- ・痛風食　・糖尿（病）食
- ・膵臓（病）食

厚生労働大臣が定めた特別食
- ・嚥下困難者のための流動食
- ・経管栄養のための濃厚流動食

歯科訪問診療、口腔ケア・リハビリの報酬は、どのように決まりますか?

介護保険では居宅療養管理指導費です。

訪 問、管理、リハビリ、ケアなどが評価されます。

医療保険で提供される歯科訪問診療、口腔リハビリ、口腔ケアは、訪問を評価する**歯科訪問診療料**（＋オンライン診療料）、管理を評価する**歯科疾患在宅療養管理料**または**在宅患者歯科治療総合医療管理料**、口腔リハビリを評価する**在宅患者訪問口腔リハビリテーション指導管理料**など、口腔ケアを評価する**訪問歯科衛生指導料**、連携や入退院支援などを評価する退院前在宅療養指導管理料や在宅患者連携指導料などを足し合わせます。

一方、介護保険で提供される口腔ケアは、口腔ケアを評価する（介護予防）**居宅療養管理指導費**と、介護サービス確保が著しく困難な特別地域などでのサービス提供を評価する加算を足し合わせることになります。

医 療保険と介護保険で、報酬が設定されています。

薬剤管理指導は、医療保険では訪問を評価する**在宅患者訪問薬剤管理指導料**（＋在宅患者オンライン服薬指導料）または**在宅患者緊急訪問薬剤管理指導料**、管理などを評価する麻薬管理指導加算を、介護保険では訪問を評価する（介護予防）居宅療養管理指導費と特別地域などでのサービス提供を評価する加算を足し合わせます。一方、栄養食事指導は、医療保険では訪問を評価する在宅患者訪問栄養食事指導料と加算を、介護保険では訪問を評価する訪問を評価する（介護予防）居宅療養管理指導費と特別地域などでのサービス提供を評価する加算を足し合わせます。

なお歯科訪問診療、口腔ケア・リハビリ、薬剤管理・栄養食事指導などでは、同一建物居住者の区分は、1人、2-9人、10人以上の3つです。

報酬の考え方

●歯科訪問診療、口腔リハビリ・ケアの報酬の考え方

患者の訪問	患者の管理	口腔リハビリ	口腔ケア	連携、その他
歯科訪問診療料 + $\begin{pmatrix}オンライン診療料\end{pmatrix}$	歯科疾患在宅療養管理料 or 在宅患者歯科治療総合医療管理料	在宅患者訪問口腔リハビリテーション指導管理料 歯科口腔リハビリテーション料 摂食機能療法	訪問歯科衛生指導料 or 居宅療養管理指導費 or 介護予防居宅療養管理指導費	退院前在宅療養指導管理料 在宅患者連携指導料 在宅患者緊急時等カンファレンス料 + 加算 or 加算

●薬剤管理指導の報酬の考え方

患者の訪問	患者の管理、その他
在宅患者訪問薬剤管理指導料 + $\begin{pmatrix}在宅患者オンライン服薬指導料\end{pmatrix}$ or 在宅患者緊急訪問薬剤管理指導料 or 居宅療養管理指導費 or 介護予防居宅療養管理指導費	在宅患者重複投薬・相互作用等防止管理料 麻薬管理指導加算 乳幼児加算 or 加算

●栄養食事指導の報酬の考え方

患者の訪問
在宅患者訪問栄養食事指導料 or 居宅療養管理指導費 or 介護予防居宅療養管理指導費

●療養管理指導の報酬の考え方

患者の訪問	地域、など
居宅療養管理指導費 or 介護予防居宅療養管理指導費	特別地域居宅療養管理指導加算 中山間地域等の加算 など

歯科訪問診療、口腔ケア・リハビリ、薬剤管理・栄養食事・療養管理指導における同一建物居住者の区分

同一建物居住者が1人　　同一建物居住者が2-9人　　同一建物居住者が10人以上

人生の最終段階における医療・ケアの決定プロセス

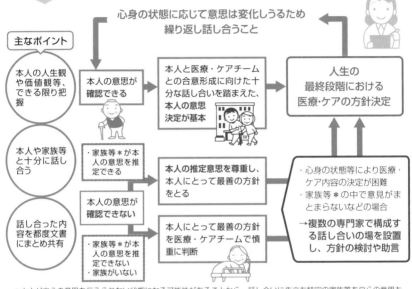

心身の状態に応じて意思は変化しうるため
繰り返し話し合うこと

主なポイント

本人の人生観や価値観等、できる限り把握	本人の意思が確認できる	本人と医療・ケアチームとの合意形成に向けた十分な話し合いを踏まえた、**本人の意思決定が基本**
本人や家族等と十分に話し合う	・家族等＊が本人の意思を推定できる	**本人の推定意思を尊重し、本人にとって最善の方針をとる**
	本人の意思が確認できない	
話し合った内容を都度文書にまとめ共有	・家族等＊が本人の意思を推定できない・家族がいない	本人にとって最善の方針を医療・ケアチームで慎重に判断

人生の最終段階における医療・ケアの方針決定

・心身の状態等により医療・ケア内容の決定が困難
・家族等＊の中で意見がまとまらないなどの場合
→複数の専門家で構成する話し合いの場を設置し、方針の検討や助言

＊本人が自らの意思を伝えられない状態になる可能性があることから、話し合いに先立ち特定の家族等を自らの意思を推定するものとして前もって定めておくことが重要である。
＊家族等には広い範囲の人（親しい友人等）を含み、複数人存在することも考えられる。

●人生の最終段階に関するアンケート

●人生の最終段階における医療について家族と話し合ったことがある人の割合
（自身の死が近い場合に受けたい医療や受けたくない医療）

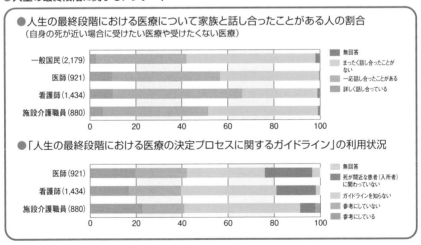

一般国民 (2,179)
医師 (921)
看護師 (1,434)
施設介護職員 (880)

0　　　20　　　40　　　60　　　80　　　100

■ 無回答
■ まったく話し合ったことがない
■ 一応話し合ったことがある
■ 詳しく話し合っている

●「人生の最終段階における医療の決定プロセスに関するガイドライン」の利用状況

医師 (921)
看護師 (1,434)
施設介護職員 (880)

0　　　20　　　40　　　60　　　80　　　100

■ 無回答
■ 死が間近な患者（入所者）に関わっていない
■ ガイドラインを知らない
■ 参考にしていない
■ 参考にしている

12章

歯科訪問診療、口腔ケア・リハビリ、薬剤管理・栄養食事指導、療養管理指導の報酬と算定要件

歯科訪問診療料とは、どのような診療報酬ですか？

往診と訪問診療の違いは
ありません。

患 者の要望に応じて訪問し、歯科診療を実施します。

　歯科訪問診療料とは、疾病や傷病のために通院による歯科診療が困難な在宅などで療養している患者に対して、患者の要望や同意に応じて訪問し、歯科診療を実施した場合に算定する報酬です。歯科訪問診療には往診と訪問診療の違いはなく、患者の要望に応じた訪問も、歯科訪問診療に基づき歯科診療が必要と認められた患者に対する定期的な訪問も、歯科訪問診療料を算定することになります。

　歯科訪問診療料の算定には前述のように、前月までの施設基準の届出が必要であり（未届出の場合、歯科訪問診療料引き下げ）、訪問時には切削器具を常時携行しなければならず、必要に応じてパルスオキシメータ、血圧計、ポータブルレントゲン、エアタービンなどの医療機器も携行します。

人 数と時間で、診療報酬が設定されています。

　歯科訪問診療料は、1人、2-9人、10人以上という同一建物同一日の診療人数と、20分未満と20分以上という診療時間で区分して、診療報酬が設定されています。それぞれ、同一建物同一日の診療人数1人は1、同一建物同一日の診療人数2-9人は2、同一建物同一日の診療人数10人以上は3となり、当該患者に対する診療時間が20分未満の場合は、20分以上の場合の10分の7に相当する点数を算定します。ただし、歯科訪問診療料1は「当該患者の容体が急変し、やむを得ず治療を中止した場合または当該患者の状態により20分以上の診療が困難である場合」、歯科訪問診療料2は「当該患者の容体が急変し、やむを得ず治療を中止した場合」は20分以上の点数を算定できます。

歯科訪問診療料の患者と算定要件

歯科診療所
在宅療養支援歯科診療所
かかりつけ歯科医機能強化型
歯科診療所

前月までに届け出
切削器具を常時携行

患者の要望

歯科訪問
診療

歯科訪問診療料 1
歯科訪問診療料 2
歯科訪問診療料 3
歯科訪問診療料の算定日には初・
再診料は算定不可

対象となる患者・疾患
- 疾病や傷病のために通院による歯科診療が困難な在宅などで療養している患者

歯科のない医療機関の入院患者
介護保険施設の入所者
同一建物居住者 1 人、2-9 人、10 人以上

歯科訪問診療料

診療報酬	同一建物同一日の診療人数	診療時間	点数
歯科訪問診療料 1	1 人	20 分以上	1100 点
		20 分未満	880 点
歯科訪問診療料 2	2-9 人	20 分以上	361 点
		20 分未満	253 点
歯科訪問診療料 3	10 人以上	20 分以上	185 点
		20 分未満	113 点

歯科訪問診療で必要となる主な医療機器

- ・パルスオキシメータ
- ・血圧計
- ・ポータブルタービン
- ・吸引器
- ・ポータブルレントゲン
- ・携帯型デンタルユニット
- ・ポータブルエンジン
- ・光 CR 重合器
- ・聴診器
- ・ミラー
- ・スケーラー
- ・エクスプローラ（プローブ）
- ・エクスカベーター
- など

歯科訪問診療料に算定可能な加算

長時間の加算、歯科診療特別対応加算、初診時歯科診療導入加算、緊急歯科訪問診療加算、地域医療連携体制加算、通信画像情報活用加算、歯科訪問診療補助加算、在宅歯科医療推進加算、歯科訪問診療移行加算

歯科訪問診療料の加算には、何がありますか?

歯科診療が困難な者への加算もあります。

 時間診療、特別対応、特別対応などが加算対象です。

歯科訪問診療料には、長時間の加算、歯科診療特別対応加算、初診時歯科診療導入加算、地域医療連携体制加算、在宅歯科医療推進課算、歯科訪問診療補助加算、緊急歯科訪問診療加算、歯科訪問診療移行加算、通信画像情報活用加算が設定されています。それぞれ、歯科診療特別対応加算は著しく歯科診療が困難な者に対して歯科訪問診療を実施したとき、初診時歯科診療導入加算は困難な患者の初回診療時に歯科治療環境に適用できる技法を実施したとき、地域医療連携体制加算は診療時間以外の時間、休日、深夜における緊急時の診療体制を確保したとき、在宅歯科医療推進加算は厚生労働大臣が定める施設基準に適合する歯科診療所が訪問診療を実施したときに算定します。

緊 急訪問、診療補助、訪問診療移行も評価されます。

緊急歯科訪問診療加算は、入院中以外の診療している患者を緊急に歯科訪問診療したとき、歯科訪問診療補助加算は歯科衛生士が同行の上、歯科訪問診療の補助を実施したとき、歯科訪問診療移行加算は、外来歯科診療を受診していた患者に歯科訪問診療を実施したときに、それぞれ算定します。緊急歯科訪問診療加算は、1人、2-9人、10人以上という同一建物同一日の診療人数と、標榜時間内、夜間、深夜という診療時間帯で、歯科訪問診療補助加算は、在宅療養支援歯科診療所とそれ以外という提供医療機関と、1人、2-9人、10人以上という同一建物同一日の診療人数で、歯科訪問診療移行加算は、かかりつけ歯科医機能強化型歯科診療所とそれ以外という提供医療機関という区分で診療報酬が設定されています。

歯科訪問診療料の加算

長時間の診療加算（30 分またはその端数ごと、1 回につき）				100 点
歯科診療特別対応加算（1 回目）				175 点
初診時歯科診療導入加算（1 回目）				250 点
地域医療連携体制加算（1 回に限り）				300 点
通信画像情報活用加算（1 日につき）				30 点
在宅歯科医療推進加算（1 回に限り）		1 人のみ		100 点
緊急歯科訪問診療加算（1 回につき）		1 人	標榜時間内	425 点
			夜間	850 点
			深夜	1700 点
		2-9 人	標榜時間内	140 点
			夜間	280 点
			深夜	560 点
		10 人以上	標榜時間内	70 点
			夜間	140 点
			深夜	280 点
歯科訪問診療補助加算（1 回につき）	在宅療養支援歯科診療所の場合	1 人		115 点
		2-9 人		50 点
		10 人以上		50 点
	それ以外の場合	1 人		90 点
		2-9 人		30 点
		10 人以上		30 点
歯科訪問診療移行加算	かかりつけ歯科医機能強化型歯科診療所の場合	1 人のみ		150 点
	それ以外の場合			100 点

歯科訪問診療料の加算の算定要件

歯科診療特別対応加算	・著しく歯科診療が困難な者 *1 に対して歯科訪問診療を実施
初診時歯科診療導入加算	・著しく歯科診療が困難な患者の初回歯科訪問診療時に、歯科治療環境に適用できる技法（系統的脱感作法、TEACCH 法など）を実施
地域医療連携体制加算	・診療時間以外の時間、休日又は深夜における緊急時の診療体制を確保 ・診療状況を示す文書を連携する医療機関に提供
通信画像情報活用加算	・過去 2 月間に訪問歯科衛生指導料を算定した患者に訪問歯科衛生指導実施時に歯科衛生士がリアルタイムで口腔内の画像を撮影し、歯科医師がリアルタイムで観察し、得られた情報を次回の歯科訪問診療（歯科訪問診療 1・2 のみ）に活用
在宅歯科医療推進加算	・厚生労働大臣が定める施設基準 *2 に適合している歯科診療所にて、歯科訪問診療を実施
歯科訪問診療補助加算	・歯科衛生士が同行の上、歯科訪問診療の補助を実施
歯科訪問診療移行加算	・外来歯科診療を受信していた患者に歯科訪問診療を実施

*1 「脳性麻痺等で身体の不随意運動や緊張が強く体幹の安定が得られない状態」「知的発達障害等により開口保持ができない状態や治療の目的が理解できず治療に協力が得られない状態」「重症の喘息患者等で頻繁に治療の中断が必要な状態」「日常生活に支障を来たすような症状・行動や意志疎通の困難さが頻繁に見られ歯科診療に際して家族等の援助を必要とする状態」のいずれか、または準ずる状態
*2 直近 3 か月の歯科訪問診療の実績が月平均延べ患者数が 5 人以上、そのうち 6 割以上が歯科訪問診療 1 を算定

歯科訪問診療の連携などは、どのように評価されますか？

> 歯科訪問診療でも連携は重要です。

在 宅療養時、退院時、急変時などの連携を評価します。

在宅療養時、退院時、急変時、処置・手術の前の歯科訪問診療における連携を評価する診療報酬には、**在宅患者連携指導料、退院前在宅療養指導管理料、在宅患者緊急時等カンファレンス料、在宅患者歯科治療総合医療管理料（Ⅱ）**があり、退院前在宅療養指導管理料には乳幼児加算も設定されています。

薬局や訪問看護と連携した歯科訪問診療の実施を評価する在宅患者連携指導料の算定には、患者またはその家族などの同意のほか、文書などによる月2回以上の情報共有、その情報に基づく指導などが求められます。ただし在宅患者連携指導料は、1回目の歯科訪問診療料算定日から1ヶ月以内や退院日から1ヶ月以内は算定不可で、診療情報提供料（Ⅰ）を算定している患者には算定できません。

カ ンファレンス開催や経時監視なども求められます。

入院中の患者が在宅療養に備えて一時的に外泊する際の指導管理を評価する退院前在宅療養指導管理料における乳幼児加算の算定には6歳未満の乳幼児に対する指導管理、在宅療養患者の状態急変時の対応を評価する在宅患者緊急時等カンファレンス料の算定には、主治医の求めに応じた医師、薬剤師、保健師、助産師、看護師、理学療法士、相談支援専門員の共同カンファレンス、療養上必要な指導の実施（3者以上が参加し、3者のうち2者以上が患家に訪問している場合、関係者のいずれかがビデオ通話が可能な機器を用いて参加可能）、そして処置や手術の前の歯科診療を評価する在宅患者歯科治療総合医療管理料（Ⅱ）の算定には、全身管理が必要な患者に対する血圧、脈拍、経皮的動脈血酸素飽和度の経時監視などが求められます。

歯科訪問診療などの連携を評価する診療報酬

在宅患者連携指導料（月1回）		900点
退院前在宅療養指導管理料（月1回）	通常の場合	120点
	乳幼児加算	200点
在宅患者緊急時等カンファレンス料（月2回）		200点
在宅患者歯科治療総合医療管理料（Ⅱ）（1日につき）		45点

連携を評価する診療報酬の算定要件

在宅患者連携指導料	・在宅での療養を行っている通院が困難な患者に歯科訪問診療を実施 ・患者またはその家族などの同意 ・訪問薬剤管理指導を実施している保険薬局や訪問看護ステーションと文書などで月2回以上情報を共有し、その情報に基づき療養上必要な指導を実施 ・1回目の歯科訪問診療料を算定する日から1ヶ月以内に行った在宅患者連携指導料は、1回目の歯科訪問診療料に含まれる ・退院日から1ヶ月以内に行った在宅患者連携指導料は、入院基本料に含まれる ・診療情報提供料（Ⅰ）を算定している患者は算定不可
退院前在宅療養指導管理料	・入院中の患者が在宅療養に備えて一時的に外泊するに当たり、当該在宅療養に関する指導管理を実施 ・乳幼児加算：6歳未満の乳幼児に対して在宅療養に関する指導管理を実施
在宅患者緊急時等カンファレンス料	・在宅療養患者の状態急変などに伴い、主治医の求めに応じて、医師、薬剤師、保健師、助産師、看護師、理学療法士、相談支援専門員と共同でカンファレンスを行い、療養上必要な指導を実施 ・3者以上が参加し、3者のうち2者以上が患家に訪問している場合、患者同意の上、関係者のいずれかがビデオ通話が可能な機器を用いて参加可能
在宅患者歯科治療総合医療管理料（Ⅱ）	・全身管理が必要な患者に、処置や手術の前に、患者の血圧、脈拍、経皮的動脈血酸素飽和度を経時的に監視した上で、歯科治療を実施 ・患者の全身状態の要点をカルテに記載 ・呼吸心拍監視、新生児心拍・呼吸監視、カルジオスコープ、カルジオタコスコープを算定した日は算定不可 ・周術期等口腔機能管理料（Ⅰ）（Ⅱ）（Ⅲ）との併算定不可

質問11 歯科疾患在宅療養管理料とは、どのような診療報酬ですか?

> 多くの報酬が併算定
> できません。

続的な歯科疾患管理が必要な患者を療養管理します。

　歯科疾患在宅療養管理料とは、通院が困難で歯科訪問診療料を算定している、継続的な歯科疾患の管理が必要な在宅療養患者に対して、在宅療養管理した場合に算定する診療報酬です。歯科疾患在宅療養管理料の算定には、口腔機能評価の結果などを踏まえた管理計画の作成と、歯科治療・口腔管理で必要な全身・口腔・口腔機能の状態・管理方法の概要、検査結果の要点の管理計画への記載が求められます。

　なお歯科疾患在宅療養管理料は、歯科疾患管理料、小児口腔機能管理料、口腔機能管理料、周術期等口腔機能管理料（Ⅰ）（Ⅱ）（Ⅲ）、歯科特定疾患療養管理料、（小児）在宅患者訪問口腔リハビリテーション指導管理料、歯科矯正管理料との併算定はできません。

文 書による情報提供、多職種連携などが評価されます。

　歯科疾患在宅療養管理料は、事業所の区分で診療報酬が設定されており、文書提供加算、在宅総合医療管理加算、栄養サポート等連携加算1・2という加算があります。文書提供加算は患者などに歯科疾患の管理と口腔機能に係る内容を文書で提供すること、在宅総合医療管理加算は歯科治療の総合的医療管理を必要とする患者に文書によって診療情報を提供して管理と療養指導を実施すること、栄養サポートチーム等連携加算1は入院患者に入院医療機関の栄養サポートチームの構成員として診療を行って口腔機能評価に基づく管理を実施すること、栄養サポートチーム等連携加算2は介護保険施設などに入所している患者の食事観察などに参加して口腔機能評価に基づく管理を実施することを評価します。

歯科疾患在宅療養管理料の患者と算定要件

歯科診療所
在宅療養支援歯科診療所
かかりつけ歯科医機能強化型
歯科診療所

居宅療養管理指導費を算定し、管理計画を作成している場合は歯科疾患在宅療養管理料を算定したと見なす

患者の要望

在宅療養管理

口腔機能評価の結果などを踏まえた管理計画

管理計画には、歯科治療・口腔管理で必要な全身・口腔・口腔機能の状態・管理方法の概要、実施した検査結果の要点を記載

対象となる患者・疾患

● 在宅などで療養している通院が困難な患者
● 継続的な歯科疾患の管理が必要な患者
● 歯科訪問診療料を算定した患者

歯科疾患管理料、小児口腔機能管理料、口腔機能管理料、周術期等口腔機能管理料（Ⅰ）、（Ⅱ）、（Ⅲ）、歯科特定疾患療養管理料、（小児）在宅患者訪問口腔リハビリテーション指導管理料、歯科矯正管理料との併算定は不可

歯科疾患在宅療養管理料と加算

歯科疾患在宅療養管理料	在宅療養新歯科診療所1の場合	340点
	在宅療養新歯科診療所2の場合	230点
	それ以外の場合	200点
歯科疾患在宅療養管理料の加算	文書提供加算	10点
	在宅総合医療管理加算	50点
	栄養サポートチーム等連携加算1	80点
	栄養サポートチーム等連携加算2	80点

歯科疾患在宅療養管理料の加算の算定要件

文書提供加算	・患者などに、歯科疾患の管理と口腔機能に係る内容を文書で提供
在宅総合医療管理加算	・歯科治療の総合的医療管理を必要とする患者＊に、文書によって診療情報を提供し、必要な管理と療養上の指導を実施
栄養サポートチーム等連携加算1	・入院患者に、入院医療機関の栄養サポートチームなどの構成員として診療を行い、口腔機能評価に基づく管理を実施
栄養サポートチーム等連携加算2	・介護保険施設などに入所している患者に、入所施設での食事観察などに参加し、口腔機能評価に基づく管理を実施

＊ 「糖尿病の患者」「骨吸収抑制薬投与中の患者」「感染性心内膜炎のハイリスク患者」「関節リウマチの患者」「血液凝固阻止剤投与中の患者」のいずれか

（小児）在宅患者訪問口腔リハビリテーション指導管理料とは、どのような診療報酬ですか？

18歳未満向けの報酬もあります。

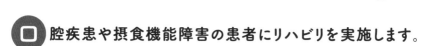 腔疾患や摂食機能障害の患者にリハビリを実施します。

　（小児）在宅患者訪問口腔リハビリテーション指導管理料とは、（18歳未満、または18歳に達した日の前に当該管理料を算定した患者）摂食機能障害や口腔機能低下症を有する在宅療養患者に対して、訪問口腔リハビリを実施した場合に月4回に限り算定する診療報酬です。接触機能障害とは、「発達遅滞、顎切除及び舌切除の手術又は脳血管疾患等による後遺症」「内視鏡下嚥下機能検査又は嚥下造影による他覚的な嚥下機能の低下があり、医学的に摂食機能療法の有効性が期待可能」のいずれかが該当します。（小児）在宅患者訪問口腔リハビリテーション指導管理料の算定には、管理計画計画の要点をカルテに記載すること、計画書の写しをカルテに添付すること、歯周基本治療や摂食機能障害の管理などが求められます。

残 歯数の区分で診療報酬が設定されています。

　在宅患者訪問口腔リハビリテーション指導管理料は、残歯数の区分で診療報酬が設定されており、かかりつけ歯科医機能強化型歯科診療所加算、在宅療養支援歯科診療所加算1・2、栄養サポートチーム等連携加算1・2という加算があります。かかりつけ歯科医機能強化型歯科診療所加算ではかかりつけ歯科医機能強化型歯科診療所の歯科医師による実施、在宅療養支援歯科診療所加算1・2では在宅療養支援歯科診療所1・2の歯科医師による実施、栄養サポートチーム等連携加算1では、入院患者の医療機関の栄養サポートチームの一員として口腔機能評価に基づく管理、栄養サポートチーム等連携加算2では、入所者の介護保険施設で行われる食事観察などの参加と口腔機能評価に基づく管理が求められます。

在宅患者訪問口腔リハビリテーション指導管理料の患者と算定要件

歯科診療所
在宅療養支援歯科診療所
かかりつけ歯科医機能強化型
歯科診療所

必要に応じて主治医または介護・福祉関係者などと連携を図りながら実施
歯周病検査を1回以上実施
必要に応じて摂食機能障害に対する訓練、プラークコントロール、機械的歯面清掃、スケーリングを実施

患者の同意 ←

訪問口腔
リハビリ

患者の要望 ←

小児訪問口腔
リハビリ

口腔内の状態や口腔機能の評価などを踏まえた管理計画
計画の要点をカルテに記載または計画書の写しをカルテに添付
歯周基本治療や摂食機能障害に対する訓練を含む指導管理など
（1回につき20分以上）

対象となる患者・疾患

- 在宅などで療養している通院が困難な患者
- 摂食機能障害や口腔機能低下症を有する患者

対象となる患者・疾患

- 通院が困難な18歳未満の接触機能障害や口腔機能低下症を有する在宅療養患者

摂食機能障害：「発達遅滞、顎切除及び舌切除の手術又は脳血管疾患等による後遺症」「内視鏡下嚥下機能検査又は嚥下造影による他覚的な嚥下機能の低下があり、医学的に摂食機能療法の有効性が期待可能」のいずれか

在宅患者訪問口腔リハビリテーション指導管理料と加算

在宅患者訪問口腔リハビリテーション指導管理料	10歯未満	400点
（月4回に限り）	10歯以上20歯未満	500点
	20歯以上	600点
小児在宅患者訪問口腔リハビリテーション指導管理料（月4回に限り）		600点
かかりつけ歯科医機能強化型歯科診療所加算		75点
在宅療養支援歯科診療所加算1		145点
在宅療養支援歯科診療所加算2		80点
栄養サポートチーム等連携加算1		80点
栄養サポートチーム等連携加算2		80点

在宅患者訪問口腔リハビリテーション指導管理料の加算の算定要件

かかりつけ歯科医機能強化型歯科診療所加算	・かかりつけ歯科医機能強化型歯科診療所の歯科医師が実施
在宅療養支援歯科診療所加算1	・在宅療養支援歯科診療所1の歯科医師が実施
在宅療養支援歯科診療所加算2	・在宅療養支援歯科診療所2の歯科医師が実施
栄養サポートチーム等連携加算1	・入院患者の医療機関の栄養サポートチームの一員として、口腔機能評価に基づく管理を実施
栄養サポートチーム等連携加算2	・入所者の介護保険施設で行われる食事観察などに参加して、口腔機能評価に基づく管理を実施

歯科口腔リハビリテーション料とは、どのような診療報酬ですか？

対象は、装置を装着している
患者などです。

歯 科口腔リハビリや摂食機能の訓練を実施します。

歯科口腔リハビリテーション料1は有床義歯を装着している患者、舌接触を装着している患者口蓋補綴や顎補綴により算定した装置を装着している患者に対して、歯科口腔リハビリテーション料2は顎関節症を有し、顎関節治療用装置を装着する患者に歯科口腔リハビリを実施した場合に算定する診療報酬です。一方、摂食機能療法は、摂食機能障害を有する患者や脳卒中患者で摂食機能障害を有する者に、摂食機能の訓練指導を実施した場合に算定する診療報酬です。歯科口腔リハビリテーション料2は他の医療機関で制作した装置を装着している場合も算定可能であり、摂食機能療法は言語聴覚士、看護師、准看護師、歯科衛生士、理学療法士などによる1回30分以上の訓練指導、衛生材料の適切な管理が必要となります。

摂 食機能療法とは併算定できません。

歯科口腔リハビリテーション料1の1は、困難な場合（新製有床義歯管理料（3）を算定する患者）とそれ以外の場合に分類されます。歯科口腔リハビリ料1の1は月1回、2・3は月4回まで算定可能であり、摂食機能療法は月4回まで算定できます。ただし、歯科口腔リハビリ料1の2・3と摂食機能療法は同一日に算定できず、摂食機能療法の開始日から3ヶ月を越えた場合、摂食機能療法を算定した月には歯科口腔リハビリ料1の2・3は算定できません。なお摂食機能療法を30分以上実施できるのは、発達遅延、顎切除、舌切除の手術または脳卒中などによる後遺症により摂食機能に障害がある者、内視鏡下嚥下機能検査または嚥下造影によって他覚的に嚥下機能の低下が確認でき、医学的に摂食機能療法の有効性が期待できる者です。

歯科口腔リハビリテーション料1、2の患者と算定要件

歯科診療所
在宅療養支援歯科診療所
かかりつけ歯科医機能強化型
歯科診療所

歯科口腔リハビリテーション料2は、他の医療機関で制作した装置を装着している場合も算定可

対象となる患者・疾患

- 1：有床義歯を装着している患者、舌接触を装着している患者口蓋補綴、顎補綴により算定した装置を装着している患者
- 2：顎関節症を有し、顎関節治療用装置を装着しているする患者

摂食機能療法の患者と算定要件

歯科診療所
在宅療養支援歯科診療所
かかりつけ歯科医機能強化型
歯科診療所

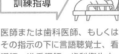

医師または歯科医師、もしくはその指示の下に言語聴覚士、看護師、准看護師、歯科衛生士、理学療法士、作業療法士が訓練指導を実施

対象となる患者・疾患

- 摂食機能障害を有する患者
- 脳卒中患者で、摂食機能障害を有する者

機能強化型：「厚生労働大臣が定める疾病等」「厚生労働大臣が定める状態等 」の該当者など

歯科口腔リハビリテーション料、摂食機能療法とその加算

歯科口腔リハビリテーション料1（1口腔につき）	1　有床義歯の場合	困難な場合	124点
		それ以外の場合	104点
	2　舌接触補助床の場合		194点
	3　その他の場合		189点
歯科口腔リハビリテーション料2（1口腔につき）			54点
摂食機能療法（1日につき）	30分以上の場合		185点
	30分未満の場合		130点
摂食嚥下支援加算（週1回に限り）			200点

摂食機能療法の加算の算定要件

| 摂食嚥下支援加算 | ・医師、看護師、言語聴覚士、薬剤師、管理栄養士などが共同して、摂食機能または嚥下機能の回復に必要な指導管理を実施 |

14 訪問歯科衛生指導料とは、どのような診療報酬ですか?

実地指導を20分以上実施します。

腔内の清掃や有床義歯の清掃指導を実施します。

訪問歯科衛生指導料とは、歯科訪問診療料を算定している、医師が特別食の必要性を認めた在宅療養患者やその家族に対して、歯科訪問診療を行った歯科医師の指示を受けたその医療機関に勤務(常勤または非常勤)する歯科衛生士が歯科訪問診療料算定日から1ヶ月以内に、口腔内の清掃(機械的歯面清掃を含む)、有床義歯の清掃指導、口腔機能の回復・維持に関する実地指導を20分以上実施した場合に算定する報酬です。ただし訪問歯科衛生指導料は、療養上必要な実地指導を行った場合に算定し、単なる日常的口腔清掃などのみを行った場合は算定できません。

訪問歯科衛生指導料の算定には、指導内容、実施時刻、療養に必要な情報、歯科衛生士名が記載された文書を提供し、文書の写しをカルテに添付しなくてはなりません。

訪 問人数の区分で診療報酬が設定されています。

訪問歯科衛生指導料は、単一建物診療患者が1人、2-9人、10人以上という訪問人数の区分で診療報酬が設定されており、算定は月4回までです。また訪問歯科衛生指導料は歯科衛生実地指導料との併算定はできません。ここでいう単一建物診療患者の人数とは当該患者が居住する建築物に居住する者のうち、その医療機関の歯科訪問診療の計画に基づいて訪問歯科衛生指導を行い、同一月に訪問歯科衛生指導料を算定する者の人数です。ただし、同一施設内に居住する(別の)11人を1ヶ月間に訪問した場合には単一建物診療患者が10人以上として300点を算定するのに対して、居宅に居住する(同一世帯の)2人を1ヶ月間に訪問した場合には、単一建物診療患者が1人として360点を算定することになります。

訪問歯科衛生指導料の患者と算定要件

歯科診療所
在宅療養支援歯科診療所
かかりつけ歯科医機能強化型
歯科診療所

歯科医師の指示に基づいて当該診療所に勤務する歯科衛生士が訪問

訪問歯科
衛生指導

対象となる患者・疾患

- 在宅などで療養している通院が困難な患者
- 医師が特別食の必要性を認めた患者
- 歯科訪問診療料を算定した患者

歯科訪問診療料算定日から1ヶ月以内
口腔内の清掃（機械的歯面清掃を含む）、有床義歯の清掃指導、口腔機能の回復・維持に関する実地指導（20分以上）

指導内容、実施時刻、療養に必要な情報、歯科衛生士名が記載された文書を提供し、文書の写しをカルテに添付

訪問歯科衛生指導料*

単一建物診療患者が1人の場合（1回につき、月4回を限度）	360点
単一建物診療患者が2-9人の場合（1回につき、月4回を限度）	328点
単一建物診療患者が10人以上の場合（1回につき、月4回を限度）	300点

* 歯科衛生実地指導料との併算定不可

訪問歯科衛生指導料の算定イメージ

● 施設の場合

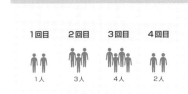

1ヶ月間に（別の）11人を訪問：
訪問歯科衛生指導料は
300点を算定

算定報酬 = 300 × 11 = 3,300点

● 居宅の場合

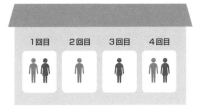

1ヶ月間に（同一世帯の）2人を訪問：
訪問歯科衛生指導料は
360点を算定

算定報酬 = 360 × 6 = 2,160点

質問 15 在宅患者（緊急）訪問薬剤管理指導料とは、どのような診療報酬ですか？

実施の届出が必要です。

 期的あるいは緊急に薬剤的管理指導を実施します。

在宅患者訪問薬剤管理指導料とは、要介護・要支援以外の通院が困難な在宅療養患者に対して、医師の同意の下での定期的な訪問による薬剤的管理指導を月1回を限度に実施した場合の診療報酬であり、在宅患者緊急訪問薬剤管理指導料とは医師の要望を受けて緊急の訪問による薬剤的管理指導を実施した場合の診療報酬であり、いずれも薬局所在地と患家との距離が16キロ以内と定められています。在宅患者訪問薬剤管理指導料の算定には在宅患者訪問薬剤管理指導の実施の届出が必要になり、在宅患者緊急訪問薬剤管理指導料の算定には訪問結果について文書による情報提供や薬剤服用歴への実施日や指導内容などの記載が必要になり、いずれも、医師の指示に基づいて、薬剤師が薬学的管理指導計画を策定しなくてはなりません。

 局が情報通信機器を用いた服薬指導を実施します。

在宅患者訪問薬剤管理指導料には、薬剤師1人あたりの上限回数が設定されており、在宅患者訪問薬剤管理指導料1-3を合わせて40回の限度内で週10回までです。また在宅患者オンライン服薬指導料とは、在宅時医学総合管理料による訪問診療を受けて、処方箋を交付された通院が困難な在宅療養患者に対して、薬局が情報通信機器を用いた服薬指導を実施した場合に算定する診療報酬です。在宅患者オンライン服薬指導料を算定する薬局は、在宅患者訪問薬剤管理指導の4に規定するオンライン服薬指導に係る届出を提出する必要があります。

なお、在宅患者オンライン服薬指導料は在宅患者重複投薬・相互作用等防止管理料との併算定はできません。

在宅患者訪問薬剤管理指導料の患者と算定要件

**薬局
病院・診療所**

医師の同意
薬局は、在宅患者訪問薬剤管理
指導の実施を届出

患者の同意 ←

薬剤的
管理指導 →

定期的な訪問
医師の指示に基づき、薬剤師が
薬学的管理指導計画を策定

対象となる患者・疾患

- 在宅などで療養している通院が困難な患者
- 要介護・要支援以外の者
- 薬局所在地と患家との距離が 16 キロ以内

単一建物診療患者 1 人
単一建物診療患者 2-9 人
単一建物診療患者 10 人以上

患者所在地との距離 ≦ 16km

在宅患者緊急訪問薬剤管理指導料の患者と算定要件

**薬局
病院・診療所**

医師の要望を受けた薬剤師
訪問結果について文書による情報提供

患者の同意 ←

緊急の薬剤的
管理指導 →

緊急時の訪問
医師の指示に基づき、薬剤師が
薬学的管理指導計画を策定
薬剤服用歴に「実施日、氏名、
要請日、指導内容」などを記載

対象となる患者・疾患

- 在宅などで療養している通院が困難で、状態が急変した患者
- 要介護・要支援以外の者
- 薬局所在地と患家との距離が 16 キロ以内

指導料 1：計画的な訪問薬剤管理指導の対象疾患の急変
指導料 2：計画的な訪問薬剤管理指導の対象疾患以外の急変

患者所在地との距離 ≦ 16km

在宅患者オンライン服薬指導料の患者と算定要件

**薬局
病院・診療所**

薬局は、在宅患者訪問薬剤管理
指導の実施を届出

患者の同意 ←

情報通信機器
を用いた
服薬指導 →

在宅患者重複投薬・相互作用等
防止管理料との併算定不可

対象となる患者・疾患

- 在宅などで療養している通院が困難な患者
- 在宅時医学総合管理料による訪問診療を受けて、処方箋を交付された患者

在宅患者訪問薬剤管理指導料の報酬や加算などは、どうなっていますか?

末期がん患者などは例外です。

問薬剤管理指導料は月4回まで算定します。

在宅患者訪問薬剤管理指導料は、単一建物診療患者が1人、2-9人、10人以上という訪問人数の区分で、在宅患者緊急訪問薬剤管理指導料は、計画的な訪問薬剤管理指導に係る疾患の急変に伴うものの場合とそれ以外の場合という区分で診療報酬が設定されており、いずれも月4回まで算定可能です。

ただし、在宅患者訪問薬剤管理指導料は、末期の悪性腫瘍患者や中心静脈栄養法の対象患者に対しては週2回かつ月8回算定できます(薬剤師1人につき合計週40回まで算定可)。またユニット数が3以下のグループホームについては、それぞれのユニットにおいて在宅患者訪問薬剤管理指導料を算定する人数を、単一建物診療患者の人数とみなします。

複投薬防止、麻薬管理などが評価されます。

在宅患者訪問薬剤管理指導料の加算のうち、在宅患者重複投薬・相互作用等防止管理料は残薬調整に係るもの以外の場合と残薬調整に係るものの場合があります。残薬調整に係るもの以外の場合の在宅患者重複投薬・相互作用等防止管理料の算定には、「併用薬との重複投薬」「併用薬、飲食物などとの相互作用」「そのほか薬学的観点から必要と認める事項」について、処方医に連絡・確認の上で処方を変更すること、残薬調整に係るものの場合の算定には、残薬について、処方医に連絡・確認の上で処方を変更すること、麻薬管理指導加算の算定には麻薬の服用・保管の状況、副作用の有無などを確認すること、乳幼児加算の算定には6歳未満の乳幼児またはその家族などに薬学的管理指導を実施することが求められます。

在宅患者（緊急）訪問薬剤管理指導料と在宅患者オンライン服薬指導料

在宅患者訪問薬剤管理指導料 （1 回につき、月 4 回まで）*	単一建物診療患者が 1 人の場合	650 点
	単一建物診療患者が 2-9 人の場合	320 点
	単一建物診療患者が 10 人以上の場合	290 点
在宅患者緊急訪問薬剤管理指導料 （1 回につき、月 4 回まで）	計画的な訪問薬剤管理指導に係る疾患の急変に伴うものの場合	500 点
	それ以外の場合	200 点
在宅患者オンライン服薬指導料（1 回につき）		57 点

*末期の悪性腫瘍患者、中心静脈栄養法の対象患者は、週 2 回かつ月 8 回算定可。薬剤師 1 人につき、合計週 40 回に限り算定可

在宅患者（緊急）訪問薬剤管理指導料の加算など

在宅患者重複投薬・相互作用等防止管理料 *	残薬調整に係るもの以外の場合	40 点
	残薬調整に係るものの場合	30 点
麻薬管理指導加算		100 点
乳幼児加算		100 点

*薬剤師 1 人につき、合計週 40 回に限り算定可

在宅患者（緊急）訪問薬剤管理指導料の加算などの算定要件

在宅患者重複投薬・相互作用等防止管理料	残薬調整に係るもの以外の場合	・「併用薬との重複投薬（薬理作用が類似する場合を含む）」「併用薬、飲食物などとの相互作用」「そのほか薬学的観点から必要と認める事項」について、処方医に対して連絡・確認し、処方を変更した場合に算定
	残薬調整に係るものの場合	・残薬について、処方医に対して連絡・確認し、処方を変更した場合に算定
麻薬管理指導加算		・麻薬が投薬されている患者に、麻薬の服用・保管の状況、副作用の有無などについて確認し、必要な薬学的管理指導を実施
乳幼児加算		・在宅で療養している通院が困難な 6 歳未満の乳幼児またはその家族などに、薬学的管理指導を実施

在宅患者訪問栄養食事指導料とは、どのような診療報酬ですか？

管理栄養士が実施します。

食 事計画案や献立に基づく栄養食事指導を実施します。

　在宅患者訪問栄養食事指導料とは、医師が特別食の必要性を認めた歯科訪問診療料を算定する在宅療養患者やその家族などに対して、医師の指示に基づいて、病院や栄養ケアステーションの管理栄養士（診療所、診療所以外）が患家に訪問して、食事計画案や具体的な献立に基づく栄養食事指導を実施した場合に患者1人につき月2回まで算定する診療報酬です。

　在宅患者訪問栄養食事指導料の対象は、がん患者、摂食機能または嚥下機能が低下した患者、低栄養状態にある患者であり、算定にあたっては、生活条件や嗜好を勘案した具体的な献立などによって栄養管理に係る指導と診療に基づく計画的医学管理の実施が求められます。

訪 問人数の区分などで診療報酬が設定されています。

　在宅患者訪問栄養食事指導料は、診療所内の管理栄養士と診療所外の管理栄養士という提供者、単一建物診療患者が1人、2-9人、10人以上という訪問人数の区分で診療報酬が設定されています。診療所内の管理栄養士が提供する在宅患者訪問栄養食事指導料1、診療所外の管理栄養士が提供する在宅患者訪問栄養食事指導料2は、いずれも月2回まで算定可能です。ただし、ユニット数が3以下のグループホームについては、それぞれのユニットにおいて在宅患者訪問栄養食事指導料を算定する人数を、単一建物診療患者の人数とみなすことができます。

　なお在宅患者訪問栄養食事指導料の特別食には、腎臓（病）食、肝臓（病）食、潰瘍食貧血食、膵臓（病）食、脂質異常症食、痛風食などが該当します。

在宅患者訪問栄養食事指導料の患者と算定要件

病院
栄養ケアステーション

医師の指示に基づいて管理栄養士（診療所、診療所以外）が訪問

患者の要望
←
食事計画案、具体的な献立
→

栄養食事
指導

生活条件や嗜好を勘案した具体的な献立などによって栄養管理に係る指導
診療に基づく計画的医学管理

対象となる患者・疾患

- 在宅などで療養している通院が困難な患者
- 医師が特別食の必要性を認めた患者
- 歯科訪問診療料を算定した患者

がん患者
摂食機能または嚥下機能が低下した患者
低栄養状態にある患者

在宅患者訪問栄養食事指導料と加算

在宅患者訪問栄養食事指導料1（1回につき、月2回まで）	診療所内の管理栄養士が担当	単一建物居住者が1人	530点
		単一建物居住者が2-9人	480点
		単一建物居住者が10人以上	440点
在宅患者訪問栄養食事指導料2（1回につき、月2回まで）	診療所外の管理栄養士が担当	単一建物居住者が1人	510点
		単一建物居住者が2-9人	460点
		単一建物居住者が10人以上	420点

在宅患者訪問栄養食事指導料の特別食

- ・腎臓（病）食
- ・肝臓（病）食
- ・糖尿食胃
- ・潰瘍食貧血食
- ・膵臓（病）食
- ・脂質異常症食
- ・痛風食
- ・てんかん食
- ・フェニールケトン尿症食
- ・楓糖尿症食
- ・ホモシスチン尿症食

- ・尿素サイクル異常症食メチルマロン酸血症食プロピオン酸血症食
- ・極長鎖アシル-CoA脱水素酵素欠損症食
- ・糖原病食
- ・ガラクトース血症食治療乳
- ・無菌食
- ・小児食物アレルギー食（外来栄養食事指導料、入院栄養食事指導料に限る）
- ・特別な場合の検査食（単なる流動食、軟食を除く）

（介護予防）居宅療養管理指導費とは、どのような介護報酬ですか?

医学管理が必要な人などが
対象です。

療 養指導、薬剤管理・栄養食事指導、口腔ケアを実施します。

　（介護予防）居宅療養管理指導は、在宅などで療養している通院が困難な要介護・要支援者に対して、医師の指示に基づいて療養指導、薬剤管理指導、栄養食事指導、口腔ケアを実施した場合に算定する介護報酬です。居宅療養管理指導は、病状が不安定な人、通院できない人、医学管理が必要な人などが対象となります。

　居宅療養管理指導は、提供者によってサービスが異なり、医師や歯科医師であれば訪問診療や治療の指導管理、検査や投薬や処置（療養指導）、薬剤師であれば薬の管理や服用方法の指導（薬剤管理指導）、管理栄養士であれば食事の栄養指導や調理の実技指導（栄養食事指導）、歯科衛生士であれば口腔内の清掃と口腔衛生の指導（口腔ケア）を実施します。

情 報提供、計画作成、指導・助言などが求められます。

　訪問診療または往診の日に限定される療養指導の実施にあたっては、ケアマネジャーへのケアプラン策定用情報の提供、利用者やその家族に対する文書による介護方法の指導・助言が求められ、薬剤管理指導の実施にあたっては薬局における薬剤服用歴の記録や医療機関における薬剤管理指導の記録が求められます。

　一方、厚生労働大臣に定める特別食を必要とする者や低栄養状態にある者に対する栄養食事指導の実施にあたっては栄養ケア計画の作成、栄養状態の定期的な記録、歯科衛生士による口腔ケアの実施にあたっては利用者ごとの口腔衛生状態、摂食・嚥下機能に配慮した管理指導計画の作成などが必要です。なお管理栄養士による居宅療養管理指導の特別食には、腎臓病食、肝臓病食、糖尿病食などが該当します。

居宅療養管理指導費の患者と算定要件

**医師または
歯科医師**

療養指導

計画的・継続的な医学的
管理や歯科医学的管理

訪問診療または往診の日に限る
ケアマネジャーにケアプラン策定用の情報を提供
利用者やその家族に文書によって介護方法を指導・助言

薬剤師

薬剤管理指導

医師の指示に基づく薬学
的な管理・指導

薬歴管理、服薬指導、
薬剤服用・保管状況
の確認
薬局：薬剤服用歴の
記録
医療機関：薬剤管理
指導記録
ケアマネジャーにケア
プラン策定用の情報
を提供

**対象となる
患者・疾患**

● 在宅などで療養している通院が困難な患者
● 要介護・要支援者

管理栄養士

栄養食事指導

医師の指示に基づく栄養
管理に係る情報提供・指
導・助言

厚生労働大臣に定め
る特別食を必要とす
る者、低栄養状態に
ある者に対して、共
同で栄養ケア計画を
作成
栄養状態を定期的に
記録

**歯科衛生士
など**

口腔ケア

医師の指示に基づく栄養
管理に係る情報提供・指
導・助言

利用者ごとの口腔衛生状態、摂食・嚥下
機能に配慮した管理指導計画を作成
口腔内の清掃、有床義歯の清掃、摂食・
嚥下機能に関する実地指導
情報提供、指導、助言を記録

管理栄養士による居宅療養管理指導の特別食

・腎臓病食
・肝臓病食
・糖尿病食
・胃潰瘍食
・貧血食
・膵臓病食

・脂質異常症食
・痛風食
・嚥下困難者のための流動食
・経管栄養のための濃厚流動食および特別な場合の検査
食（単なる流動食および軟食を除く

居宅療養管理指導費の加算には、何がありますか？

情報通信機器を用いた実施もあります。

医 師、薬剤師、管理栄養士、歯科衛生士などが提供します。

　（介護予防）居宅療養管理指導費は、医師、歯科医師、薬剤師、管理栄養士、歯科衛生士というサービス提供者、単一建物診療患者が１人、2-9人、10人以上という訪問人数の区分で１ヶ月あたりの診療報酬が設定されています。ただし、医師による居宅療養管理指導費は、「在宅時医学総合管理料」「特定施設入居時等医学総合管理料」を算定しない場合の**居宅療養管理指導料（Ⅰ）**と、算定した場合の居宅療養管理指導料（Ⅱ）とに分けられます。

　なお薬局の薬剤師による（介護予防）居宅療養管理指導費については、在宅時医学総合管理料を算定する処方箋が交付された利用者、居宅療養管理指導費が月１回算定されている利用者に対して、情報通信機器を用いた実施が可能になりました。

サ ービス提供者で、提供可能な限度回数が異なります。

　（介護予防）居宅療養管理指導費は、医師、薬剤師、歯科衛生士、管理栄養士というサービス提供者によって、提供可能な限度回数が異なります。医師や歯科医師や病院の薬剤師や管理栄養士による居宅療養管理指導費は月２回までであるのに対して、薬局の薬剤師や歯科衛生士による居宅療養管理指導費は月４回までとなります。

　（介護予防）居宅療養管理指導費には、特別地域加算、中山間地域等における小規模事業所加算、中山間地域等に居住する者へのサービス提供加算という加算が設定されており、薬剤師による（介護予防）居宅療養管理指導費については麻薬管理指導加算も算定可能です。なお麻薬管理指導加算の算定対象は、疼痛緩和のために、麻薬が投薬されている者となります。

（介護予防）居宅療養管理指導費

サービス提供者		単一建物居住者が1人の場合	単一建物居住者が2-9人の場合	単一建物居住者が10人以上の場合	情報通信機器で行う場合
医師（月2回に限り）	居宅療養管理指導料（Ⅰ）	509点	485点	444点	−
	居宅療養管理指導料（Ⅱ）*	295点	285点	261点	−
歯科医師（月2回に限り）		509点	485点	444点	−
薬剤師	病院・診療所の薬剤師（月2回に限り）	560点	415点	379点	−
	薬局の薬剤師（月4回に限り）	509点	377点	345点	45点
管理栄養士（月2回に限り）		539点	485点	444点	−
外部管理栄養士（月2回に限り）		524点	466点	423点	−
歯科衛生士（月4回に限り）		356点	324点	296点	−

*「在宅時医学総合管理料」「特定施設入居時等医学総合管理料」を算定した場合に算定

（介護予防）居宅療養管理指導費の加算

特別地域加算	居宅療養管理指導費の15%
中山間地域等における小規模事業所加算	居宅療養管理指導費の10%
中山間地域等に居住する者へのサービス提供加算	居宅療養管理指導費の5%
麻薬管理指導加算	100点

（介護予防）居宅療養管理指導費の加算の算定要件

特別地域加算	・事業所が「厚生労働省が定める特別地域」に所在する場合に算定
中山間地域等における小規模事業所加算	・小規模事業所が「厚生労働大臣が定める中山間地域等の地域に所在する場合に算定
中山間地域等に居住する者へのサービス提供加算	・厚生労働大臣が定める中山間地域等の地域に所在する利用者に、通常事業の実施地域を越えてサービス提供した場合に算定
麻薬管理指導加算	・疼痛緩和のために、麻薬が投薬されている者に対して、薬剤の使用に関し必要な薬学的管理指導を行った場合に算定

2022年 診療報酬改定＆2021年 介護報酬改定 完全対応版
在宅報酬のきほんとしくみ

2022年 5月 6日 初版第1刷発行

編著者	イノウ
発行人	片柳 秀夫
発行所	ソシム株式会社
	https://www.socym.co.jp/
	〒101-0064 東京都千代田区神田猿楽町1-5-15 猿楽町SSビル
	TEL 03-5217-2400（代表）
	FAX 03-5217-2420
印刷	中央精版印刷株式会社

定価はカバーに表示してあります。
落丁・乱丁は弊社編集部までお送りください。送料弊社負担にてお取り替えいたします。
ISBN978-4-8026-1348-4
©2022 IKNOW Co., Ltd.
Printed in JAPAN